国家出版基金项目
NATIONAL PUBLICATION FOUNDATION

辛亥著名人物传记丛书

程舒伟 郑瑞峰 著

汪精卫

团结出版社
UNITY PRESS

图书在版编目（ＣＩＰ）数据

汪精卫 / 程舒伟，郑瑞峰著. -- 北京 ：团结出版社，
2011.5（2021.5 重印）
（辛亥著名人物传记丛书）
ISBN 978-7-5126-0354-7

Ⅰ．①汪… Ⅱ．①程… ②郑… Ⅲ．①汪精卫（1883～1944）
—生平事迹 Ⅳ．①K827=6

中国版本图书馆 CIP 数据核字(2011)第 050512 号

出　版：团结出版社
　　　　（北京市东城区东皇城根南街 84 号　邮编：100006）
电　话：（010）65228880　65244790 （出版社）
　　　　（010）65238766　85113874　65133603（发行部）
　　　　（010）65133603（邮购）
网　址：http://www.tjpress.com
E-mail：zb65244790@vip.163.com
　　　　tjcbsfxb@163.com（发行部邮购）
经　销：全国新华书店
印　装：三河市东方印刷有限公司

开　本：170mm×240mm　　　16 开
印　张：15.75
字　数：205 千字
版　次：2011 年 5 月　第 1 版
印　次：2021 年 5 月　第 3 次印刷

书　号：978-7-5126-0354-7
定　价：46.00 元

辛亥著名人物传记丛书
总序言

　　整整一百年前，在中国处于半殖民地半封建黑暗统治的时代，爆发了一场对中国历史发展进程产生巨大影响的革命，这就是以伟大的革命先行者孙中山为代表的革命党人发动的辛亥革命。这场革命，是中国近代历史上一次比较完全意义的反帝反封建的民族民主革命，它推翻了清朝政府，结束了中国几千年的封建君主专制制度，同时沉重打击了帝国主义在华侵略势力。中华民国的建立，标志着中国历史进步的新纪元。辛亥革命极大地推动了中华民族的思想解放，为中国先进分子探索救国救民的道路打开了新的视野，八年后，五四运动爆发；十年后，中国共产党诞生。辛亥革命开启的革新开放之门，对于推动中国社会的发展与进步具有不可估量的历史功绩和伟大意义。

　　以孙中山为代表的革命党人，在开启思想闸门、传播先进思想、点燃革命火种、推动历史进步的过程中发挥了重要作用。他们站在时代前列，为追求民族独立和民主自由而向反动势力宣战；他们不惜流血牺牲，站在斗争一线浴血奋战；他们具有坚定的信念和坚强的意志，愈挫愈奋，在失败中不断汲取和凝聚新的力量；他们适应历史发展的趋势，与时俱进，不断修正前进的方向和斗争的目标。正是因为有了这样一批革命先驱和仁人志士，才有了辛亥革命的爆发，也才有了以此为开端的中国民族民主革命的不断发展和最终胜利。当然，我们在分析评价历史人物时，既要看到他们有超越时代的进步性，又要看到他们不可避免地受到社会客观条件影响而具有的局限性与片面性，这是我们在看待历史人物时应当坚持的历史唯物主义态度，也就是既不文过饰非，也不苛求前人。

几十年来，关于辛亥革命及其重要人物的研究工作不断深入，也陆续出版了大量的图书、画册等，但仍然不十分系统和完整，有些出版物受到时代因素和其他客观条件的影响，难免有失偏颇和疏漏。在即将迎来辛亥革命100周年的时刻，团结出版社编辑出版了本套《辛亥著名人物传记丛书》，并得到国家出版基金的资助，这充分表明了国家对于辛亥革命历史研究的重视。这套丛书的出版，无疑是一件非常有意义的事，既可以对辛亥革命的研究工作起到重要的填补空白和补充资料的作用，同时也是对立下丰功伟绩的仁人志士的纪念与缅怀。

为了保证本套丛书的编辑质量，编辑委员会在民革中央的领导下，做了大量认真细致的组织工作，特别是邀请了著名专家金冲及先生、章开沅先生、李文海先生担任顾问，他们在百忙之中分别对本套丛书的编辑思想、人物范围、框架体例、写作要求等方面提出了重要的指导性意见，成为本套丛书能够高质量出版的重要保证。此外，参与本套丛书写作的，都是在近代历史和人物的研究方面卓有建树的专家学者，他们既有对辛亥革命历史进行深入研究的学术功底，又有较丰富的写作经验和较高的文字水平，因此，我们可以寄希望于本套丛书的出版，会对推动辛亥革命及其重要人物研究工作的不断深入起到重要作用，对弘扬爱国主义、提高民族凝聚力，实现中华民族的伟大复兴产生积极的影响。

周铁农

2011 年 3 月 16 日

目　录

引　言

汪精卫

引　言

　　汪精卫，中国近代史上一位既著名又复杂的历史人物。说起辛亥革命，说起中华民国，汪精卫注定是一个绕不开的人物，诸多电影、电视剧演绎出许多版本汪精卫的形象。尽管明星大腕们力图将汪精卫还原为实实在在的人，但是，汪精卫注定是一个反面人物，成为千夫所指的汉奸，没有几个中国人对他有好感。真可谓是：卿本佳人，奈何做贼？然而在学术界，对汪精卫这个历史人物的评价一直以来都存在较大分歧。据说汪死后，胡适在日记中没有丝毫的责备之意，只是感到惋惜。认为汪精卫有一种烈士情结，觉得自己把生命和名誉都献出来，别人应该领情。作家章诒和与贺卫方所著《四手联弹》一书中称：出于"曲线救国"和"主和"思想，在民族危亡时刻，汪精卫希望能保全沦陷区一部分民众和土地，他去跟日本谈判。日本人把条件说得很好，一旦迈出脚步，条件马上变了。加上老蒋的打击排挤，上了船的汪精卫无可奈何了，也永难回头了。然而，无论当代人们如何在电影、电视中演绎汪精卫，如何在学术研究中评价汪精卫，历史终归是历史。对汪精卫的一生应当用辩证唯物主义和历史唯物主义观点去评判，既不因汪是汉奸而抹煞其前期的作为和贡献，也不因其作为而翻汉奸的案。

　　时势造英雄，汪精卫的前半生是一位活跃于中国近现代历史舞台有才华的诗人、出色的演说家，也曾经是一位资产阶级民主革命的积极鼓吹者和活动家。他以革命斗士的身份开始了自己的政治生涯，毅然参与筹建中国同盟会并成为同盟会会章起草人、评议部评议长，走上了推翻满清政府的革命道路。为了驳斥资产阶级立宪派对革命的攻击，汪精卫在《民报》

发表了《民族的国民》等大量笔锋犀利、富有感情、鼓吹共和、反对君主立宪的文章，对传播资产阶级民主革命思想起了积极作用。至今在《汪精卫集》中，我们从汪的一些早期文章中仍可以看到字里行间跳跃着的救国热忱。汪精卫的身上也不乏个人英雄主义的基因，他作为一个血气方刚的文弱书生曾效仿荆轲刺秦王，北上谋刺清廷摄政王，事泄被捕后，被判处永远监禁。他在狱中诗情迸发地写下了"慷慨歌燕市，从容作楚囚；引刀成一快，不负少年头"的诗句，曾被传诵一时，激励不少有为青年投身革命，成为革命者的样板和楷模。

汪精卫"多变"的一生是罕见的和富于戏剧性的，他自命不凡，为满足个人权势的欲望，投机取巧，也曾到达政治生涯的顶峰。在国民党一大上，他明确拥护孙中山的三大政策，成为国民党中央领导机构成员和"联俄、联共、扶助农工"三大政策的有力推动者。广东国民政府成立后，他任国民政府主席、军事委员会主席、中央执行委员会主席，成了炙手可热的国民党最高领导人。高处不胜寒，汪精卫从有风度、有号召力的革命者很快蜕化为玩弄权术的资产阶级政客，玩弄起翻手为云、覆手为雨的把戏。1927年初他成为武汉国民政府的领袖，公开提出"革命的往左边来，不革命的快走开去"口号，7月就公开背叛革命，走到了"右"的一边。在南京国民党政权建立后的新军阀混战中，汪精卫与蒋介石、胡汉民等人既合作又斗争，为争夺国民党的最高权力，几经沉浮。

常言说性格决定命运，细节决定成败，汪精卫优柔寡断、缺乏魄力的性格，葬送了其政治生涯。1937年抗战爆发后，汪精卫历任国防最高会议副主席、国民参政会议长、中国国民党副总裁，但他对中国抗战失去信心，在民族失败主义思想的引导下，最终在1938年逃离重庆，叛国投敌。1940年他在南京建立伪国民政府，最终陷入汉奸的泥潭不能自拔，成为臭名昭著的大汉奸、中华民族的历史罪人，最终盖棺定论。

汪精卫

第一章

清贫身世

少年坎坷，兄弟同中秀才

负笈东渡，留学日本

一、少年坎坷，兄弟同中秀才

汪精卫，本名兆铭，字季新、季恂、季辛，号精卫，1883年5月4日，出生在广东省三水县一个贫困潦倒的小吏家庭。其父汪瑎在县衙门里做"师爷"，年已62岁，老来得子，家又添丁，喜上添喜。

在汪精卫自己填写的履历书中，他写的籍贯是番禺（今广州）。汪家原籍浙江山阴（今绍兴）。祖父汪云，字缦亭，清代举人，曾任浙江遂昌县训导，官不入品。到了汪精卫的父亲汪瑎（别号省斋）时，才迁居到广东番禺。汪瑎虽饱经寒窗之苦，熟读经史，但屡试不第，很不得志，先后在三水、曲江、英德、四会、陆丰等县做过多年幕僚。其妻卢氏，浙江人，生有一子三女（长子汪兆镛），但于1871年病逝。同年，汪瑎续娶广东人吴氏为妻，生有三子三女，汪精卫为吴氏所生，在兄弟中排行老四，即二子汪兆铉，三子汪兆钧，四子汪兆铭。

汪瑎在县衙门中当师爷，属小官吏，薪俸很低，家里子女众多，又撑着读书人的面子，生活过得很清苦。对汪精卫影响最大的，不是他的父亲，而是他的母亲。吴氏是典型的贤妻良母，她一边操持艰难的生计，一边关注子女教育。汪精卫回忆起这段生活时说："我的母亲提起来，真伤心。我觉得她的一生，只是沉浸在忧劳两个字里。家计的艰难，以及在家族内所受的闲气，如今还一幕一幕地时时涌现在我的眼前。"汪瑎因年老体弱，不得不歇业在家。为使汪家"书香门第"烟火不断，在汪精卫4岁时即在家塾读书，8岁时就养成了好读书的习惯，早起在堂屋练写大字，他的母亲陪伴在旁，傍晚时，他的父亲亲自为他授课。汪精卫9岁随父寄居陆丰县署，开始阅读《王阳明传习录》和陶渊明、陆放翁的诗句。在父亲的严格教导下，汪精卫八九岁时，就基本可以读书了。汪瑎晚年由于年老眼花，无法看清书上的小字，就让汪精卫每天为他朗读诗书。汪㻬特别喜欢王阳明和陆游，每天让汪精卫为他朗读王阳明的文章和陆游的诗。每天在父亲面前朗读，不仅无形中培养了汪精卫演讲的口才，这对汪精卫后来的政治生涯起到了非常重要的作用。

汪精卫年少时，长得眉清目秀，聪明伶俐，深得父母喜爱。他自称自幼聪明颖悟，每日必"习字中庭，母必临视之，日以为常"，他自称"一生国学根基，得庭训之益为多"。但汪精卫享受父母之爱的时间很短，汪精卫回忆说："我13岁母亲病殒，14岁父亲病殒，依恋父母的光阴，统共只得这些，期间除去在襁褓中无知无识的时候，算来不过十年。"由于家境清贫，1895年，在汪精卫13岁时，其母在广州豪贤街病逝，终年44岁。1896年，其父死于霍乱病。双亲相继病故，这对还没有成年的汪精卫在精神上无疑是很大的打击。他随长兄汪兆镛（字伯序）客居广东乐昌县署，"致力文史"，并习"应制文字"。汪兆镛是个举人，几次会试不第，以游幕为生。他对汪精卫管教极严，使之有一种寄人篱下之感。幸亏乐昌县的自然美景使汪精卫忧郁的心情得到化解，为此，14岁的汪精卫写下了《重九游西山岩》，诗云：

笑将远响答清吟，叶在觥中酒在襟。
天淡云霞自明媚，林空岩壑更深沉。
茱萸怅触思亲感，碑版勾留考古心。
咫尺名山时入梦，偶逢佳节得登临。

汪精卫还经常怀念死去的父母，这种生活处境，形成了汪精卫外表谦和而心地狭窄、懦弱自卑而又要出人头地、反复无常的矛盾性格。

1899年，汪精卫在乐昌县跟随章梅轩学习文史经世之学，1900年，为减轻长兄的经济负担，汪精卫在乐昌县城一家私塾教书，第二年由乐昌县返回广东省城。1901年初春，18岁的汪精卫同二哥汪兆铉一道参加番禺县试，两人同时考取秀才，汪精卫名列第一，汪兆铉考取第三，但县令钱璞如在得知他们为兄弟时，就按"弟不可先兄"的封建观念，将两人成绩互换，汪精卫降为第三名。3月，兄弟俩参加广州府试，知府龚心湛得知此事，便将汪精卫列为榜首，兆铉为第二，使汪精卫颇为自负。这时，汪精卫的两个哥哥汪兆钧、汪兆铉先后故去，寡嫂孤侄无心为生。他便应广东水师提督李準之聘，任家庭教师，以每月教书10元的薪水，帮助长兄汪兆镛来维持家庭生活。亲朋故友以汪精卫仕途有望，鼓励他继续应试。但辛丑之变后，清廷宣布废科举、办学堂，扭转了他的生活航向。

广州是中国的南大门，岭南重镇。虎门销烟、三元里抗英……这里具有光荣的革命传统。这里又是中国对外联系的窗口，经济文化发达，各种新思想影响着像汪精卫这样的年轻知识分子。严重的民族危机，帝国主义的瓜分豆剖，救亡图存的紧迫要求，社会变革的强烈呼声，已迫使汪精卫开始探求民族致强之道。1902年，汪精卫与朱执信、古应芬、胡毅生等人在广州组织"群知学社"，讲求实学，相互策励。他们在探索着、在奋进着。

二、负笈东渡，留学日本

为了挽救统治，1901年9月，清政府颁布文告，鼓励出国留学。1903年，清政府向各省督抚转发两江总督张之洞拟定的《鼓励游学毕业生章程》，对留日学生还作了特别规定。因此，当时中国出现了留日高潮。1904年，两广总督岑春煊在广州招考留日官费生，汪精卫闻讯后喜出望外，他立即与朱执信、古应芬、胡汉民、陈融等人前往报名，并考取了留日官费生。9月，汪精卫、朱执信等五十余人前往日本，住在东京神田区神保町名叫春水馆的留学生宿舍，离法政大学很近。法政大学以教授西方的政治法律为主，汪精卫在那里学习卢梭的《民约论》、孟德斯鸠的《万法精神》，斯宾塞的《政治进化论》。后来，汪精卫进入东京法政大学速成科学习，在那里，汪精卫与朱执信、古应芬、陈融、张伯翘等逐渐熟悉，尤其与胡汉民成为相知。胡汉民1879年12月9日生于广东番禺县，父亲胡照文在州县做过幕僚，胡汉民有着与汪精卫相似的经历，他13岁丧父，15岁亡母，23岁中举人。1902年，胡汉民到达日本，5月因故退学回国，1904年他再次东渡日本。1905年8月，胡汉民与廖仲恺第一次见到孙中山并加入同盟会。胡汉民对于小自己4岁的汪精卫很是佩服，他回忆说："汪、朱固有民族革命思想，余尚气敢言，而汪、朱器量之宏远，心思之精密，皆足以匡余之不逮，则交益深。"

20世纪初年，中国一大批有为青年负笈东渡，寻求救国救民的真理。孙中山到日本后，积极宣传革命道理，广泛结纳革命志士，使日本成了中国资产阶级革命的大本营。汪精卫一到日本，就被中国留日学生界蔚然成风的革命气氛所深深感染。汪精卫虽不懂日语，但他"颇为用功"，加之天资聪颖，只一两个月，就能懂得大概的意思了。

青年时的汪精卫

在日本，汪精卫眼界大开，明治维新后日本蒸蒸日上的国势，使他钦羡不已；西方资产阶级政治、法律著作，又使他茅塞顿开。汪精卫的内心世界发生了很大变化。正如汪精卫在《自述》中回忆的那样，"我在国内研究史学的时候，对于辽、金、元之侵吞中国，免不了填胸愤慨，对于清，自然是一样的，只是被'君臣之义'束缚了。及至留学法政，从宪法学得到了国家观念及主权在民观念，从前所谓'君臣之义'撇至九霄云外，固有的民族思想，勃然而兴，与新得的民权思想会合起来，便决定了革命的趋向"。受留日学生中资产阶级民主革命思想的影响，汪精卫和胡汉民、朱执信等经常聚在一起，议论时政。由此，汪精卫由一个年轻的封建士子开始向小资产阶级革命知识分子转变。

此时，中国资产阶级民主革命趋向高涨，孙中山从孤军奋战的失败过程中逐渐认识到革命知识分子与群众这一新兴力量的结合，联合各分散的革命小团体，建立统一革命党的重要性。1905年7月，孙中山带着筹建资产阶级政党的使命，从欧洲来到日本。7月下旬，汪精卫从胡毅生那里得到孙中山来到日本的消息后，便与朱执信等人到神田锦辉馆拜会孙中山。当他见到久所仰慕的孙中山后，孙中山谈话有理有据，扣人心弦，使汪精卫深受感染，备受鼓舞。他当即表示拥护孙中山建立统一革命团体的主张，并加入同盟会。

7月30日，汪精卫参加了在东京赤坂区召开的同盟会筹备会议。会议决定成立中国同盟会，以"驱除鞑虏，恢复中华，创立民国，平均地权"作为革命纲领，汪精卫与黄兴、陈天华、马君武等人一道被推荐为同盟会章程的起草人，并引起了孙中山的注意。8月13日，汪精卫、胡汉民、朱执信等一千八百多名留日学生在东京曲町区富士楼举行欢迎孙中山大会，孙中山发表了鼓吹革命、建立共和政体的讲演，汪精卫听后心里折服，参加革命的决心更加坚定。8月20日，中国同盟会在东京赤阪区霞关阪本金弥子爵的宅邸举行成立大会。大会通过了《中国同盟会总章》和《军政府宣言》，推孙中山为总理，黄兴为执行部庶务，汪精卫为评议部议长，胡汉民任秘书，他们均成为同盟会主要干部。汪精卫和胡汉民因职责所在，每日与孙中山一同工作，与各位同志计划一切革命问题。在创建同盟会的过程中，以汪精卫、胡汉民、朱执信为首的广东革命小团体，紧密地团结在孙中山的周围，形成了同盟会内部坚决拥戴孙中山的政治力量。汪精卫追随孙中山，顺应了历史潮流，是其革命前半生的开始。

同盟会员，《民报》主笔

奔走南洋，萍踪无定

邂逅相逢，一见钟情

一、同盟会员，《民报》主笔

同盟会成立后，为了给革命制造舆论，根据黄兴提议，把湖南留日学生创办的《二十世纪之支那》杂志改为同盟会机关报。1905 年 8 月，该刊因发表了蔡序东批评日本侵华政策的文章而被停刊。于是，该刊改名为《民报》。《民报》初定为月刊，后为不定期刊，1905 年 11 月 26 日出版了第一号，孙中山在发刊词中对"驱除鞑虏，恢复中华，创立民国，平均地权"十六字纲领作了进一步阐述，并第一次提出了民族、民权、民生三大主义，又称三民主义。《民报》发行后立即风行国内外，成为当时最畅销、最有影响的革命刊物。最初五期主编为张继，实际上是胡汉民，从第 6 期起由章炳麟主编，后来有几期因章炳麟有病，由张继、陶成章主编。汪精卫与胡汉民、陈天华、章炳麟、宋教仁、朱执信等先后任主要撰稿人。到 1908 年 10 月出至第 24 期时，被清政府勾结日本政府下令禁止。

1902 年，康有为、梁启超为代表的立宪派在日本东京横滨创办了《新民丛报》，他们从改良主义的立场出发，宣传庸俗进化论思想，反对民主革命，主张在保存清朝封建统治基础上实行君主立宪。同盟会一成立，立宪派就以《新民丛报》为阵地，攻击同盟会的纲领。因此，资产阶级革命派以《民报》为阵地，在要不要推翻清政府、要不要建立共和政体、要不要实行民生主义、革命能救中国还是导致亡国等根本问题上，同立宪派进行了一场大论战。遵循孙中山的旨意，汪精卫奋笔疾书，以"精卫"的笔名，按照孙中山提出的"攻心为先，以至理服人"的方针，在《民报》第一期上发表了《民族的国民》一文，揭露了清政府的封建专制和保皇派散布的"满汉不分，君民同体，以为政权自由必不可待革命而得之"等谬论。随后，汪精卫以"守约""朴满""枝头抱香者""民意"等为笔名，先后发表了《论革命之趋势》《革命的决心》《革命决不致招瓜分说》《再论革命决不致招瓜分之祸》《希望满洲立宪者听诸》《革命横议》《满洲立宪与国民革命》等大量政论文章，阐发孙中山的革命思想，批驳保皇派反对革命的谬论。"精卫"原为中国古代神话中的鸟名。相传炎帝女，名女娃，因游东海淹死，化为精卫，经常衔西山木石去填东海。后人常以"精卫填海"比喻目标已定、奋斗到底的精神。汪精卫以此为笔名，表明了他此时的反清决心。

作为孙中山的得力助手，汪精卫以笔为剑，积极地投入舆论战当中。他的文章笔锋犀利，论理深刻，能较为完整准确地发挥孙中山的思想理论。1906 年 1 月，梁启超在《新民丛报》上先后发表《开明专制论》和《种族革命与政治革命之得失》两篇长文，认为中国国民程度太低，不具备共和国民的资格，因此，一切只能有"秩序"地进行，如果发生革命就会破坏秩序，导致内乱，招致列强瓜分，中国就将灭亡。汪精卫在《民报》上连续发表《驳〈新民丛报〉最近之非革命论》《驳革命可以生内乱说》等文章，对梁启超进行全面的反击。汪精卫在《驳〈新民丛报〉最近之非革命论》一文里指出："自由、平等、博爱三者，人类之普通性也。""我国民必能有民权立宪之能力。"要诱发国民这种固有的天性，使民族主义、国民主义迅速普及于国民心理，主要的方法是教育与革命。对革命是否会导致内乱和瓜分，汪精卫认为革命的目的是为了建设，破坏只是它的手段。所破坏的是不适宜于社会的东西，而建设的正是社会所必需的。汪精卫列举大量事实，说明清政府反动腐朽透顶，处处与国民为敌，已不可能指望它进行任何有效的改革。汪精卫还指出："今之政府，异族专政之政府也，驱除异族则不可不为种族革命；颠覆专制则不可不为政治革命……故种族革命与政治革命岂惟并行不悖，实相依为命也。"这和孙中山阐述的"我们推倒满洲政府，从驱除满人那一面说，是民族革命，从颠覆君主政体那一面说，是政治革命，并不是把它分作两次去做"的思想是一致的。

论战中，汪精卫还经常直接按照孙中山的指导撰写论战文章，《驳革命可以召瓜分说》就是一例。胡汉民回忆说：当时"列强瓜分中国之声不绝于耳，保皇立宪派人常挟此以为恫吓，谓革命即召瓜分，其言足以惑众，先生（指孙中山）乃口授精卫为文驳之，题为《驳革命可以召瓜分说》。"在这篇文章里，汪精卫剖析了革命与瓜分的关系，指出："瓜分之原因，由于不能自立，不能自立之原因，由于满洲人秉政，所以，满洲政府一日不去，中国一日不能自立，瓜分原因一日不息，革命者，可以杜瓜分之祸，而决非可以致瓜分者也。"孙中山对这篇文章极为称赞，认为此文一出，"言中外之情势，原原本本，使中国人士恍然大悟，惧外之见，为之一除"。汪精卫有力地宣传、发挥、论证了孙中山的思想，胡汉民在自传里曾写道：余与精卫以职责所在，日与先生亲，余等真正认识革命之意义，实由先生指导，先生与同志方言一问题，必须就实际上求其原因结果关系，必言其所以然，而不仅言其然。在孙中山的教诲下，《民报》时期的汪精卫，充分发挥了他的才智和革命积极性。梁启超十分惧怕汪精卫的驳论文章，曾"私见汪精卫，欲以乡谊动之"，企图拉拢汪精卫，平息论战，但被汪精卫严辞拒绝。《新民丛报》在论战中招架不住，终于败下阵来，1907年《新民丛报》被迫停刊。汪精卫在这场论战中的表现，得到孙中山、黄兴、胡汉民的高度评价，也使他赢得了群众的赞誉，"精卫"的大名一时传遍国内外。

当时汪精卫只是一个20岁出头的留学生，他以洋溢的热情、投枪匕首般的笔，为传播资产阶级民主革命思想，起到了积极作用。《民报》传至内地，清政府对汪精卫更恨之入骨，曾悬赏10万元购他的人头。汪精卫由此闻名海内外，风云一时，为进步青年所倾慕。《民报》时期是汪精卫一生中重要的黄金时代，他以精卫填海的气魄驳斥保皇谬论，宣传三民主义，正如吴稚晖所说："学生无先生不醒，先生无胡汪不盛。"因共事已久，汪精卫与胡汉民相亲逾于骨肉。

汪精卫参加同盟会后不久，还组织留日学生维持留学界同志会，坚守在日本的革命阵地。1905 年 11 月 2 日，日本政府通过文部省正式颁布了《关于令清国人入学之公私立学校规程》15 条，其目的是限制中国留学生参加革命活动。中国留日学生的民族自尊心受到了极大的伤害，于是，反对日本《规程》的斗争日趋激烈。但是，日本政府对中国留学生要求取消《规程》的斗争置之不理。12 月 8 日，陈天华愤于日本报纸的嘲讽诋毁，在东京大森海湾投海自杀。汪精卫对此非常悲痛，他在悼词中说："天华虽死，英灵不死。"陈天华自杀后，从 12 月 14 日开始，留日中国学生就大批回国。同盟会内部出现了严重的意见分歧，主张罢课与归国的学生成立留日学生联合会，胡瑛任会长；12 月 24 日，主张上课和反对归国的学生成立维持留学界同志会，推举汪精卫、胡汉民等为书记，两派展开了激烈的论辩。孙中山在国外得知这个情况后，怕同盟会成员大批回国后，被清政府一网打尽，于是打电报反对留日学生全体回国。几天后，同盟会召开各省代表会，汪精卫、胡汉民等发言，指出"不当以寻常学生之意见而牺牲革命之利益"，并公布了孙中山的来电内容。由于孙中山的电报和汪精卫等的工作，多数留日学生听从了这种主张，决定于 1906 年 1 月 11 日各校中国留学生复课。在这场斗争中，汪精卫的看法与孙中山的意见基本一致，他的做法有利于同盟会在日本已经建立的革命阵地的巩固和发展。

1906 年 2 月，孙中山离开日本，去欧洲进行活动。4 月 6 日，在返回日本途中，来到新加坡，建立了同盟会分会，以陈楚楠为会长、张永福为副会长，吸收林义顺、沈联芳等 12 人为会员，并请他们在南洋各埠发展会员。8 月，孙中山再次由日本去南洋活动，9 月，来到马来亚的槟城，住在柑仔园，在陈楚楠等人活动的基础上，很快建立了槟城同盟会分会，以吴世荣为会长，黄金庆为副会长，发展会员二十多人，有辜立亭、陈新政、陈民情、林志诚、丘明昶、林如福等，还有女会员徐宗汉。黄金庆等人又编辑出版了《槟城日报》，虽属商业性质，但也宣传革命道理。又在甘菜园94号设立了"槟城阅书报社"，在这里可以浏览各种进步刊物，并经常组织讲演会和演出新剧，同盟会的活动蓬勃地开展起来。后来新加坡和槟城先后成为同盟会的中心。12月，汪精卫毕业于东京法政大学速成科，获法学学士学位，随即自费进入法政大学专科。

1910年2月1日，孙中山命汪精卫等负责恢复《民报》，在复刊过程中，遭到了陶成章等人的反对，陶成章认为这只能为孙中山"虚张声势"，非先革除孙中山的总理职务不能办报，这个要求遭到汪精卫等人的坚决拒绝。第25、26两期《民报》的撰稿人主要是汪精卫和胡汉民，其他人的稿件很少，《民报》出版至第25、26两期后停刊。

二、奔走南洋，萍踪无定

1907年2月，在萍浏醴起义失败后，清政府向日本政府交涉，要求逮捕并引渡孙中山回国。日本政府于是向孙中山下了逐客令，3月，孙中山与胡汉民、汪精卫等一道离开东京前往南洋。3月14日，汪精卫随孙中山抵香港，以"汪兼士"化名登记上岸。4月，汪精卫随孙中山由香港抵安南（今越南）西贡，经由海防到达河内，在甘必达街61号设立机关，领导广东、广西、云南等南部各省起义。刚到河内不久，汪精卫就奉孙中山之命赴新加坡开展革命活动，其任务是：秘密组织同盟会分会，发展革命势力，开展宣传工作，扩大同盟合的影响，筹募经费，支持国内武装斗争。行前，孙中山写亲笔信一封，叫汪精卫面呈新加坡华侨领袖陈楚楠、张永福，信上说："兹特派汪精卫、黄龙生来新加坡，与足下有所商议。所有弟所欲言者，统托精卫等面达，足下有所见，亦望与酌议为祷。"汪精卫与陈楚楠、张永福会面后，商议了筹款和宣传问题，并在他们安排下进行了多次演讲，以阐述同盟会宗旨，鼓动更多的华侨参加反清革命。汪精卫的演讲才能第一次得到了充分发挥，他的演讲深入浅出，形象生动，富有鼓动性，在各处的演讲接连获得成功。张永福对汪精卫的演讲留下了深刻的印象，他回忆说："在彼（汪精卫）演说之夕，演讲者尚未登坛，全场即无虚席，当彼踏上讲台，满堂即鸦雀无声，每逢至精彩热烈处，掌声如雷而起。其能吸引听众之注意与唤起热情，概可想见。"

当时，南洋是孙中山早期革命活动的地方，那里许多爱国华侨对清政府的腐败不满，热心支持孙中山的革命活动，所以，汪精卫的工作进展比较顺利。汪精卫所承担的筹募款项、接济起义的任务很繁重，他奔走跋涉于吉隆坡、槟榔屿、暹罗、仰光、西贡、海防等南洋各地，凭借三寸不烂之舌，鼓动华侨出钱支持反清武装起义，得到各地华侨踊跃捐款，筹集到了数目可观的款项。不久，孙中山亲抵新加坡，在晚晴园成立同盟会新加坡分会，以陈楚楠、张永福为正、副会长。事后，汪精卫赋诗一首赠张永福：

遥从南斗望中原，壮志天池欲化鲲。

百战故人今健在，白头重话晚晴园。

为了扩大革命宣传，清除康有为、梁启超等保皇派在南洋的影响，争取革命群众，1907 年 8 月 20 日，汪精卫在新加坡创办《中兴日报》。发行处设在新加坡吉宁街 13 号，发行人由麦加士达洋行出面，主席为张永福，监督为陈楚楠，经理为林义顺，主笔是汪精卫、胡汉民、居正和田桐等人。汪精卫在该报发表了《发动革命之决心》《论革命之激烈主义》《革命与外交问题》等文章，与立宪派徐勤主办的《南洋汇总报》展开论战，从理论上批驳了改良主义的错误观点。胡汉民主要批判康有为、梁启超的著作，汪精卫则侧重从革命理论方面予康、梁以正面回击。随着《中兴日报》对南洋华侨影响日益扩大，发行量猛增，为了扩大经营，林义顺建议组织《中兴日报》股份公司以筹措资金。经孙中山同意，由汪精卫、胡汉民、林义顺等进行募股，并得到了邓泽如等人的赞助，组织了《中兴日报》股份公司，报纸得以继续发展。不久，汪精卫、胡汉民等人在仰光华侨、同盟会员李竹痴、陈春源等人的支持下，把《仰江新报》改组为《光华日报》，并以"演说社""觉民书报社"等合法组织形式开展革命宣传活动，把与康有为立宪派的斗争扩大到仰光。10月，汪精卫与黄龙生前往新加坡，代表孙中山与新加坡同盟会正、副会长陈楚南、张永福等商讨要事。汪精卫奔波于南洋各地，顶风冒雨，披星戴月，千辛万苦。12月，又与邓子瑜由新加坡前往马来亚的槟城（庇能）、吉隆坡与同盟会员协商筹款事宜。1907年，孙中山在致邓泽如的信中说："弟前派汪精卫赴河内、海防、西贡、星加坡、暹罗名埠，会见同志，报告军事，劝募军需，各同志多慷慨筹资汇济。"可见，汪精卫做了大量工作。1907年10月至1908年3月，孙中山、黄兴和胡汉民回到国内组织河口起义，汪精卫在槟榔屿调集资金数千元作起义经费。起义失败后，孙中山前往美洲筹款，遂将国内外的党务交给汪精卫、胡汉民、黄兴负责。此后不久，汪精卫与胡汉民建立了吉隆坡同盟会支部，以王清江为支部长，并在南洋各地建立发展同盟会支部一百余所。

为了做好组织和宣传工作，1908年1月至3月间，汪精卫在新加坡新舞台剧院、吉隆坡商会和华人基督教协会多次演讲《民族主义与革命》《民族主义》《假革命》《平等、博爱与民族主义》，以雄辩的口才，滔滔不绝地宣传反清民主革命思想，极受当地华侨的欢迎。胡汉民对汪精卫的演讲赞誉说："余前此未闻精卫演说，在星洲始知其有演说天才，出词气动容貌，听者任其擒纵，余二十年来未见有工演说于精卫者。"因此，

有人说："谓南洋华侨之觉醒，实出于汪君之力，亦为不诬也。" 1909
年1月上旬 由仰光返新加坡后，汪精卫奉孙中山之命与邓子瑜同赴荷属
文岛等处，宣传革命，筹集款项。在此期间，汪精卫多次往槟城三山俱乐部、
小兰亭俱乐部等处，演讲《商务与革命》《闽侨尤应热情赞助革命》《欲
振兴中国商业非革命不可》等。同盟会新加坡分会副会长张永福对汪精
卫在南洋开展的革命工作评价很高，认为对"吾党主义之发扬，不特有
重要价值，且由此而唤起华侨的注意，时然于我党的主张，同情于我们
的事业，增厚我们的革命力量，确是不少。此次的论战，影响于华侨之
思想，可谓之极大"。

三、邂逅相逢，一见钟情

在南洋期间，汪精卫和陈璧君相识相爱。陈璧君，原名冰如，乳名环，
1891年11月6日生于南洋马来亚槟榔屿的槟城。陈璧君的父亲陈耕基，
广东新会县外海人，少时即去南洋谋生，经营橡胶业，兼营矿业，成为有
名的富商，人称"陈百万"。其母卫月朗，是广东番禺县人，嫁给陈耕基后，
同去南洋。陈璧君是长女，上面有一个哥哥，下面有陈耀祖、陈昌祖、陈
淑君等弟妹。因她小时生得较胖，人们都叫她"肥环"，幼时不懂事，随
人叫去。稍长之后，也和别的女孩子一样，不愿别人说胖，不许别人叫她"肥
环"。陈璧君在璧如女校读的小学和中学。同时，陈耕基还为子女从国内
延聘来一位国文老先生，教授中文。当时陈璧君正在中学读书，年龄虽小，
但活动积极，爱国热情高，不久，就秘密加入了同盟会，成为最年轻的女
会员。开始她不敢告诉父母，后为父母得知，其父陈耕基十分生气，坚决
反对，认为一个女孩子应该安心读书，不问外事，更不应参加什么革命党，
对陈璧君大加教训。其母卫月朗则表示支持，为了了解同盟会的情况，即

偕陈璧君去新加坡会见了孙中山，经过孙中山的宣传，明白了反清革命的必要，卫月朗自己也毅然加入了同盟会。陈璧君在《我的母亲》一文中，回忆当时的情况说："其初虑祸及家门，密不敢以告父母，既而察吾母明识有志节，且事不可终密，乃具以告；备受谴责。而吾母乃欣然竟偕余复至新加坡谒总理，且毅然加盟焉。"

陈璧君加入同盟会后，得知同盟会领导人中，除孙中山、黄兴外，还有宋教仁、胡汉民、廖仲恺、汪精卫等人，特别是在《民报》上读到汪精卫的论战文章，洋洋洒洒，笔锋犀利，如投枪，似匕首，驳得保皇派告饶投降。又听说汪精卫风流倜傥，人才出众，在她心目中就有了汪精卫的影子，欲求一见。1907年3月，因清政府的要求，日本政府命令孙中山离境，汪精卫即随孙中山去越南河内活动，帮助孙中山领导了国内潮州黄冈等地的武装起义。同年10月，孙中山派汪精卫和邓子瑜去南洋各埠活动，进行革命宣传，建立和发展同盟会组织，负责筹款。

1907年11月初，汪精卫等人在新加坡和日里棉兰活动后，来到了马来亚槟榔屿的槟城（庇能），他经常到同盟会会长吴世荣家里商谈工作，而吴家也是陈璧君经常涉足的地方。陈璧君得知汪精卫到槟城，立即赶往吴世荣家中，与汪精卫相识，二人在吴家之苾兰园"数往返，谈革命"。汪精卫当年24岁，生得天庭饱满，地阁方圆，浓眉大眼，仪表堂堂，头上的辫子早已剪掉，大背头又黑又亮，穿一身合体的西装。陈璧君对他真是"一见钟情"。从此，陈璧君就成了汪精卫演讲的忠实听众，每讲必到。汪精卫口才更是出众，口似悬河，舌如利剑，正如有人所说，汪精卫的演讲，"不但能把死人说活，而且能把活人说死"。他演讲的主题，一是揭露清政府的腐败，特别是其入关时的罪恶，"扬州十日""嘉定三屠"。二是宣传孙中山的三民主义，说明反清革命的必要性。演讲时感情充沛，激愤时怒发冲冠，悲痛时声泪俱下。陈璧君在下面深深为其吸引，"汪喜亦喜，汪忧亦忧"。同时,陈璧君又陪同汪精卫游览了该岛名胜——极乐寺,寺在鹤山半山腰,曲径悠悠,衬着碧树芳草、蓝天白云,景色宜人,汪精卫、陈璧君二人玩得十分开心。

汪精卫的到来,在陈璧君这个情窦初开的少女心中,悄悄地燃起了爱情的圣火,她不好贸然开口,只是处处表示亲近而已。陈璧君倾心于汪精卫,不仅因为汪精卫的相貌才能,还因为他严肃的生活作风。在这些年轻的革命家中,不少人嫖妓、赌博、酗酒,而汪精卫却像清教徒一样生活,被人称为"道学先生"。最让陈璧君感动的是汪精卫"革命家不结婚"的信念。汪精卫对陈璧君说:革命家生活无着落,生命无保证,革命家结婚必然陷妻子于不幸之中,让自己所爱之人一生不幸是最大的罪过。汪精卫发誓说:"革命不成功就不结婚。"汪精卫越说不结婚,陈璧君反而越爱汪精卫。可惜好景不长,汪精卫在槟城活动数日后,即行离去,陈璧君的一颗芳心仿佛也被他勾走了。陈璧君是百万富翁之女,议婚之人早已应接不暇,她曾和表兄梁宇皋定了亲,二人原是青梅竹马,两小无猜,又是亲上加亲,一个有情,一个有意,关系甚好。但自见汪精卫之后,陈璧君就向父母表示坚决退婚,改适汪郎。为此遭到其父的严厉斥责,认为"千金女绝不可下嫁亡命徒",汪精卫四处飘荡,有家难归,有国难投,嫁给他只能一辈子受罪。母亲虽然同情女儿,但也无可奈何。

1908年初,汪精卫再次来到新加坡,为同盟会主办的《中兴日报》撰稿。一日,有一浓妆艳抹之女郎,来到中兴报馆,自称从槟城来,必欲一见"精卫",睹其风采。楼下赶快报告正在楼上写作的汪精卫,汪从楼梯口向下一看,见该女郎艳丽过甚,不敢下楼,面红耳赤,急忙躲开,该女郎只好怅怅而返。此事不知怎么竟被陈璧君知道了,一股无名的妒火,使这个少女坐卧不安。当时正值暑假期间,她就一再鼓动母亲去新加坡,其母被迫同意。陈璧君母女到新加坡后，孙中山对母女俩表示热烈欢迎。8月18日，孙中山在晚晴园设宴招待陈璧君母女，命汪精卫代写请柬，邀林义顺夫人、陈楚楠和吴应培母亲出席作陪。在此期间，陈璧君总是寻找各种机会和汪精卫亲近，或谈论革命，或一起去观赏新加坡风光，一来二去，彼此有了进一步的了解。当时《中兴日报》正经费困难，孙中山提议改为股份公司。陈璧君慷慨解囊，当即认购了十股，收据如下：

文字第三十四

经代南洋中兴报社有限公司，收到陈璧君先生附入壹拾股，文到全期股本通用银，银壹百大圆整。理合给收单为据，候公司开办通知，请携此单向本公司换正股票可也。付此收执存据，所有本公司事宜，均照英国有限公司办理。

戊申年（1908年）六月初五日经理人

陈璧君回到槟城后，对汪精卫的热恋之心更加强烈，读书也不能安心了。回想在新加坡时，二人相聚甚欢，但始终未谈及婚事。陈璧君越想越怕失去机会，于是鼓足勇气，给汪精卫写了一封求婚信，表示爱恋与敬仰之情。没想到，竟被汪精卫回信婉言谢绝了。

原来汪精卫也有自己的苦衷，他父母去世之后，主要依靠长兄汪兆镛生活。汪精卫十几岁时，由汪兆镛做主为其订婚，女方是其同僚刘子蕃之妹，名叫刘文贞，知书达理，汪精卫虽未和她见过面，却也答应了下来，刘文贞则更是满意。汪精卫留学日本后，加入同盟会，又在《民报》著文，鼓吹反清革命，清政府悬赏银10万买他的人头。1906年底，岑春煊命汪兆镛给汪精卫写信，要他回广东开办政治学堂。汪精卫回信一封，自称是"家庭的罪人"，宣布与家庭断绝关系，与刘文贞解除婚约。汪兆镛即去县署备了案。谁知刘文贞是个痴情女子，坚决不允退婚，非汪郎不嫁。她伤心地说："这是为什么？难道我们刘家门第不够清白？难道他还嫌我丑陋？难道我做了什么不端之事，配不上他？他当初中了秀才，为什么还穿戴我家送去的衣帽，洋洋得意地到处拜客？" 并请其兄转告汪精卫，"仍愿坚贞守候着他"。后汪精卫又给刘子蕃写信，称："婚姻以爱情与名分为元素，今者名分既绝，彼此又夙无爱情，不宜再生纠葛。"刘文贞仍不肯改嫁。这段姻缘一直未了，加之自己四处漂泊，居无定所，陈璧君又无动人之处，因此不想议婚。陈璧君接到汪精卫的拒婚信后，仍不死心，但也不敢再提婚事。

第三章

辛亥风云

谋刺摄政王，名扬中外

辛亥出狱，身兼南北参议

两次赴欧，异国逍遥

一、谋刺摄政王，名扬中外

同盟会成立后，曾设立由方君瑛负责的暗杀部，邀请俄国无政府主义者传授暗杀技术，汪精卫也曾参加学习，但那时革命处于高潮之时，汪精卫并不迷信暗杀活动。但是，正当汪精卫在南洋各地积极活动时，革命形势急转直下，革命党人组织的六次起义相继失败，同盟会上层领导之间又发生了严重分歧，章太炎、陶成章另立山头，组织"光复会"，黄兴、胡汉民对前途也悲观失望，汪精卫对孙中山"边陲起事"的战略也产生了怀疑，但汪精卫还是大力维护孙中山的领袖地位，力辟谣言，反对分裂，他在致刘文岛的信中写道："望文岛同志，不可为此谣言所惑，同心协力，共济大局，是所至望。"

在这种形势下，汪精卫既激动又失望，他再次走上了暗杀道路，决心"与'虏酋'拼命"。1909 年 1 月 14 日，汪精卫乘法国邮船潜离新加坡，前往香港，准备北上"谋击一清廷重臣，以事实表现党人之决心"。汪精卫曾在《民报》26 期上发表《革命之决心》一文，说：现在四亿人民正如饥饿的赤子，正在盼等吃革命之饭。但烧熟米饭所需要的一是薪，二是釜。薪燃烧自己化为灰烬，把自己的热移给了米，才使生米变成熟饭；釜则默默地忍受水煎火烤。所以革命党人的角色有二，一作为薪，为薪的人需要奉献的毅力，甘心把自己当作柴薪，化自己为灰烬来煮成革命之饭；二作为釜，为釜的人需要坚忍的耐力，愿意把自己当作锅釜，煎熬自己来煮成革命之饭。

在得知汪精卫要北上行刺时，4 月 30 日，胡汉民给汪精卫写信，劝汪精卫说：你是同盟会中举足轻重的人物，你的文才、口才和号召力都是无人可以取代的。如果你以一时之激情与"虏酋"拼命，对革命的损失太大，足阻革命之前途。5月8日,汪精卫回信说:梁启超骂我们这些革命党人是"远距离革命家",章炳麟等人又背叛孙先生和同盟会,已经到了"非口实所可弥缝,非手段所可挽回"的地步。现在我们必须拿出具体的行动来证明我们的革命之决心,才能使梁启超愧对民众,使章炳麟愧对党人,才能促使同盟会内部团结和挽回民众对革命的信心。我以前在《革命之决心》一文中曾经说过,革命党人要为革命作釜作薪,现在正是需要我当革命之薪的时候,若吝薪则何由有饭?进行暗杀之事,自前年(丁未)以来,蓄此念于胸中,以至今日,千回万转,而终不移其决心,表示愿以生命充革命之薪。后经孙中山、黄兴、胡汉民等人多方劝阻,汪精卫答应暂不行动。孙中山遂命他去日本恢复《民报》,汪精卫再次来到日本。

由于没有同盟会领导人的支持,汪精卫不得不自己寻找愿意和自己一起北上行刺的人,他首先想到的是黄复生。汪精卫把自己北上行刺的计划告诉黄复生,汪精卫还没有讲完,黄复生就大笑道:"铭兄,有话何不直说。我和你一起去北京"。汪精卫说:"去北京行刺可是九死一生,毫无生还的可能。"黄复生豪爽地说:"我参加革命时早已立志为革命而死,还谈什么生还的问题,这次就让我们一起作革命之薪吧。"这年夏天,汪精卫前往日本东京,与黄复生、黎仲实、喻云纪、陈璧君、曾醒、方君瑛等7人,组织一个小暗杀团体,暗杀团总部设在日本东京本乡区真砂町十五番地,其成员来往于日本和香港之间,又在香港黄泥甬道设立了秘密机关,并去屯门邓三伯的农场试验炸弹。10月,汪精卫在日本秘密续刊《民报》,连续发表文章,鼓吹暗杀牺牲精神,他决心采取新的行动,决计杀一两个清朝重臣,以实际行动回击分裂势力与保皇党人的攻击和挑衅。北上前,汪精卫留书与孙中山作别,称:"欲维持团体,要在努力于事实之进行,则灰心者复归于热,怀疑者复归于信。"孙中山曾极力劝阻,胡汉民也声泪俱下地劝他不要做这样无益之举,汪都不肯听,且作书告别南洋革命党人,内有："今者将赴北京，此行无论事之成否皆必无生还之望，故预为此书托友人汉民代存，事发后即为代寄……弟不敏，先诸同志而死，不获共尝将来之艰难，诚所愧疚。弟虽流血于菜市街头，犹张目以望革命军之入都门。"汪精卫欲以其牺牲创惊人之举，大有视死如归的气概。

1909 年，汪精卫等原计划谋刺广东水师提督李准，后听说两江总督端方调任直隶总督，于是，汪精卫、喻培伦、黄复生、陈璧君等人来到武汉，准备在汉口车站下手。因端方改由水路北上，谋刺未成，炸药就留在了武汉。1911 年武昌起义时所用的炸药，一部分就是他们留下的。最后，暗杀团决定去北京活动，1909 年深秋，黄复生、喻培伦先行回国，在北京建立行动的掩护机关。经过一番周折，黄、喻二人就在北京顺治门外琉璃厂附近租了一间房子，准备开办一家照相馆做掩护，进行暗杀准备活动。一切准备就绪，喻培伦又东渡日本，向汪精卫做了汇报。然后购置好炸药器材，装入照相器材中偷运回国。

1909 年 12 月，汪精卫等人顶风冒雨，日夜兼程，奔赴北京。随后照相器材和炸药等也已运到。1910 年元旦过后，汪精卫等开设的"守真照相馆"正式开业。黄复生是老板，喻培伦负责照相，其他人协助工作。新奇的摄影技术招来了许多好奇的观众，照相馆开业后，顾客络绎不绝，生意十分兴旺。但汪精卫等人到北京，并不是做生意赚钱，而是从事革命活动，他们抽出时间研究布置暗杀活动和研制炸弹。

当时，庆亲王奕劻是清政府的顽固派，是革命党的死对头，汪精卫等商议先炸死他。经过几次侦察，发现奕劻非常谨慎，出入都走京都大街，庆王府又戒备森严，很难下手。后来，汪精卫等听说清贝勒载洵、载涛赴欧洲祝贺英王加冕，并考察外国海军，即将回国，汪等想趁他们回京时动手暗杀。由于时间仓促，准备不够。两贝勒回国那天，汪精卫、黄复生、陈璧君三人雇一辆骡车前往前门车站，汪精卫和黄复生携带装有炸弹的皮箱在车站门口等候，陈璧君则在骡车上接应。汪精卫、黄复生整整等候了一天，火车到站时天已黄昏，满站台迎候的人都戴红顶子，由于不知谁是载洵、载涛，怕误伤他人，只好作罢。

几次暗杀计划落空后，汪精卫决定擒贼先擒王，以摄政王载沣为刺杀目标。但载沣出入随从甚多，铁茶壶装炸药威力不够，于是，派黄复生向骡马市大街的铁匠定制了一个大铁罐，直径一尺二寸，高近一尺，可装四五十磅炸药。准备妥当后，他们又商议选择行刺地点。经黄复生观察，载沣每日上朝必经鼓楼大街，鼓楼前有一短墙，可安置炸弹。但因鼓楼大街修马路，载沣改变了上朝路线，此计划只好放弃。又经调查，了解到载沣必经之路为烟袋斜街，但因租不到房子，没有藏身之处，也只得作罢。最后，汪精卫等人选定什刹海旁的银锭桥下为爆炸地点。该地三面环水，仅一面有居民数家，非常僻静。桥畔长有几棵大树，树干粗壮可以藏人。树旁还有一座破旧废弃的清虚道观，人迹罕至，可作为掩护地点。这里距离摄政王府很近，为其出入必经之地。可将炸药埋于桥下，待载沣通过时引爆。这样，决定由黄复生、喻培伦埋置炸药，汪精卫负责引爆，陈璧君负责往来联络，同时，还在什刹海附近的清虚观，向道士租房一间，作为临时行动地点。

1910 年 3 月 31 日夜，汪精卫等人用照相机上的遮光布将炸弹包好，用一辆骡车运到银锭桥边的清虚观里藏起来。深夜，古城北京仍能感到残冬的寒意，人们大都进入了梦乡。汪精卫担任警戒，黄复生、喻培伦在银锭桥下紧张地忙碌着，突然犬声四起，为防意外他们赶紧撤回。次日夜里，二人又继续工作，将炸药罐埋好后，便发现附近有人，黄复生叫喻培伦通知在清虚观的汪精卫赶紧转移，自己藏于树后观察动静，只见一人手提小灯笼来到桥下，东照照，西照照，就走了。黄复生赶紧跑到桥下，将电线收回。因炸药罐太重，不能取出。这时，来了一个警察，一个宪兵，还有先前来的那位，在桥下查找很长时间才离去。事后才知道，桥上的人是一个车夫，因他的妻子 3 日未归，出来查找，见桥下有人，以为是奸夫，到桥下看见炸药罐，也不知何物，赶紧报告了警察。汪精卫等人费尽心机的行刺计划就这样暴露了。

当夜，汪精卫等人在东北园开会商议下一步行动计划，考虑到从日本带来的炸药和器材已经所剩无几，只能再派人去日本购进。大家商定，由喻培伦回日本购买炸药和器材，黎仲实、陈璧君到南洋等地筹款，但懋辛去上海准备接应下批器材到来，汪精卫和黄复生仍留北京，准备再举。第二天一早，汪精卫等人发现市面上一切平静，一点反常现象也没有，下午，也没有发现清兵抓人的迹象，喻培伦到街上侦察了一番后，大着胆子到银锭桥附近观察，发现桥下埋的炸弹不见了。

原来，清兵把炸弹取出来后，抬到官府中，清政府官吏们也不知这个铁家伙为何物。第二天一早，特请来日本和美国使馆的专家进行鉴定，美国专家一看便清楚了，摆在官府案头上的是一颗威力强大的炸弹。当他听说这颗炸弹埋设在载沣要经过的桥下时，心有余悸地说：幸好未爆炸，要不然，这银锭桥附近两三里之内完全会被炸成一片焦土。美国专家望着已被吓破胆的清政府官吏说：像这样工艺先进、设计高明、威力强大的炸弹，外国人要制造也是困难的。这颗炸弹不是中国制造的。日本专家却根据炸弹外壳上有明显的车削痕迹，说这颗炸弹一定是在中国境内加工装配的。北京城戒备又很严，这么笨重的铁家伙不容易混进城，因此断定是在北京城内制造的，但究竟是中国人干的还是外国人干的尚不清楚。清政府官吏们没敢声张。他们恭敬地送走了洋人，便对城内的铁匠店按户密查，发现是骡马市大街鸿太永铁工厂所制，经审讯，店主供认是为"守真照相馆"定做的。

汪精卫等人在照相馆中小心地等了几天，关于追查炸弹的风声还是时有所闻，但消息是各种各样的：有的说是庆亲王奕劻想以此除掉肃王善耆者；有的说是贝子溥伦想以此篡宣统皇帝的位；有的人根据炸弹外壳上刻有英文"伦敦"的字样，断定是由载洵、载涛从国外带回，目的是除掉摄政王载沣；还有一家报纸上竟然载出消息，说是官府已查明安置炸药者，并在卢沟桥捕获，就地正法云云，众说纷纭，不一而足。但不管哪一条消息，都没有离开清廷内部钩心斗角、争权夺位的斗争，而没有怀疑是革命党人干的，汪精卫等人暗暗松了一口气。

4月4日，黎仲实、喻培伦和陈璧君三人离开北京，前去日本。此后，"守真照相馆"便处于清政府严密监视之下。4月16日上午，汪精卫、黄复生正在东北园住处谈话，一个雇用的仆人突然来对汪精卫说："四老爷，四老爷，照相馆内有人请黄爷去！"当黄复生出了住处，行至琉璃厂大街后即被捕。接着，汪精卫也被逮捕。

在审讯时，官吏问汪精卫："谁是主谋？"汪答："我就是主谋，事情是我自己一个人干的。"问黄复生："谁是主谋？"黄答："我自己是主谋，事情和别人没有任何关系。"两个人都争着救对方牺牲自己，因此，两人都要被处死刑。

民政部尚书肃亲王善耆亲自审讯时，对汪、黄说："你们有什么想说的就全写出来吧。"在生死关头，汪精卫面不变色，下笔千言，一挥而就，写了自己的革命思想和目的，对暗杀之事供认不讳："汪兆铭，别号精卫。前在东京留学时，曾为《民报》主笔，生平宗旨，皆发之于《民报》，可不多言。丁未年孙逸仙起事时，兵败后携炸药军器等出。我潜以此等物件，纳入书箧内，寄存友人处。后复在南洋各埠演说，联络同志。继思于根本之地，为振奋天下人心之举，故来。"汪精卫还慷慨激昂，痛斥清政府侈谈立宪的极端虚伪。

汪精卫被捕后，自料必死，吟诗言志，在狱中写成《被逮口占》四首，其中一首是《慷慨篇》：

街石成痴绝，沧波万里愁；

孤飞终不倦，羞逐海浪浮。

姹紫嫣红色，从知渲染难；

他时好花发，认取血痕斑。

慷慨歌燕市，从容作楚囚；

引刀成一快，不负少年头。

留得心魂在，残躯付劫灰；

青磷光不灭，夜夜照燕台。

汪精卫还写了如下壮语："一死心期殊末了，此头须向国门悬。"这些铿锵的诗句曾流传一时，为人称颂。汪精卫的谋刺活动经过长期筹划，并非一时冲动。因此，他被捕后和黄复生一样，都主动为对方承担责任。这些壮举不仅为一般人传为佳话，也为主审官善耆所赞叹。

由于谋刺摄政王是一个大案，民政部尚书肃亲王善耆亲自审理此案。肃亲王看到从汪精卫身上搜到的三篇亲笔手稿《革命之趋势》《革命之决心》《告别同志书》之后，感慨万分，非常佩服汪精卫的人品见识和他为革命献身的精神。肃亲王说："汪先生在《民报》的篇篇大作，我都拜读过。汪先生主张中国必须自强自立，改革政体，提倡民众参政，效法西方立宪，这些与朝廷的主张都是一致的。目前朝廷正在筹办预备立宪，建立国会让民众参政议政，这些不正是先生所争取的革命目标吗？"汪精卫说："我们革命党人所主张的绝不是立宪，而是要推翻封建专制，实行三民主义。亲王既然读过汪某在《民报》上的文章，对汪某的革命主张应有所了解。"

肃亲王说："你们革命党的确有很多杰出的主见，但你们也应该认真听听我们的看法。说实话，我认为'三民主义'是一种见识偏狭的理论，不能成为今后中国的指导理念。为什么要搞流血革命，我们不是已经答应实行宪政，让各种政治主张都有实现的机会。用和平的宪政方式来实现自己的政治主张，不是比用多数人生命财产损坏的革命方式来实现自己的政治主张更好吗？邻国日本不正是君主立宪的成功榜样吗？"

汪精卫说："我们主张革命的时候，很多人用日本君主立宪成功的事例来反对革命。但日本明治维新，是西乡隆盛用武力从幕府手中夺来的政权，绝不是幕府微笑着把政权交出来的。现在中国搞君主立宪，并不能解决长年的腐败弊害，而且把国会作为民权的支柱不过是一种幻想，国会只不过是君主的傀儡走狗而已。只有民主革命才是救中国的唯一道路。"肃亲王说："中国的政治十分复杂，各种民意纷缠不一，改革政体岂能操之过急？螳螂在前，黄雀在后，列强不是在觊觎着我们吗？不忍不谋则乱，还请汪先生三思。"经此辩论，汪精卫的志士名声很快传遍了海内外。肃亲王对清廷的腐败也感到深恶痛绝，所以，对革命党人也十分同情。

关于汪精卫一案，摄政王载沣主张应处以极刑。但肃亲王善耆认为，现在正推行立宪，杀死汪、黄等人，只会使革命党铤而走险，他主张不如从宽处理，判处徒刑。摄政王看了汪精卫供词后批示："我国正预备立宪，该生等系与政府意见不合，实不知朝廷轸念民庶情形，宜以渐进，徐图改良国政。该生等躁急过甚，致陷不轨之诛，日后当知自误也。此与常罪不同，为国罹罪，宜从宽典。"1910 年 4 月 29 日，汪精卫、黄复生被判处永远监禁，罗世勋被判处十年监禁。30 日，汪精卫、黄复生由民政部解往法部监狱关押，开始了铁窗生涯。

对汪精卫等人的被捕，孙中山等革命党人非常惋惜，并立即组织了营救活动。5 月 4 日，孙中山在致美国芝加哥同盟会员梅培的信中，对汪之被捕，表示："吾党失一文武全才能员，殊深痛惜也。"7 月 20 日 孙中山致函吴稚晖，请设法营救汪精卫。1911 年 3 月 20 日，孙中山致函吴稚晖，告之汪精卫在狱中状况，并说已派人去北京营救。胡汉民初闻汪精卫被捕，与赵声、黄兴痛哭流涕，以为必死无疑，极为悲痛，并以诗悼之，诗云：

> 挟策当兴汉，持椎复入秦，
>
> 问谁堪作釜，使子竟为薪。
>
> 智勇岂无用，牺牲共几人，
>
> 此时真决绝，泪早落江滨。

几天后，胡汉民得知汪精卫未被处死，他又为失去良友而沮丧。看到胡汉民这种样子，赵声批评他说："精卫已杀身成仁矣，死一精卫，更将有百十精卫为继起，何苦戚戚如是？"此时，喻培伦和陈璧君已到达日本东京，他们从报上得知汪精卫和黄复生被捕的消息，陈璧君气急败坏。她不说到日本购买炸药器材是大家的决定，是图再举，而破口大骂喻培伦是胆小鬼，出卖同志，临阵怯逃，见死不救等等。少数不明真相的革命党人听了陈璧君的话，也纷纷指责喻培伦，甚至疏远他，喻培伦忍辱负重，不愿和已经丧失理智的陈璧君争执。对于汪、黄的被捕，他也感到内疚，想到自己参加革命以来，几次重大行动都没有完成，也没有血染沙场，作为一个革命者，是不能原谅这种没有结果的失败的。因此，他对于不明真相的革命党人的指责没有进行解释，而是将委屈深深地埋藏在心底。后来，他对吴玉章说："谁怕死，将来的事实是会证明的。"1911 年 4 月，喻培伦参加黄兴等领导的广州起义，英勇牺牲。

吴玉章对二人只能好言相劝，陈璧君再三央求吴玉章去北京，设法营救汪精卫，吴玉章只好答应了她的要求。不久，吴玉章从日本经过朝鲜，潜入北京，住在他姐夫家中。那时，曾醒有个弟弟叫曾季友，在北京经商，吴玉章通过他打听消息和联络同志，经过一个多月的努力，也没有想出好的营救办法，原想组织劫狱，实际上无法做到。吴玉章的姐夫素知他参加了革命党，又见他行动可疑，不管他同意否，先替他买好车票，然后骗他上了火车，去了上海。

为了筹措营救汪精卫等人的经费，陈璧君、黎仲实由日本来到新加坡，见到胡汉民、赵声等人，大家相对落泪，胡汉民则日以营救汪精卫为第一任务。大家遂前往槟城筹款，胡汉民召开同盟会会员会议，大多冷漠，气得胡汉民离会而去。卫月朗罄其私蓄相助，吴世荣、黄金庆、陈新政也多有相赠。陈耕基的第三如夫人也赠洋 4000 元。由陈璧君、黎仲实带此款去香港筹划，胡汉民和邓泽如再去新加坡设法。陈璧君、黎仲实到香港后，在九龙城外设立了一个秘密的营救机关。不久，胡汉民、喻培伦等人亦来，又吸收李佩书、黎德荣二位女士参加。大家虽四处募集经费，但仍感不足。胡汉民曾在自传中回忆道：一天，陈璧君心血来潮，向大家提出："营救汪精卫等人，无巨金则很难办到，近来又筹措无术，听说有人是靠赌博发家致富的，我们为了营救精卫兄，为什么不可以去赌一下，碰碰运气。"大家研究了一番，认为这也是个办法。于是由胡汉民带领，陈璧君剪发做男子装，与李佩书扮成一对青年夫妇，去了澳门赌场。

澳门是东方有名的赌城，这些赌场都由黑社会所控制，他们相互勾结，从中捣鬼，外人是赢不了的。陈璧君和胡汉民等人不知深浅，贸然闯入，结果将带来的百金输光，狼狈而归，反而又增添了一份烦恼。过后，陈璧君又请黎仲实去日本设法筹款，黎仲实找到吴玉章，提出："请把你买军火的回扣给我吧！我要去救汪精卫。"吴说："我为革命买军火，从来没有拿过回扣，并以拿回扣为可耻，这一次既然要救汪精卫，那就破例给你一些回扣。"当时吴玉章经手买军火款共 6 万元左右，按百分之五拿回扣，共计 3000 元，交黎仲实带回香港。

这时，陈璧君在香港心急如焚，坐卧不宁，提出要亲自去北京进行营救。胡汉民认为这样做太危险，可以先派人去北京做好准备，然后再去。当时，正逢同盟会员邹鲁从广东法政学堂毕业，得到直隶州州判的名义，要到北京去铨叙，请他前去不会引人怀疑，邹鲁也慨然应允，同时写信邀请在沈阳的张煊和广州的郭守发一同前往。不料邹鲁到上海后，大病一场，不能北上，后由叶夏声将他送回广州。郭守发和张煊到北京后，探明了汪精卫囚禁之所，并设法建立了联系，但也无营救之计。陈璧君为营救汪精卫四处奔波，汪精卫在狱中也思念陈璧君，专门写了一首忆陈璧君的《秋夜》诗：

落叶空庭夜籁微，故人梦里两依依，

风萧易水今犹昨，魂度枫林是也非。

入地相逢虽不愧，擎山无路欲何归，

记从共洒新亭泪，忍使啼痕又满衣。

此诗后来发表时，汪精卫写有附记说："此诗由狱卒辗转至冰如手中，冰如持归与展堂（胡汉民）等读之，伯先（赵声）每读一过，辄激昂不已，然伯先今已死矣，附记于此，以志腹痛"。

1910年冬，陈璧君不畏寒苦，冒着生命危险，决定与黎仲实去北京营救汪精卫。临行时，胡汉民为其送行，并诵叶清臣《贺圣朝》词云："不知来岁牡丹时，再相逢何处？"众人相对落泪，不胜悲壮。陈璧君等人到北京后，几经辗转，托狱卒带给汪精卫十多枚鸡蛋，内藏有书信一封。汪见书信，悲喜交集，喜的是狱外的同志正在积极设法营救，陈璧君甘冒风险亲自来京，对自己真是情深似海，忧的是陈璧君来京活动，危险很大，唯恐发生意外。于是咬破手指，写血书一封，上书"信到平安"四个字，又改填了《金缕曲》词一首回赠陈璧君，词云：

别后平安否？便相逢凄凉万事，不堪回首。国破家亡无穷恨，禁得此生消受。又添了离愁万斗。眼底心头如昨日，诉心期夜夜常携手。一腔血，为君剖。

泪痕料渍云笺透。倚寒衾循环细读，残灯如豆。留此残生成底事，空令故人愁。愧戴却头颅如旧。跋涉关河知不易，愿孤魂缭护车前后。肠已断，歌难又。

这首词充满了对陈璧君的思念爱慕之情。对于陈的来书，存之不能，弃之可惜，最后竟嚼而吞之。汪精卫和陈璧君铁窗深情，吞吃书信一事，在当时革命党人中曾传为佳话。汪精卫又用血写了五个字"勿留京贾祸"，让陈璧君赶紧离开危险的北京。过了几天，汪精卫收到狱卒转来的陈璧君的一封信，信中说："我们两人虽被牢狱的高墙阻挡无法见面，但我感到我们的真心却能穿过厚厚的高墙。我将遵从你的忠告立即离开北京，不过在此之前有一件事想和你商谈。你我两人已不可能举行形式上的结婚仪式，但你我两人从现在起，在心中宣誓结为夫妇，你看好吗？"汪精卫为陈璧君的真情所感动，自己是一个被判无期徒刑的人，如果不自首叛变的话，根本没有出狱的希望，唯一可以盼望的是革命胜利的那一天，但那一天什么时候才会来呢？是10年还是20年后？也许他永远再也见不到陈璧君了，汪精卫咬破手指，用鲜血写下一个"可"字。

服刑期间的汪精卫，在肃亲王善耆施展的各种软化手段面前，陷入左右为难的处境，出现低沉消极的情绪，产生了妥协心理。当时，善耆派人在狱中为汪另辟裱糊一新并配有家具的房间，"复赠以图史百余帙"，并多次找汪精卫密谈，表示倾慕。甚至对《民报》所阐述的革命主张，也认为不够彻底。这个满洲贵族广征博引，用睥睨一切的傲慢姿态，以探讨学理的礼贤下士风度，慑服了这个血气方刚的革命青年。据汪精卫回忆，肃亲王为使我抛弃革命的决心，用尽了种种方法，曾经有一次，把我带到法场上，逼迫我变更革命的决心。他常常到监狱中来，与我谈论天下大事，谈论诗歌。经过这一番周折之后，汪精卫的思想逐渐发生了变化，由感恩戴德，到表示忏悔。这种变化，在汪被监禁期间的诗作中曾有所流露。他在《有感》一诗中写道：

> 忧来如病亦绵绵，一读黄书一泫然。
> 瓜蔓已都无可摘，豆萁何苦更相煎？

在这里，汪精卫把革命党与清王朝之间的殊死斗争，喻为兄弟相残。在《述怀》长诗中，竟对自己的革命行动自责自悔起来，意境情态为之一变。

> 平生慕慷慨，养气殊未学。
> 哀乐过剧烈，精气潜摧剥。

当时北方革命党人曾指出："汪兆铭在狱时，固已投降民政部大臣肃王善耆"。汪精卫自己后来回忆这一段狱中生活时，对清政府产生了感恩心理，他情不自禁地说：救我命的是肃亲王。我每回忆到这个时候的事，总想到这位清朝末期的伟大政治家。但汪精卫仍是一个革命者，拥护孙中山的初衷没有变。

陈璧君在北京停留多日，经与各方联络，准备从狱外挖一地道，直通牢房，以救汪精卫，事实上很难办到。这时，孙中山来到槟城，黄兴、胡汉民等人也先后赶到，准备再次发动起义，孙中山与胡汉民一见面就说，"我知子等谋营救精卫，我意再起革命军，即所以救精卫也。夫谋杀太上皇而可以减死，在中国历史亦无先例，况于满洲？其置精卫不杀，盖以革命党之气所慑矣。子亦尝料满洲必覆，则何不劝仲实、璧君诸人集中致力于革命军事，而听其入京作无益之举，中于感情，而失却辩理力，我不意子亦如是也。"这是说只有发动起义，取得革命胜利，才是营救汪精卫的最好办法。胡汉民接受了孙中山的意见，立即通知在北京营救汪精卫的陈璧君、黎仲实返回香港，准备参加广州起义。

1911 年 4 月 27 日下午 5 时 30 分，黄兴率领敢死队员百余人，从小东营出发进攻总督衙门。参加进攻的革命党人，人人手臂上缠着一条白毛巾，脚穿黑面胶鞋，手中紧握枪支，有的胸前还挂满炸弹，在呜呜的螺角号声中英勇前进，直奔总督衙门，发动了广州起义。

27 日晚，胡汉民与赵声乘船到达广州，但是船已不能停泊码头，清军舰派士兵到船检查，胡汉民知情况不妙。当时，胡汉民与黎仲实、陈璧君、

汪精卫与胡汉民

李佩书、方君瑛同船，以假辫系帽中，清军士兵持有胡汉民等人的照片，但熟视无睹。胡汉民等人登岸后，也有警察盘问，胡汉民以普通话答之，乃不疑，大家遂入海珠酒店。黎仲实先返其家，后派其姑母来报信说："党人围攻督署已失败，死者甚多，现时缇骑四出，旅馆已布侦探，君等宜急避入乡间，绕道往港。"李佩书闻言，失声大哭，陈璧君急忙制止他。胡汉民说："此非死所，宜急入城，我料必犹有未破坏之机关，则可据以杀贼。"陈璧君请求试探能否入城，遂与黎仲实姑母一同前去。约2小时，两人返回，说："城坚闭不许入，宜作他计。君瑛有戚魏某，为水陆师学堂总办，家在城外，姑往其家，或可因以入城。"胡汉民同意，遂一同前往。胡汉民回忆说："至魏某与眷属避匿，惟余婢媪。陈璧君遂令作饭。余等以日本语私商，并以手无寸铁，求死无术，不宜久留落贼手，遂登港夜船。船中已有警官稽查，惟视余辈乃似外省官眷之避乱者，乃不甚留难。船久之乃启行，在船中犹勉自镇慑。夜半抵港，淑子、宁媛乃以廿九夜返港者，至是候船，得见余等，遂同返陈璧君处，痛定思痛，惟有相对痛哭耳。"

汪精卫在北京狱中，得知广州起义失败的消息，很为陈璧君担心。又听说胡汉民已经牺牲，大为感伤，乃为诗悼之。诗云：

马革生平志，君今幸已酬。

却怜二人血，不作一处流。

后又听说胡汉民未死，才转悲为喜。

二、辛亥出狱，身兼南北参议

1911年10月，武昌起义爆发，清政府惊恐万状，一面起用袁世凯赴湖北镇压革命，一面释放政治犯，以涣散革命党人的斗志。在此形势下，10 月 27 日，摇摇欲坠的清政府被迫发布了《罪己诏》。30 日，又发布了开放党禁的上谕，同日，内阁即奏请释放汪精卫等人，称：窃见汪兆铭等一案，情罪似出有因，所有原供罪状，实系因犯政治革命嫌疑，致罗法网。在汪兆铭等，以改良急进之心，致蹈逾越范围之咎，其迹虽近愤疾，而当日朝廷不忍加诛，亦实以其情尚可原，冀有被濯自新之日。合亟仰恳天恩俯准，将此案监禁人犯汪兆铭及黄复生、罗世勋等，悉予释放。

11 月 6 日，司法大臣绍昌再次奏请释放汪精卫等人，同日，清帝发布上谕："汪兆铭、黄复生、罗世勋均着开释，发往广东交张鸣岐差委。钦此。"当天，汪精卫等即被释放出狱，住进了骡马市大街的泰安栈，暂时滞留京师，观察辛亥革命后北京及国内外形势，以便考虑下一步行动。

辛亥革命在江南大地上迅猛发展，清政府为了挽救危机，派陆军大臣荫昌亲率新军两镇南下，并起用袁世凯为两湖总督，督办剿抚事宜。袁世凯则以"足疾未痊，难肩重任"为辞，以报被罢斥宿怨。荫昌所率北洋军将校，多为袁世凯的旧部，无法号令。清政府只得又任命袁世凯为钦差大臣，全权节制，率军镇压革命党人。但袁世凯却暗中利用革命党与清朝的斗争，企图坐收渔人之利。

袁世凯与革命党人之间毫无渊源，辛亥革命前，同袁有交往的革命党人只有汪精卫。当汪精卫出狱时，袁世凯尚在河南原籍，未到北京视事。但袁世凯已致信其亲信梁士诒："南方军事尚易应付，北京政治，正赖足下居中策划，请与唐少川预为布置"。梁士诒受袁世凯之托，四处进行活动。因他是汪精卫长兄汪兆镛的乡榜同年，以年谊乡谊关系，特赴汪精卫的住处交换时局意见。经梁士诒介绍，汪精卫和袁世凯之子袁克定相识，两人一见如故，颇为投缘。

汪精卫出狱后，在 11 月 15 日与杨度一起组织了"国事共济会"。主张开国民会议解决国体，公然散布革命招瓜分，生内乱的陈词，这正是5年前汪精卫批判过的立宪派的论调。因此革命党的喉舌——上海《民主报》对汪精卫的这些活动曾写社论痛加批评。汪精卫组织京津保同盟会，并取得领导权，对于革命党人筹备武装起义，多方限制劝阻。于是，在清政府统治的北方，汪精卫成了袁世凯内阁的得力助手，而在革命党内则是拥袁倒清论的重要鼓吹者。汪精卫此时认为留居北京已无必要，11月30日，他前往天津，住在租界内的一个旅馆中，对外宣传说准备在天津筹办报馆，而暗中则派人赴上海，将会晤袁世凯的经过，告知黄兴等人。黄兴赞同汪精卫的活动，愿与袁世凯进行合作，南北双方，于是有了默契。而袁克定则往返于京津之间，传递消息。

同时，汪精卫受同盟会指派，与袁世凯联络，争取袁世凯反对清政府。此时的汪精卫，已成了袁世凯家里的座上客，而且与袁克定结成金兰，深得袁世凯的赏识。袁世凯还曾叫袁克定邀汪精卫到洹上相识相叙，行时极为秘密，无人知晓。据汪精卫后来对其侄汪希文说，他初次到洹上与袁世凯相见时，伸出右手准备与袁握手，不料袁却笑着向汪精卫深深打了一揖，汪紧忙还了一揖，而后就坐。袁世凯笑着对汪精卫说："素来仰慕阁下是海内大文豪，今获相见，深感欣幸。"接着又称道"银锭桥之壮举，可与汉朝开国功臣张子房博浪之一击，先后媲美"。汪精卫听后飘飘然。两人觉得颇为投机，感觉相见恨晚。汪精卫便向袁世凯说出革命党人希望他推翻清政府，袁世凯则想利用革命军的声势压清朝皇帝退位。两人利害相同，一拍即合。此夜，汪精卫与袁世凯密谈到深夜，在场仅袁克定一人。

第二天清晨，袁世凯命其子送汪精卫返京。临行，袁世凯写信给梁士诒，嘱他筹款10万元赠送给汪精卫，作为路费。汪精卫出身清苦，一生未见过如此厚礼，不免大吃一惊，认为非义之财万难接受，坚决不肯要。梁士诒劝说道："阁下北京刚刚恢复自由，离家万里，身边岂能无钱，就是赴天津、上海斡旋国事，亦非钱不可。此是袁宫保的美意，何必客气？"最后，汪精卫接受大洋 1000 元，退还了 99000 元。

11 月下旬，袁世凯就任内阁总理大臣，大权在握，他重新上台后，大耍反革命两手，以图实现其险恶的目的。袁世凯掌权后的第一个命令，就是要冯国璋攻下被革命党人占领的汉阳，以获得清政府对他的信任，同时也给革命党人一个下马威。但革命军英勇奋战，顽强反击，与冯国璋指挥的清军隔江对峙。

1911 年 12 月 1 日，汪精卫在天津意租界召集革命党人会议，宣布成立中国同盟会京津保支部，被推为支部长。南北议和开始后，12 月 9 日，汪精卫被南方 11 省代表推举为议和参赞，13 日随唐绍仪赴武汉，会见黎元洪。17 日，汪精卫由北京经武汉来到上海。陈璧君此时也来上海相聚，二人历经艰险，久别重逢，高兴之情，难以言表。25 日，孙中山从欧洲回到上海，汪精卫到码头欢迎，孙中山、胡汉民与汪精卫热烈拥抱。26 日，汪精卫、胡汉民、黄兴、陈英士、张静江、马君武、居正等人赴孙中山寓所，出席同盟会干部会议，商讨组织临时政府方案，决定先向各省代表示意，选举孙中山为临时大总统，并由马君武著文在《民立报》披露。南北议和时，汪精卫以南方军政府和议参赞的身份，"极意斡旋于伍廷芳、唐绍仪之间"，并配合帝国主义分子、旧官僚、立宪党人，散布总统非袁莫属的谬论。他扬言："项城（袁世凯）雄视天下，物望所归，元首匪异人任。"

1912 年 1 月 1 日，孙中山在南京就任中华民国临时大总统，胡汉民任总统府秘书长，其就职宣言由汪精卫代为起草。1 月 3 日，上海报界公会柬请孙中山大总统，于午后 1 时在老靶子路赵家花园设宴欢迎，汪精卫奉孙中山电命代其出席，并致答词。1 月 22 日，同盟会在南京举行会员大会，讨论修改誓词及改组政党等问题，因孙中山政务繁忙，不宜兼管党事，有举汪精卫为总理的提议。孙中山回国之初，本有将革命进行到底的决心。

对此，汪精卫竟向孙中山施压说："你不赞成议和，难道是舍不得总统吗？"胡汉民虽然不像汪精卫那样公开逼孙中山让位，但也有让孙中山下台以解决南北统一的想法。面对来自内部的压力，孙中山不得不妥协，表示："如清帝实行退位，宣布共和，则临时政府决不食言，文即可正式宣布解职。以功以能，首推袁氏。"事后，胡汉民也承认，他与汪精卫二人，"可云功之首，而又罪之魁。"

谭人凤就此事评论说：汪精卫、胡汉民，孙中山之张良、陈平也。汪精卫在京既与袁克定商约调停，许推袁世凯为大总统，又附和汉民、君武等之意见，推中山上台，何为既登台矣，则应极力夹辅，求达最终之目的。乃闻宣统退位之诏一下，精卫急欲践前言，汉民亦极力劝中山辞职，二人尚如此，又何怪朝秦暮楚之各议员，是尤中山之始料所不及也。

1912年2月12日，清宣统皇帝溥仪下诏宣布退位，结束了延续二千多年的封建帝制。13日，孙中山向临时参议院提出辞职，推举袁世凯为总统，但规定政府必须设在南京。18日，临时政府派蔡元培为迎袁专使，汪精卫、宋教仁、魏宸组等八人为欢迎员，前往北京迎接袁世凯到南京就职。2月21日，迎袁专使乘招商局"新铭"轮由上海北上，汪精卫随船前往，因大雾24日船才到天津。在船中，蔡元培、唐绍仪、汪精卫等人发起组织"进德会"，目的是"以矫社会渐趋奢侈，政客之猎官热"。规定会员：不狎邪、不赌博、不置妾。如能谨守前两条者，为进德会赞员，特别甲部会员，除前列三项外，加不作官吏。特别乙部会员，除前列四项外，加不作议员、不吸烟。特别丙部会员，除前列六项外，加不饮酒、不食肉。全部戒约共八项，所以也叫"八不会"。

2月26日，汪精卫、蔡元培、唐绍仪一行到达天津。27日下午，汪精卫、蔡元培等乘专车由津抵京。晚上会晤袁世凯，并向袁递交参议院举袁为临时大总统之通告及孙中山致袁的手书，请袁赴南京就职，并商谈国都迁往南京事宜。汪精卫到北京后，利用公余时间，查看了谋炸摄政王的小石桥，一时感慨万千，汪精卫曾赋诗一首以抒情怀。28日，汪精卫与蔡元培等再次往见袁世凯，商讨迁都及袁世凯赴南京就职问题。晤袁后，汪精卫致电孙中山："袁慰廷（即袁世凯）极愿南来，惟因尚未交定，现定29日再晤详谈。"29日上午，汪精卫、蔡元培等再晤袁世凯，袁世凯允待军事、民政及新政府布置妥定后，即行南来。当天晚上，袁世凯唆使第三镇陆军两营在北京发动兵变，汪精卫偕蔡元培等仓皇避入附近美国人格林家。由于革命党人妥协，首都改设北京。3月13日，汪精卫、蔡元培等人离开北京，乘京汉路火车赴武汉会见黎元洪，18日回到南京，向孙中山做了详细汇报。4月2日，孙中山辞职后，偕胡汉民、廖仲恺、汪精卫等人回到上海，准备返回广东。

4月5日，黎元洪致电孙中山，欢迎他去武汉。8日，孙中山偕胡汉民、汪精卫等乘"联鲸"号军舰去武汉。在船中，汪精卫反复推敲，作《念奴娇》词一首，词云：

> 飘摇一叶，看山容如枕，波浪如簸，谁道长江千里直，尽入襟头舒卷。暮霭初收，月华新浴，风定微波剪。惘然携手，云帆与意俱远。

在武汉，汪精卫与孙中山一起，出席各种欢迎会，参观了汉阳兵工厂、造币厂，游览了武昌黄鹤楼。12日，孙中山等人乘原兵舰返回上海，17日，乘"泰永"号船回广东。汪精卫和陈璧君则回家结婚，4月26日，两人先到槟城陈璧君家中，此时陈父已去世，汪精卫又成了开国功臣，对其婚事，自然无有异议。5且17日，汪精卫、陈璧君二人由槟城经新加坡回到香港。是日，随宋庆龄、孙科和胡汉民夫人杨淑子，一起回到广州。汪精卫把陈璧君介绍给全家人，并正式举行婚礼。5月25日，《民立报》发表了汪精卫、

汪精卫与陈璧君

陈璧君结婚的消息。汪精卫又拿出一笔生活费，送给曾与他订婚的刘文贞，才算彻底了结此事。后刘文贞学医成名，曾任广东省立医院妇产科主任医师，与陈某结婚，汪精卫才觉心安。

　　袁世凯窃取大总统宝座后，得意忘形，不可一世，深感汪精卫斡旋之力。6月8日，汪精卫离京南下，向袁世凯告辞，袁率全体阁员为汪精卫践行。席间，袁世凯询问汪精卫："你尚有什么担心吗？"汪精卫笑答道："局面已经大定，有你在，万事可放心，此时只系担心你死而已。"袁闻言，初颇愕然，但细心一想，转而窃喜说："你的话不错，此时我真不能死，没了我一切都完了。"大家听罢，举杯为之一笑。汪精卫的话表面上不免突兀，似乎不祥，实际是恭维袁世凯，后来袁世凯再厚赠以路费，并明令为汪精卫授勋。

三、两次赴欧，异国逍遥

　　袁世凯当了临时大总统后曾电请汪精卫入京为高等顾问，广东也几次推举他出任都督，他都坚辞不就，决心赴法留学。1912年4月，汪精卫夫妇由上海南归时，途经福州，特邀时任福州女子师范学校校长的曾醒和校监方君瑛一同赴法。7月28日，汪精卫和陈璧君到了怡保，参观了锡矿等处，31 日，两人来到基珑吱，8 月 1 日，回到了槟城。

对于汪精卫出国留学，孙中山曾去信劝阻。8 月 9 日，汪精卫复信孙中山说：如今"政体已经共和，而弟所受之学说，则日本君主立宪国学者之言也。吾党方提倡之三民主义，而弟于此学殊无所闻知，逆计将来出而任事，不为国家福也……请俟弟学成之后，届时或更稗于先生也。"不久，曾醒等人来到槟城。于是，汪精卫、陈璧君、曾醒、方君瑛、曾仲鸣（曾醒之弟）、方君璧（方君瑛之妹，曾仲鸣之妻）等人，一起乘船去法国。途中，汪精卫曾赋诗多首，述其无官一身轻的悠闲心情，他在《登鼓山》诗中云：

登山如登云，盘纡千仞上，
寥寥万松阴，惟听疏蝉响。

在《太平洋听瀑布》诗中云：

一片沧溟不可收，和烟和雨总无愁。
何当化作岩中石，一任清泉自在流。

1912 年 9 月 5 日，汪精卫一行抵法国马赛，受到褚民谊、李石曾、张静江等人的欢迎，大家同去巴黎观光。随后，大家接受李石曾的建议，决定住在离巴黎不远的蒙太尼，李石曾夫妇也寄居在此。该城有男、女中学各一所，曾仲鸣去男子中学寄读，方君璧到女子中学寄读。汪精卫、陈璧君、曾醒、方君瑛四人则在家请教师补习法文，并由汪精卫给他们讲授国文和诗词，过起了悠闲的生活。1913 年 4 月，汪精卫的长子汪文婴在蒙太尼出生，为其生活平添了无穷乐趣。因陈璧君生育后无人照看，方君瑛承担了全部看护之责，为了表示对方君瑛的感激之情，所以将此儿取名为"婴"，以作纪念。

辛亥革命后，革命党人在政治思想上陷入了混乱。有人投靠地主买办阶级，猎官逐利；有人提倡革命军兴，革命党消；有人宣传无政府主义，声称不为政府延长战争；也有人自命清高，主张退出政坛。汪精卫应当属于后一类，他伙同吴稚晖、李石曾组织进德会，提倡"六不主义""八不主义"，标榜"不吸烟""不纳妾""不作官吏""不当议员"等等。

辛亥革命的胜利果实被袁世凯篡夺后，他便凶相毕露，想用铁血手段扑灭革命势力。从 1912 年 12 月至 1913 年 2 月，第一届国会选举在全国范围内进行。宋教仁等全力投入竞选，结果国民党在参、众两院获得了压倒多数的席位。为了实现在中国建成一个独立富强的资产阶级民主共和国的抱负，宋教仁亲自到长江流域各省宣传游说，发表政见，力图组织真正的国民党内阁。他还拟定了一系列内政和外交方面的具体政策。但宋教仁等过于幼稚天真了，与虎谋皮，袁世凯已把罪恶的枪口对准了他。

1913 年 3 月 13 日，宋教仁在上海车站遭刺客枪击，伤重身亡。袁世凯得到宋教仁被刺消息后，假惺惺地电令江苏地方官吏"迅缉凶犯，穷究主名，务得确情，按法严办"。然而"穷究"的结果表明，主持行刺的正是袁世凯自己，而直接布置暗杀的则是袁世凯的亲信、国务总理赵秉钧。当时有一《挽宋教仁联》说："前年杀吴禄贞，去年杀张振武，今年杀宋教仁；你说是应桂馨，他说是赵秉钧，我说是袁世凯！"

"宋案"真相大白，全国哗然。孙中山从迷雾中猛醒，认为"非去袁不可"，主张立即兴师讨伐袁世凯。但此时国民党内部意见分歧严重。黄兴等人对武力讨袁没有信心，主张用法律解决。广东都督胡汉民正与陈炯明争夺广东地盘，顾不上考虑反袁问题，安徽都督柏文蔚准备向袁妥协，湖南都督谭延闿持观望态度，只有江西都督李烈钧等人拥护孙中山的主张。

大部分国民党议员则留恋名位，主张在北京联合其他党派，以全国国会的力量从事"法律倒袁"。孙中山于是急电汪精卫等人，要他们迅速回国。接到电报后，汪精卫决定将汪文婴留在法国，由方君瑛代为抚养，汪精卫夫妇、曾醒及蔡元培等人匆匆回国。

1913 年 6 月 2 日，奉孙中山之召，汪精卫和蔡元培一行第一次回国返抵上海，立即与赵凤昌、张謇等人联络，开展了南北调停活动。汪精卫表示："此次归国，先游南方，后赴北京，必不为矫激之言与姑息之行，但抱一尊重法律、维持人道之决心。"完全是一副不偏不倚的和事佬腔调。汪精卫跟袁世凯的幕宾谋士张謇、赵凤昌等人协商过调停条件，内容是：在议会中占多数的国民党议员保证选举袁为正式总统；皖、粤、赣、湘四省革命党人的都督职位，在正式总统选出前暂不撤换；刺杀宋教仁案，将罪追究至洪述祖、应桂馨而止。袁世凯对汪力主调和，大加赞赏，却不采纳调停条件。汪精卫被袁称为"精卫达者"，托梁士诒"转约北上"。汪的契兄袁克定，还给他拍了一封热情洋溢的电报说："分别已经一年了，很想见到你"，"希望你能早点来，也好安慰我这个有病的老朋友"。汪精卫虽没有北上，他在上海活动十余日后，即南下广州，与粤督胡汉民交换意见。

在国民党人争论不休的时候，袁世凯磨刀霍霍，积极准备对革命党人进行武力镇压，黑云压城，战端将起。为了筹集战费，4 月 26 日，袁世凯指派赵秉钧等同英、法、德、日、俄五国银行团谈判，签订了 2500 万英镑的所谓善后大借款的合同。正如列宁当时所说："中国的新借款被用于反对中国的民主派，'欧洲'拥护准备实行军事独裁的袁世凯。"

袁世凯做好充分准备后，又制造舆论，攻击孙中山、黄兴"左又是捣乱，右又是捣乱"，现在看透孙、黄除捣乱外无本领，无耻地吹嘘自己是"受四万万人民托付之重，不能以四万万人之财产生命而听人捣乱"，扬言"彼等者若敢另组政府，我即敢举兵征伐之"。6月间，他借口李烈钧、胡汉民、柏文蔚曾通电反对善后大借款，不服从中央，予以免职，又派兵南下，进入江西，发动了反革命内战。革命党人被迫应战，南方数省宣布独立，"二次革命"战幕拉开。6月9日，汪精卫接袁世凯电，请他与蔡元培、唐绍仪、伍廷芳到北京，报告南京情形，面商维持大局办法。汪精卫复电婉辞。17日，汪精卫由香港抵广州，与胡汉民商谈。22日，他同胡汉民一道乘"宝璧"舰离粤赴香港。7月初，汪精卫由广州回到上海，继续进行斡旋活动，并创办了《公论晚报》。

1913年7月中旬，二次革命爆发。19日，汪精卫与蔡元培、唐绍仪联名致电袁世凯，请其辞职。23日，汪精卫在《民立报》发表了《国民一致之决心》一文，称袁世凯非去职不可，如袁能去，乱将立息。27日，他又发表《书〈新闻报〉短评后》一文，驳斥上海《新闻报》不问是非，要求南北停战的主张，指出："东南各军是以讨袁为目的，其所宣言皆谓反对袁氏一人，袁氏去职，立即罢兵。"29日，汪精卫发表《地方思想之害》一文，鼓动各地起而讨伐袁世凯，称："军兴之原因，是由于袁氏失职，法律之力所不能制，不得已而诉诸兵力，以迫袁氏职而已。"8月1日，汪精卫发表《今日之财政问题》一文，揭露袁世凯对外大借款，进行反对东南之战争。他还与季雨霖、殷汝骊、夏杰唐、程潜、刘艺舟、胡经武等十余人，在上海静安寺路沧州别墅8号楼上开秘密会议，商讨今后进行的办法，决定成立实行部、继续部、暗杀部。尽管汪精卫四处奔走，袁世凯仍我行我素，决心用武力消灭革命党人。在袁世凯的军事压力下，江西、南京反袁势力很快瓦解，响应赣、宁武装讨袁宣布独立的安徽、福建、湖南、四川等省，也被袁世凯各个击破，相继取消独立，自动收场，不到两个月的"二次革命"即宣告失败。8月3日，孙中山与胡汉民、黄兴、李烈钧等人先后避往日本。汪精卫也感到在国内无事可做，乃于9月3日离上海前往欧洲。

汪精卫夫妇第二次赴法后，仍住在蒙太尼城，蔡元培、李石曾两家也住此地，他们经常在一起讨论时局。此时，汪精卫经济比较拮据，恰好袁世凯命袁克定给汪精卫、蔡元培汇来3000元，以示拉拢。他们收到后，"既不愿用，亦不便却"，最后商定用此款筹办《学风》杂志，蔡元培已写好了《发刊词》，后因第一次世界大战爆发，巴黎的中华印字局停业搬迁，该杂志也未能正式出版。这时，汪精卫除自己学习法文外，还给勤工俭学的学生讲课。

1914年8月1日，德、法两国正式宣战，不久，战火烧到了巴黎附近，法国政府命令各国留学生退出巴黎，汪精卫夫妇曾想渡海去英国，因战争环境，交通不便，未能成行。于是全家迁往法国东北部的阆乡农村避难，汪精卫写有《避兵法国东北之阆乡》一诗：

> 下帷长日未窥园，便趁秋晴出郭门，
> 风景不殊空太息，江山如此更何言。
> 残阳在地林鸦乱，废垒无人野兔尊，
> 欲上危楼还却步，怕将病眼望中原。

在乡下听不见隆隆的炮声，汪精卫夫妇过着田园式的生活，领略着大自然的风光，倒也别有一番情趣。在这里，汪精卫写了《晓烟》《晚眺》《红叶》《坐雨》等诗，充满了闲情逸致。梁园虽好，却非久恋之家，乡下虽然安静，但无法进行学习，于是汪精卫全家南下，来到了法国大城市都鲁司。此时，蔡元培、李石曾全家也迁来此地。他们在一起谈论世界大战，满怀忧思。吴稚晖曾追述当时情况说："在欧战时，我和蔡孑民、李石曾、汪精卫诸先生在法国多罗斯，蔡先生说这种酷烈的战争，以后决不会再发生了吧。"

这时，陈璧君又身怀六甲，由于生活不安定，未满7个月就早产了。在曾醒、方君瑛两人精心照料下，婴儿幸免于夭折，这就是汪精卫长女汪文惺，"惺"与"醒"同音，取此名以示不忘曾醒辛劳抚育之恩。

孙中山逃亡日本后，"不以挫抑而灰心，不以失败而退却"，"实欲竟辛亥之功"。孙中山先后派人联络东北农军和白朗起义军，还派陈英士等发动上海起义，均未成功。1914年7月，孙中山在日本组织中华革命党，被推为总理，继续坚持革命斗争。国内形势再起波澜，袁世凯阴谋篡国称帝，逆迹日益暴露。1915年5月9日，竟不顾全国人民的反对，悍然接受日本妄图变中国为其殖民地的"二十一条"，全国掀起抵制日货、声讨袁世凯的高潮。汪精卫、陈璧君多次商议，陈璧君主张立即回国，她怕万一中日决裂，归途且将断绝。汪精卫则主张去南洋进行筹款等活动，认为该地消息灵通，又可确定缓急，急则归国效死，缓则筹款以设机关。于是决定将一双年幼的儿女托曾仲鸣、方君璧二人照料，并请蔡元培夫妇代为照看，汪精卫动身回国。行前，汪精卫作有《自都鲁司赴马赛归国留别诸弟妹》诗一首。1915年6月，汪精卫夫妇第二次回国，后经上海去香港，陈璧君登岸去广州，汪精卫乘原船去南洋。汪作有《六月与冰如同舟自上海至香港，冰如上陆，自九龙遵广九铁道赴广州归宁，余仍以原舟南行，舟中为诗寄之》四首。其一云：

> 一去匆匆太可怜，只余巾影淡如烟。
> 风帆终是无情物，人自回头舟自前。

1915年12月，袁世凯在北京恢复帝制，受到全国人民一致反对，蔡锷在云南发动护国战争，孙中山也策动第二次讨袁。此时，孙中山仍留在日本，革命尚处困难时期，陈璧君回国数月，觉得无事可做，又思念儿女，乃于 12 月再次赴法。汪精卫在南洋及缅甸活动了一个时期，也未获得显著成效。但护国运动很快取得了成果，在全国人民反对下，1916 年 3 月 12 日，袁世凯无可奈何地取消帝制，6 月 6 日，在全国人民的唾骂声中死去。

1916 年春，汪精卫再次抵法国后，仍住在蒙太尼，这里是勤工俭学的活动基地之一。不久，吴稚晖由英国伦敦来此检查勤工俭学的情况，受到汪精卫夫妇的热情接待，陪同他参观了农校、工校，又亲自送他去巴黎，顺道同游了方登布鲁森林，森林在蒙太尼和巴黎之间，是巴黎附近的名胜之一，林中有拿破仑所建之离宫。在森林入口处有一小城，有十余名勤工俭学的学生在该地普通学校学习。

1916 年 3 月 29 日，华法教育会在巴黎自由教育会所召开了发起大会，汪精卫、陈璧君、曾醒、方君瑛均出席了大会。会议推举欧乐（法）、蔡元培为会长，穆岱（法）、汪精卫为副会长。宣布其宗旨是"发展中法两国之友谊，尤重以法国科学与精神之教育，图中国道德、知识、经济之发展"。该会中方职员蔡元培、汪精卫等人又联名发表《公启》，提出国内教育四点计划：（一）扩张国民教育；（二）输入世界文明；（三）阐扬儒先哲理；（四）发达国民经济。汪精卫又以该会名义写信给国内各省行政机关，号召华工去法国工作。表示："我等以为此事裨益于我国人者有三：一曰扩张生计；二曰输入实业知识；三曰改良社会。" 6 月 22 日，华法教育会在巴黎自由教育会所召开了正式成立大会，并在国内一些省市成立了分会。

第四章

国共合作

支持孙中山，改组国民党

"国父"病危，起草遗嘱

当仁不让，我是"老大"

右派发难，廖仲恺遇刺

蒋介石挑战，遭遇"中山门"

一、支持孙中山，改组国民党

1916 年底，孙中山再次电召汪精卫回国。这时，袁世凯已死，由黎元洪出任大总统，但实权却落入国务总理段祺瑞的手中，他们肆意践踏《临时约法》，拒不召开国会。1917 年 1 月，汪精卫经英国、挪威、芬兰、俄国，沿西伯利亚第三次回国。途中，汪精卫作《六年一月自法国渡海至英国，复渡北海历挪威、芬兰、至俄国京城彼得格勒，始由西伯利亚铁道归国。时欧战方亟，耳目所接皆征人愁苦之声色，书一绝句寄冰如》。诗云：

野帐沐风冷鬓须，鄜州明月又何如。

天涯我亦伍离者，莫话深愁且读书。

汪精卫回国前，蔡元培已先期回国，担任北京大学校长，得知汪精卫回国的消息后，曾邀请他去北大任教，称他是"中国今日之菲希特（德国哲学家）"。汪精卫未同意。4 月，汪精卫偕梁宇皋回到槟城，探视了陈璧君的家人，小住十多日后回到上海。1917 年 7 月，孙中山同海军一道南下广州，发起了护法运动。8 月 25 日，国会非常会议在广州开幕。9 月 10 日，广州军政府成立，孙中山就任军政府海陆军大元帅，任命汪精卫为秘书并代理大元帅府秘书长。此时，汪精卫仍以清高自诩，不愿做官，只愿帮助孙中山做些党务和政治工作，加之当时在广东参加护法的诸人中，鱼龙混杂，真正的革命党人不多，主要是滇、桂军阀。对他们之间的钩心斗角、争权夺利，汪精卫极为反感。

1918 年初，汪精卫去上海活动，一方面代表孙中山做些对外联络工作，另一方面仍热心于勤工俭学运动。5 月 20 日，非常国会决定改组军政府，废除大元帅制,选唐绍仪、唐继尧、伍廷芳、孙中山等7人为政务总裁。次日,孙中山即偕胡汉民等去上海。这时,广东军政府再次邀请汪精卫回粤出任秘书长,遭汪精卫拒绝。并作《广州感事》一诗,借以讥讽。

1918年11月,第一次世界大战结束,并决定第二年召开巴黎和会。因汪精卫长期生活在法国,熟悉法国情况,所以广州军政府推他为出席和会代表,汪精卫因对军政府不满,拒不受命,但表示愿赴巴黎实地考察,从旁协助。1919年8月,汪精卫从上海出发,探望了正在日本神奈川县江之岛养病的胡汉民,然后到美国各地进行宣传。5月3日,到达巴黎,随即参加了拒绝在巴黎和约上签字的斗争。在此期间,汪精卫还参加了勤工俭学的活动,并去法国南部的比那莲山游览,曾作诗数首寄给陈璧君。

1920年10月,汪精卫奉孙中山之召第四次回国。11月12日,汪精卫乘"司聘司"号船回到上海,他一面帮助孙中山编辑《建设》杂志,一面又和章士钊、陈独秀一起,筹建西南大学,经常来往于粤沪之间。1920年11月28日,孙中山、汪精卫、张继、戴季陶由上海重返广州,改组了军政府,1921年4月,广州非常会议召开,决定在广州另组中华民国政府,并推举孙中山为非常大总统,6月5日,孙中山正式就职。汪精卫奉孙中山之命,第四次从法国回国,到广州任军政府最高顾问和广东教育会会长,这是汪精卫第一次正式担任政府官员。

为了进行北伐,是年底,孙中山在广西桂林建立了北伐军大本营,准备借道湖南,直攻武汉。不料担任粤军总司令、军政部长、广东省长等要职的陈炯明却反对北伐,孙中山派汪精卫等人多次去惠州劝说陈炯明,陈炯明表面上说要"卖刀买牛",暗中却与北洋军阀相勾结,准备发动叛乱。1922年3月21日,陈炯明派人暗杀了支持北伐的粤军参谋长邓铿,同时,赵恒惕也反对北伐军通过湖南。于是,孙中山回师韶关,重建北伐大本营,并派李烈钧、许崇智等率军由江西北上。为了不影响北伐,又能制止陈炯明叛乱，6月1日，孙中山冒着生命危险，亲自回广州坐镇，对陈炯明的部下叶举等人晓以大义。6月14日，陈炯明打电报给廖仲恺，假意请他去惠州领款，并说"有事相商"，廖仲恺也想去惠州见陈，做些挽救工作。刚到石龙，廖仲恺即遭陈炯明逮捕，关押在广州石井兵工厂。

　　1922年6月16日，陈炯明叛变革命，炮轰总统府，孙中山避难永丰舰，7月3日，汪精卫同古应芬登上永丰舰，晋见孙中山。8月14日，孙中山在汪精卫、蒋介石等人陪同下退居上海。这时，孙中山认真地总结了陈炯明叛变的教训，决心加快国民党的改组步伐。1922年8月25日，孙中山会见了专程来上海的共产国际的代表马林和越飞，月底，又会见了李大钊和陈独秀，讨论了"振兴国民党，以振兴中国"等问题，决定共产党员以个人身份加入国民党，李大钊、陈独秀、张国焘、蔡和森等人，随即由孙中山亲自主盟，加入了国民党。

　　汪精卫在孙中山领导下马不停蹄地进行合纵联横的联络活动。9月4日，汪精卫出席孙中山召集的商讨改进国民党事宜的会议，会后，他同胡汉民赴杭州晤卢永祥，商讨联合反直系事宜。9月14日，汪精卫、胡汉民会晤卢永祥，洽谈军事合作事宜，结果很好。17日晚，汪偕胡汉民由杭州返上海。此时，徐树铮代表段祺瑞赴广州联络，孙中山正在广西桂林设立北伐大本营，孙中山对徐树铮的到来非常重视，发电报给在广州的廖仲恺、汪精卫，指定廖、汪与蒋介石三人为代表，与徐树铮具体商量。

　　1922年9月22日，汪精卫奉孙中山之命，同前湖南军总司令程潜离开上海前往奉天（今沈阳），与张作霖商洽段（祺瑞）、张（作霖）、孙（中山）三派反直军事政治合作计划。27日夜，汪精卫经大连抵奉天，下榻奉天都旅馆，随即与张作霖会晤。10月3日，汪精卫、程潜出席张作霖举行的欢迎会，与张作霖讨论段祺瑞、张作霖、孙中山联盟事宜，汪精卫说孙中山、段祺瑞非争权夺利之辈，请张作霖放心。至于孙中山，则更可为之担保。

经过各方联系，一个针对直系的段、张、孙三角同盟终于确立。

1923年1月26日，孙中山与苏联代表越飞发表了《孙文越飞宣言》，内容有四项：一、孙逸仙博士以为共产组织，甚至苏维埃制度，事实上均不能引用于中国。因中国并无此项共产制度或苏维埃制度可以成功之情况也。此项见解，越飞君完全同感。且以为中国最要最急之问题，乃在民国的统一之成功，与完全国家的独立之获得。关于此项大事业，越飞君并确告孙博士，中国当得俄国国民最炙热之同情，且可以得俄国援助为依赖也。

二、为明了此等地位起见，孙逸仙博士要求越飞君再度切实声明，1920年9月27日俄国对中国通牒之原则。越飞君此向孙博士重行宣言，即俄国政府准备并且愿意根据俄国抛弃帝政时代中俄条约（连同中东路等合同在内）之基础，另行开始中俄交涉。

三、因全部承认中东路问题，只能于适当之中俄会议解决，故孙逸仙博士以为现在中东路主管理，事实上只能维持现况；且与越飞君同意，现行铁路管理法，只能由中俄两政府不加成见，以双方实际之利益与权利时改组。同时孙逸仙博士以为此点应与张作霖将军商洽。

四、越飞君正式向孙博士宣称（此点孙自以为满意）俄国现政府绝无亦从无意思与目的，在蒙古实施帝国主义之政策，或使其与中国分立。孙博士因此以为俄国军队不必立即由外蒙撤退，缘为中国实际利益与必要计，中国北京现政府无力防止因俄兵撤退后白俄反对赤俄阴谋与敌抗行为之发生，以及酿成较现在尤为严重之局面。

宣言正像许多历史学家认为的那样，标志着苏联与孙中山国民党合作关系的形成。同样，这个宣言也是苏俄政府与国民党之间、越飞和孙中山之间互惠互利的交换性产物。孙中山的要求是：苏俄援助国民党及其所进行的斗争，但不能把共产主义制度和苏维埃组织形式引入中国，这隐约中有担心中共问题。苏俄及越飞的要求是：在中东路和外蒙问题上暂时维持现状，即中东路问题没有必要立即解决，在外蒙也不必立即撤走俄兵。孙中山接受马林的建议，在军事上不再搞利用甲军阀打倒乙军阀，也不能利用和改造旧的军阀部队，必须要筹办新的军官学校，培养和训练崭新的、能听国民党领导和指挥的军队。

改组国民党和筹建军校，需要大量的经费，而当时国民党的经费又十分拮据。一天，孙中山召集廖仲恺、胡汉民、汪精卫等人研究经费问题，认为唯一的办法只有向海外华侨募捐，但又不能说为了开办军校，最后决定以执信学校的名义去美洲募捐。由于陈璧君系华侨出身，与各地华侨有一定的联系，又恰好在孙中山身边，于是决定由陈璧君担此重任，又任命其弟陈耀祖为执信学校校长，陪同前往美洲各地募捐。1923 年 4 月 29 日，陈璧君偕陈耀祖由上海出发，汪精卫亲自送上船，并填《绮罗香》一词相赠，词云：

月色轻黄，花阴淡墨，寂寂春深庭产。自下垂帘，不放游丝飞去。博今宵，絮语西窗，挤明月，销魂南浦。最怜他，儿女灯前，依依也识别离苦。

苍茫烟水万里，好把他乡风物，台温情绪。桅尾低飞，空妒煞，闲鸥鹭。当海上朝生时，是江东暮云低处，正情懵，梅子初黄，小楼听夜雨。

陈璧君、陈耀祖姐弟的行程路线是：经香港、马尼拉，过太平洋，到美国檀香山，然后去三藩市，经美国南部一些城市去古巴，再经美国中部一些城市，最后到加拿大。每到一处，都有当地的国民党总支部或党员负责人予以接待和协助募捐，在美国活动的主要负责人是黄滋，在加拿大活动的主要负责人是刘芦隐和李佩书。足迹所至，除募捐外，还同各地的国民党同志，均有诚挚之接洽。当地华侨中不少人生活并不富裕，每天要从事繁重的劳动，陈璧君就利用晚上的时间，去各处讲演宣传。他们听说是为执信学校筹款，几乎无人不捐，这些海外赤子，出于一片爱国之心，把平时节省下来的钱，都资助了国内的革命斗争。1923 年 11 月 2 日，陈璧君一行回到了上海。此次募捐活动，远涉重洋，历经辛苦，取得了显著成绩，共筹款三十万元，解决了国民党人的经费困难，也有了创办黄埔军校的经费，孙中山十分高兴。

1923 年前后，孙中山逐步确立了"联俄、联共、扶助农工"三大政策。在联俄、联共、扶助农工政策酝酿期间，孙中山曾经多次召集他的三个主要助手胡汉民、廖仲恺、汪精卫，征求意见。廖仲恺毫无保留地支持孙中山的政策，汪精卫对改组国民党是赞成的，但对联共，特别是接纳共产党人以个人身份加入国民党，则表示异议，他说："本党容共，如患绞肠痧症，吞下一颗药丸，谁料这颗药丸。就像孙悟空钻入腹内，大翻筋斗，使你痛得肝肠寸断。"胡汉民则提出有条件联共的主张："凡共产党员以个人名义加入本党的，如果真正信仰本党的主义，共同努力于国民革命的，才可以收容。收容以后，如果随时发现了他们有旁的作用，或有旁的行动，足以危害本党的，我们应该随时加以淘汰。"

尽管国民党内部意见不一，但是当孙中山意志坚决，形势不可逆转时，汪精卫以极为敏感的政治嗅觉，抛弃了自己原来的观点，转而支持孙中山的主张。他大力讴歌改组，宣称"中国国民党改组，对于本党，实在是起衰振废的良剂"，国民革命，看看就要告成了。他把自己置于国民党内反对和赞成改组的两派人之间，左右逢源，这使他受益匪浅。因此，虽然汪精卫曾经对联共表示异议，但孙中山还是信任他的。10 月 19 日，汪精卫与廖仲恺、张继、戴季陶、李大钊等人，被孙中山委为国民党改组委员，参与国民党本部的改组事宜。25 日，孙中山组织国民党临时中央执行委员会、执行委员及候补执行委员，汪精卫同李大钊、古应芬等被指派为中央候补执行委员，并负责起草党纲、章程，筹备召开全国代表大会。28 日，国民党临时中央执行委员会正式成立，并召开一次会议，汪精卫被推举为上海执行部委员，和廖仲恺等人一起，筹组国民党上海执行部，1924 年 1 月 6 日才返回广州。

1924 年 1 月 20 日，国民党第一次全国代表大会在广州召开，孙中山亲自主持，汪精卫与胡汉民、林森、谢持、李大钊为大会主席团五名成员。国民党一大开幕第二天，胡汉民任主席，讨论大会进行的程序问题，两个刚加入国民党的青年共产党员毛泽东与李立三发言最多，许多老国民党员大多以惊奇的眼光注视着他们，似乎有"哪里来的这两个年轻的陌生人？意见如此之多"的疑问，少数老国民党员似乎很欣赏他们这样的青年精神，散会后，汪精卫走过来对张国焘说："究竟五四运动中的青年不错，你看他们发言多踊跃，态度多积极！"

1 月 25 日，汪精卫在大会上报告《中国国民党章程》修改案，明确拥护孙中山的三大政策，成为国民党中央领带机构成员。针对国民党右派反对共产党员加入国民党，1 月 28 日，汪精卫在大会上以章程审查委员会主席身份，就国民党内反对共产党员加入国民党问题发言，态度鲜明地支持李大钊的声明，他说：过去吴稚晖、李石曾、张继都是无政府党人，"我们已承认他们为国民党员，如何对于共产党员又不允许他，这是什么道理？"由于汪精卫、廖仲恺等人坚持孙中山关于国共合作的方针，反对共产党员加入国民党提案被否决。汪精卫还发表《中国国民党何以有此次宣言》一文。称："在今日之环境中，我们在精神上有一种说不尽的苦痛，便是中国的现状和我们的主义不能相合，不但不能相合，而且相反。所以不能一致的最大原因，是革命党和群众还没有真正密切地结合。革命党如何能和群众做真正密切的结合呢？第一要训练革命党自己，第二要向群众宣传。根据这训练和宣传两个理由，中国国民党才有此次的宣言。大会通过了宣言，实现了国共合作。"会议选举了国民党第一届中央执行委员会和监察委员会，汪精卫当选为中央执行委员，进入了国民党最高领导层。

国民党"一大"决定在上海、北京、武汉等地设立执行部，由中央各执委分头负责，指定汪精卫、胡汉民、于右任等人负责上海执行部。2月10日，汪精卫偕胡汉民离广州，经香港乘轮船往上海。21日，广东大学筹备成立，汪精卫被聘为筹备委员，并再次被选为广东教育会会长。3月，他与胡汉民联名，以国民党上海执行部名义，发表重要声明，辟驳所谓国民党"赤化"的谣言，称："国民党之唯一职任，在领导全国人民作反抗军阀及帝国主义之运动。鉴于历年之失败，欲重新整齐其纪律，坚强其组织，以应全国国民革命之需要。所有宣言章程及今后一切行动，均有明文及事实可以考证，全国各界，静以察之可也。"

1924年6月8日，奉孙中山之召，汪精卫乘船由上海前往广州。11日抵达广州，立即赴国民党中央执行委员会报告上海党务情况，随后，同廖仲恺前往大本营与孙中山会面，汇报工作。6月16日，黄埔军校举行开学典礼。汪精卫同孙中山、胡汉民、廖仲恺等人出席，并代表中央执行委员会宣读祝词，称：三民五权，革命宗旨；谁欤实行？责在同志。民国肇造，倏逾周纪，纷乱相寻，吾党所耻。誓竭血诚，与众更始，尽涤瑕秽，实现民治。军校权舆，革命所系，莪莪诸君，忠义勇起。勤于所事，以继先烈，以式多士，披坚执锐，日进无已。谨贡清言，愿同生死。6月20日，戴季陶请求辞去国民党中央宣传部长职务，汪精卫受命代理。

在帝国主义和军阀支持下，广州商团购枪酝酿叛乱，8月10日，孙中山下令扣留了这批枪械。商团决定扩大事端，在各地发动罢市、示威。孙中山主张对商团实行严厉镇压，8月20日，他命令广东省长廖仲恺下令通缉陈廉伯。但孙中山的主张，受到国民党右派及拥有实力的军阀的阻挠无法贯彻。孙中山决定将商团交付胡汉民、汪精卫处理。孙中山认为胡汉民、汪精卫二人"长于调和现状"，"现在之不生不死局面，有此二人，当易于维持"。9月初，陈璧君受汪精卫之托，专程由广州去上海，请吴稚晖等人出面，调停孙中山和陈炯明的关系，以便利用陈的兵力援助北伐。此时，吴稚晖在上海永安公司后面闲居，陈璧君讲明来意后，吴稚晖也乐于出面，就和陈璧君一起乘英国邮轮返回广州，住在汪家。与汪精卫商谈后，吴稚晖去海丰汕尾见陈炯明，陈炯明表示：大局形势未明，不得不沉机观变，但一定打吴佩孚。吴稚晖回广州后，9月16日偕邹鲁去韶关，谒见孙中山，孙中山表示：陈炯明一定要写悔过书，如不写，就立即出兵福建，为北伐声援。这两条陈炯明都不答应，致使这次调停失败。吴稚晖又在汪精卫家住了数日，返回了上海。胡汉民派人和商团方面达成了一个妥协方案：由商团报效广州革命政府军费数十万元，广州政府发还商团的枪械。孙中山从实际困难出发，批准了胡汉民的方案。同时，他命令许崇智、廖仲恺、汪精卫、蒋介石、陈友仁、谭平山组成革命委员会。

胡汉民等人的妥协调和政策，助长了商团的反革命气焰。10月10日下午，商团公然发动反革命叛乱，枪杀徒手游行群众数十人，制造了"双十惨案"。惨案发生后，孙中山命令胡汉民代理革命委员会会长，迅速收缴商团枪支。10月11日，汪精卫与许崇智、廖仲恺、蒋介石、陈友仁、谭平山等被孙中山指派为革命委员会全权委员，负责平定商团叛乱，并设法收回关余，胡汉民立即接受孙中山的命令，调集优势兵力，镇压商团叛乱，至15日叛乱基本平息。27日，汪精卫在广州《民国日报》上发表《帝国主义与广东人》一文，指斥商团勾结英国殖民主义者，反对本国政府，制造叛乱。

二、"国父"病危，起草遗嘱

1924 年 10 月，第二次直奉战争战事正酣之际，冯玉祥在北京发动了震惊全国的"北京政变"。政变后，冯玉祥、张作霖、段祺瑞各怀着不同的政治目的电邀孙中山北上共商国是。孙中山为求得全国统一，毅然决定应邀北上，并指派汪精卫随行，汪精卫所担任中执委常委由邹鲁代理，宣传部长由秘书陈扬煊代理。11 月 2 日，汪精卫奉孙中山之命草拟了《北上宣言》。8 日，汪精卫发表时评《一封努力革命的电报》，称赞冯玉祥请孙中山北上之电报，充分显示了革命党人的真面目，这次驱逐曹锟、吴佩孚，完全是为了扫除革命的障碍物。12 日，汪精卫先去香港准备一切。第二天，孙中山偕夫人宋庆龄等离开广州，经香港乘船北上，17 日抵上海。经研究决定，派汪精卫和于右任乘火车先行北上，与冯玉祥、段祺瑞、张作霖等联络。孙中山偕宋庆龄、李烈钧、戴季陶、黄昌谷等取道日本，转赴北京。11 月 24 日，孙中山致电在大连的汪精卫，称：11 月 30 日坐北岭丸自神户出发，12 月 4 日到天津，要他们去天津迎候。11 月 26 日，汪精卫由大连乘"长平丸"轮抵天津。12 月 4 日，孙中山一行抵达天津，汪精卫等陪同孙中山会见了在天津的张作霖。

孙中山先生应否抱病进京，是当时人们议论的话题，当时也无人知道孙中山所患的是肝痛绝症。一般国民党要人都从赴北京可能获得的医疗条件和政治需要来研究这个问题，结果多数主张孙中山到北京去。孙中山本人也同意了。1924 年 12 月 31 日，孙先生在民众盛大欢迎之下，抱病到达北京。北京各界十多万人冒着严寒，欢迎这位中国民主革命的先行者和伟大的爱国者到来。

汪精卫随同孙中山到京后不久，孙中山即病重不能理事。1925 年 1 月

26 日，孙中山住进了协和医院，手术后由于病情仍不见好转，便在 2 月 18 日出院，住在铁狮子胡同行馆调养。为了便于领导，入院前孙中山提议由汪精卫、李石曾、吴稚晖、陈友仁、李大钊等在北京的国民党中央执监委员，组成一个临时中央政治会议，以协助他处理一切政治事务，由汪精卫负实际领导责任。孙中山虽还在病榻上坚持处理公务，但更多的则是由汪精卫代之办理外事，接待宾客，发表谈话，汪精卫已经俨然成了孙中山的代言人。

孙中山病情日趋恶化，国民党人商议预备遗嘱，待病危时再请病人签字。1925 年 2 月 24 日，汪精卫、孙科、宋子文、孔祥熙等人受国民党诸同志所托，至孙中山病榻前请求留下遗嘱。孙中山展目环视，说：我有什么可讲呢？如果我病好了，要讲的很多，如果不幸死去，由你们自己去做便可以了，我还有什么可以讲呢？汪精卫说：先生之病不久当可痊愈，只恐调养须时太久，难以处理公务，而本党又处在重要时期，行动不能有一刻停滞，还请先生早赐教诲，以便我们遵守，以利党务进行为是。孙中山说：我若留下话给你们，诚有许多危险。当今无数敌人正在围困你们，我死后，他们更会向你们进攻。甚至必有方法令你们软化。如果你们不被敌人软化，强硬对抗，则又必将被加害，危险甚大，故吾仍以不言为佳，则你们应付环境，似较容易。如我必定说出，汝等将更难对付险恶之环境！如此，我还怎么说呢？

汪精卫说：我们追随先生奋斗数十年，从未巧避危险，此后危险何畏？从未被人软化过，此后何人能软化我们？我们也深知大部分同志都能遵从先生之言，不计危险与生死。孙中山说：吾已著书甚多！汪精卫说：诚然，先生著有《建国大纲》《建国方略》《三民主义》及《第一次全国代表大会宣言》，诸同志都当竭诚奉行，还望先生为一总括之言。汪精卫又说：我们已经预备好了几句话，想读与先生听听，先生如果赞成，请在上面签个字，作为先生之言，如果不赞成，亦请另赐数语，我可代为笔记。孙中山说：可以。于是，汪精卫便将他根据孙中山最近对他的谈话和北上宣言的精神写的一份遗嘱拿出来读给孙中山听：

余致力国民革命凡四十年，其目的在求中国之自由平等。积四十年之经验，深知欲达到此目的，必须唤起民众及联合世界上以平等待我之民族，共同奋斗。现在革命尚未成功，凡我同志，务须依照余所著《建国方略》《建国大纲》《三民主义》及《第一次全国代表大会宣言》，继续努力，以求贯彻。最近主张开国民会议及废除不平等条约，尤须于最短时间促其实现，是所至嘱！

孙中山听后点头赞成说："好"。汪精卫又将在病榻前拟就的一份家事遗嘱读给孙中山听：

余因尽瘁国事，不治家产。其所遗之书籍，衣物，住宅等，一切均付吾妻宋庆龄，以为纪念。余之儿女已长成，能自立，望各自爱，以继余志。此嘱。

孙中山听后也点头说好，但当天没有签字。

还有一篇是给苏联政府的遗书，孙中山用英语口述，由鲍罗廷、陈友仁、宋子文、孙科记录：

苏维埃社会主义共和国大联合中央执行委员会亲爱的同志：我在此身患不治之症，我的心念此时转向你们，转向于我党及我国的将来。你们是自由的共和国大联合之首领。此自由的共和国大联合，是不朽的列宁遗与被压迫民族的世界之真遗产。帝国主义下的难民，将藉此以保卫其自由，从以古代奴隶战争偏私为基础之国际制度中谋解放。我遗下的是国民党。我希望国民党在完成其由帝国主义制度解放中国及其它被侵略国之历史的工作中，与你们合力共作，命运使我必须放下我未竟之业，移交与彼谨守国民党主义与教训而组织我真正同志之人。故我已嘱咐国民党进行民族革命运动之工作，俾中国可免帝国主义加诸中国的半殖民地状况之羁缚。为达到此项目的起见，我已命国民党长此继续与你们提携，我深信你们政府亦必继续前此予我国之援助。亲爱的同志，当此与你们诀别之际，我愿表示我热烈的希望，希望不久即将破晓，斯时苏联以良友及盟国而欢迎强盛独立之中国，两国在争世界被压迫民族自由之大战中，携手并进，以取得胜利。谨以兄弟之谊，祝你们平安！

本来孙中山口述的遗嘱是："联合世界上被压迫民族，共同奋斗。"汪精卫因知道许世英曾经说过不要得罪列强，就改为"联合世界上以平等待我之民族，共同奋斗"，这样写好之后，张继、邵元冲等还是反对。

2月24日以后，孙中山病情更加恶化，全身浮肿。德国医生克利继续治疗，又请了留学日本的山东医生王纶用日本最新发明的治肺痈药水，每隔一日注射一次。连续注射7次后，腹水有加无已。至3月10日，已百药无效，群医束手。孙中山神思仍然清楚，当听到党人报告东征军捷报时，十分欣慰，并令汪精卫电告胡汉民"不可扰乱百姓"。

1925年3月11日，孙中山知自己已经病危，便召集汪精卫、孙科、宋子文、孔祥熙等人来到床前，说："现在要分别了，拿前日预备的字来，到签字的时候了。"汪精卫取过遗嘱，由宋庆龄扶孙中山手执钢笔——签名，宋庆龄泪流如雨，大家也都痛哭失声。

1925 年 3 月 12 日早上 9 时 30 分，伟大的民主革命先行者、民主主义革命家、爱国者孙中山在北京与世长辞，终年 59 岁。19 日，孙中山的灵柩由协和医院移往中央公园（今中山公园），汪精卫、张继、林森、宋子文为第一组执绋人。孙中山逝世后，汪精卫也因患肝炎，住进了医院。4 月初，国民党负责人陆续离开北京，直到 4 月 24 日，汪精卫病情好转，才沿津浦路南下，过南京时，察看了紫金山麓为孙中山选好的墓地，遂匆匆南下去上海。5 月 3 日，汪精卫乘"加拿大"号邮轮返粤，5 日抵香港，8 日到汕头，先去粤军总部拜会了许崇智，10 日乘车去潮州拜访了蒋介石。第二天，蒋介石陪同汪精卫同游潮州名胜关帝庙，然后同去汕头。5 月 13 日，汪精卫、廖仲恺、许崇智、蒋介石和苏联顾问加仑在汕头召开军事会议，商讨讨伐杨希闵、刘震寰问题，会议推举蒋介石为总指挥，然后汪精卫与廖仲恺先行回到广州，将讨伐杨、刘计划通知了胡汉民，很快杨、刘叛乱被平定了。

三、当仁不让，我是"老大"

孙中山逝世前，没有指定接班人，因而在他逝世后，国民党内部形成了群龙无首的局面。为了争夺国民党的最高领导权，内部展开了明争暗斗。当时，有可能继承孙中山地位的主要有三个人：一个是汪精卫，他有着谋炸摄政王的光荣历史，又陪同孙中山北上，是起草和亲承孙中山遗嘱的人，俨然是一位顾命大臣，在政治上他基本上是个中间派。另一个是胡汉民，孙中山北上后，被任命为代理大元帅，但他反对孙中山的联俄联共扶助农工的三大革命政策，是国民党中的右派。还有一个是廖仲恺，曾积极协助孙中山改组国民党，认真推行三大政策，是共产党的好朋友，国民党中著名的左派。汪精卫、胡汉民、廖仲恺三人，被人称为孙中山麾下的"三杰"。

在当时国共合作的情况下，谁要想成为国民党最高领导人，首先要得到苏俄代表和中国共产党人的支持，同时也要得到军队领导人的支持。廖仲恺因左派关系，得不到国民党右翼的支持。胡汉民对平定"刘、杨叛乱"不力，得不到许崇智的支持，加上平日尖酸刻薄，好骂人，党内恶感颇多，支持率也低。汪精卫在国民党一大后支持三大政策，为人谦卑圆滑，长于调和，能左右逢源，既取得左派支持，又避免与右派敌对。汪精卫回到广州后，一面到处作报告，介绍孙中山北上和逝世的情况，借以抬高自己的身份，一面又在言论和行动上表示左倾，以换取苏俄代表和中共的好感。在军事力量方面则极力拉拢蒋介石和许崇智。

1925 年 6 月 14 日，汪精卫、胡汉民、廖仲恺、伍朝枢和顾问鲍罗廷在广州开会，研究了组织政府方案。6 月 15 日，国民党中央召开全体会议，决定废除总理制，改为委员制，中央执行委员会为最高领导机关。将大元帅府改组为国民政府。胡汉民回忆：国民政府委员人选本来是胡汉民、汪精卫、廖仲恺、伍朝枢协商决定的。但后来，汪精卫与廖仲恺又借口与许崇智、蒋介石商量将名单取走，擅自改动，并事先在报纸上发表，

1925 年广东国民政府成立，
汪精卫任主席

造成了既成事实。这一切，胡汉民都被蒙在鼓里。后来看到报纸上的新名单，胡汉民大为恼火，当面质问汪精卫等人：政府组织名单，已经宣布了，这是闹什么玄虚？怎么能在我不知道以前向外宣布？先生死了，我什么事都可以不问，但不能不顾党。我与你们之间，只就历史关系来说，也不该这样相欺。听了胡汉民的一顿牢骚，汪精卫脸顿时红了，但不吭一声。胡汉民拂袖而去。后来，鲍罗廷找到胡汉民解释说："名单原没有定准，只是不小心向外面公布了。他们犯幼稚病，胡先生还得原谅他们。"

1925 年 7 月 1 日，中华民国国民政府在广州成立，以汪精卫、胡汉民、廖仲恺、张静江、谭延闿、许崇智、于右任等 16 人为政府委员，并当天举行首次政府委员会议，选举国民政府主席。在选举前，当汪精卫听到有人要推举他为国府主席时，他一再表示推辞。但到正式选举时，汪精卫急不可耐地投了自己一票。对此事，邹鲁就曾作过淋漓尽致的描述，他在《回忆录》中写道："那时政治会议的秘书是伍朝枢先生，因为事情重大，他特别郑重，对于发出的选举票，收回的选举票，每次都高声报告。在选举票朗读完毕后，他站立起来说：发出选举票十一张，收回选举票十一张，选举汪兆铭的十一票。他迟疑了一下，显然觉得有些奇怪，便故意又高声报告了一次：发出选举票十一张，收回选举票十一张，选举汪兆铭的十一票。这样揭穿了汪兆铭自己选举自己的伎俩，而汪也满面通红。"7 月 2 日，汪精卫在十万广州军民参加的国民政府成立庆祝仪式上，庄重宣布："国民政府当前的首要任务是挥师北伐，统一中国。"汪精卫的发言得到了在场军民的热烈欢迎，到处响起"拥护汪主席"的口号。汪精卫亲自签发了《国民政府军事委员会组织法》《国民政府军事部组织法》《国民政府外交部组织法》。在对外方针上，他强调遵照总理遗嘱，与全世界被压迫民族，"联合起来，同尽义务"，以抵抗帝国主义；在军事上，他策划东征南伐，扫荡陈炯明残余势力；在经济上，实行统一军民财政计划，"所有财政收入应一切由法定征收机关征收管理",汪精卫还任命一批共产党员担任政府要职。

在国府委员第一次全体会议上,汪精卫当上了国民政府主席,许崇智、廖仲恺、胡汉民分别担任军事、财政、外交部长。3天后,中央政治委员会召开会议,推举汪精卫为军事委员会主席,成为党政军最高领导人,登上了权力的巅峰。

四、右派发难,廖仲恺遇刺

广州国民政府建立后,国民党右派集团是极为不满的,决定对左派予以打击,妄图借暗杀手段,杀一儆百,造成恐怖气氛,把革命势力压下去。他们选中的第一个暗杀对象就是著名左派廖仲恺。为此,在胡汉民家中曾召开过11次会议,进行密谋策划,出席的有胡汉民、胡毅生、邹鲁、林直勉、吴铁城、孙科等人,有人主张杀廖仲恺,有人只主张倒廖仲恺,会议无结果。胡汉民的堂弟胡毅生及其死党朱卓文、梁鸿楷、魏邦平等人又在"文华堂"和魏邦平家中,多次密谋,组织了这次暗杀行动。香港英国政府答应资助200万元,事成之后,梁鸿楷可以出任总司令,魏邦平可以担任广东省长。

1925年8月20日,廖仲恺在国民党中央党部门前被暗杀,同时遇难的还有中央监察委员陈秋霖。当天,就成立了由汪精卫、蒋介石、许崇智三人组成的特别委员会,全权领导和处置一切。经过几天侦查,从凶手陈顺身上发现了破案线索,对于这次案件,胡汉民是知情的。对胡汉民的处理,汪精卫十分为难。第二天,胡汉民向汪精卫打听消息,汪对他的提问不予回答。第三天,又去探听,汪仍不作答。

8月24日,汪精卫在蒋介石寓所开特别委员会会议,决定第二天逮捕"廖案"嫌疑犯,他还在广州《民国日报》上发表《悼廖仲恺同志勖诸同志》和《悼陈秋霖同志》两文。24日晚,胡汉民到陈璧君处打听情况,二人一直谈到三更,陈璧君对胡汉民进行了抚慰,并留他住下,胡汉民坚持冒雨回家。

1925年8月25日,汪精卫下令逮捕"廖案"嫌疑犯林直勉、张国桢、梁士锋、胡毅生、林树巍、梁鸿楷、招桂章、杨锦龙等人。蒋介石派兵搜查了胡汉民的住所,当时胡汉民住在德宜西路他大哥胡青瑞家中。胡毅生、朱卓文已逃之夭夭,只抓到一个林直勉,胡汉民在搜查时,躲入附近一亲戚家中,只将胡青瑞带走。当天下午,经陈璧君等人去说情,才被释放。

陈公博回忆说:"胡先生因为兄弟被捕,那天仓皇避到他亲戚的家中,汪先生怕胡先生不安全,请他的夫人陈璧君陪他到黄埔军官学校暂住。汪先生后来告诉我,许汝为还想借这机会杀胡先生,汪先生对于这个提议不赞成,说胡先生只负政治上的责任,不负法律上的责任,因此通不过。不过因此胡先生的威信大损,难于安居广州,及后算是由中政会(国民党中央政治委员会)派他到莫斯科考查政治,暂离中国,而胡先生则认为这是一种放逐,引为终身之恨。"

由于胡汉民与"廖案"有重大关系,如何处置胡汉民便成了大问题。在排胡问题上,汪精卫、许崇智、蒋介石是一致的,但程度则各有区别。许崇智、蒋介石主张趁机将胡汉民杀掉;而汪精卫毕竟是一文人政客,而且他与胡汉民之间过去又有手足之情,不忍对胡汉民下毒手。汪精卫表示:胡汉民对"廖案"只负政治上的责任,不负法律上的责任。在汪精卫的劝说下,胡汉民才免去杀身之祸。

一星期后,蒋介石通知胡汉民,说是根据鲍罗廷的建议,希望他去俄国休息休息,胡汉民心想,出去走走总比幽禁在黄埔好。同时,也可乘此机会对苏俄进行一番考察，就答应了这一要求。9月22日，胡汉民在李文范、朱和中及女儿胡木兰等人的陪同下乘俄国轮船前往苏联。

在审查"廖案"中，汪精卫、蒋介石都成了获益者，汪精卫以国民党中央执行委员会的名义派胡汉民出国，除去了一个政治上的竞争者；蒋介石借汪精卫之手迫使粤军总司令、军政部长许崇智出走上海，少了一个同他争夺军权的障碍，并且很快由粤军参谋长升为粤军总司令，汪精卫的军权已经旁落了。从而形成了汪精卫主政、蒋介石主军的局面。这也为汪、蒋日后离合、斗争埋下了伏笔。汪精卫那时还没有想到，默默无闻的蒋介石，居然会在一年后成为掌握国民党的实权人物。10月2日，汪精卫就任黄埔军校党代表，5日，他出席中央常务会议，辞去中央宣传部长职务，并推荐毛泽东代理宣传部长。

1925年11月，反共势力日益嚣张，国民党右派谢持、邹鲁等人，策动国民党中央执行委员和中央监察委员中的一部分人在北京西山碧云寺召开了一个反共会议，自称"国民党一届四中全会"，做出了一系列反革命决议案，其中心是反对中国共产党，会议通过决议：驱逐鲍罗廷，开除国民党中央委员李大钊、陈独秀、谭平山和候补委员毛泽东、瞿秋白的党籍，不准共产党员在国民党势力范围内主持行政、教育和参加群众运动。同时，他们对广东国民政府及汪精卫本人，也群起而攻之。会议发出通电，停止广州中央执行委员会职权，决议给汪精卫开除党籍六个月处分。

西山会议后，国民党右派即在上海另立中央，同广州国民党中央相对抗。对于西山会议派的猖狂进攻，汪精卫在广州《民国日报》撰文《我们应该怎样的努力》给予抨击，他说：我们同志要反帝国主义的，便向左去；要生存于不平等条约之下，使中国永为次殖民地，以助成帝国主义之永保势力于世界的，便向右去，不必再用什么共产与反共的口号。因为，如果要做帝国主义走狗，不是将"反共产"三字便可作为护符。随后，汪精卫又以孙中山忠实信徒的口吻大声疾呼，只要是实实在在做唤起民众反抗帝国主义的工作，共产派也好，非共产派也好，便不愧为总理的信徒，也不愧为马克思的后觉。我们如果同在国民革命的战线上，而妄生共产与非共产的分别，以分散国民革命的势力者，决非总理的信徒。汪精卫这些娓娓动听的言辞，赢得了一些不明真相人的支持。

五、蒋介石挑战，遭遇"中山门"

1926年1月1日，国民党第二次全国代表大会在广州召开，汪精卫在会上表示继续执行孙中山的三大政策和三民主义。他说：只要坚持按孙中山的遗嘱去做，革命没有不成功的道理。在国民党第二次全国代表大会上，汪精卫在反击国民党右派问题上又退让了，会议只开除了邹鲁、谢持的党籍，通过了《弹劾西山会议决议案》，对国民党右派给予了一定的打击。会议选举汪精卫为中央执行委员会常务委员兼宣传部长、中央政治会议主席团委员、中央军事委员会常务委员、国民政府主席兼常务委员，为党政军最高负责人，蒋介石也当选为中央执行委员会委员，仅比汪精卫少一票，成为国民党中央领导核心的成员。对蒋介石地位的上升，汪精卫是起了很大作用的，他想用对蒋介石的支持换取蒋介石在军事上对自己的支持，但蒋介石对汪精卫的支持，远不及对他的利用。在这段蒋、汪政治上的蜜月期中，蒋、汪互相吹捧，称兄道弟，打得火热。1月20日，大会闭幕当天，蒋介石就邀请汪精卫，在张静江陪同下，游览了黄埔东南之海神庙。但是，蒋介石自从担任了黄埔军校校长职务后，处心积虑地培植自己的势力，政治野心也随之迅速膨胀，于是，寻找机会向汪精卫的领导地位发动挑战。

汪精卫与蒋介石

    国民党"二大"之后,围绕着革命领导权和革命同盟军问题的斗争日趋激烈。戴季陶曾"挥泪"上书汪精卫与蒋介石,要他们"团结""救党"。但蒋介石随地位上升,野心更加膨胀,对于想走向权力顶峰的蒋介石来说,做国民党第一把交椅的汪精卫是第一个需要清除的障碍,汪精卫对蒋介石也同样不放心,他认为"任何蒋方势力的超升,都是对他在党的领导地位有必定性的威胁"。蒋、汪间的裂缝增大了。两人围绕"中山舰"事件进行了第一回合的争斗。

    1926年3月18日,黄埔军校交通股长兼驻省办事处主任欧阳格以蒋介石的名义命令海军局代理局长李之龙调中山舰开赴黄埔候用。3月19日,中山舰开抵黄埔时,蒋介石却声称"并无调遣该舰之命令"。后经李之龙请示蒋介石后,又将中山舰开回广州。中山舰往返广州黄埔间,均是奉命调动,而蒋介石却说是"无故移动"的"不法行动"。3月20日,蒋介石趁汪精卫在家养病,以防止中山舰"有变乱政局之举"为借口,擅自宣布广州戒严,派兵逮捕了李之龙,占领中山舰,并派兵包围苏联顾问团住宅和省港罢工委员会,扣留黄埔军校和国民革命军第一军中的共产党员,制造了中山舰事件。

中山舰事件发生的上午，军委政训部主任陈公博看到外边戒严，不知是怎么回事，于是慌慌张张跑来问汪精卫是否知情，正在家养病的汪精卫也不明就里。接着谭延闿、朱培德也来了，并捎来蒋介石的一封信。大意是：共产党意图"暴动"，不得不紧急处置，请示主席原谅。一直蒙在鼓里的汪精卫看完信后怒不可遏地说：我是国府主席，又是军委会主席，介石这样举动，事前一点也不通知我，这不是造反吗？说完就要去找蒋介石，经过陈璧君再三劝阻，汪精卫对谭延闿、朱培德说："好！等你们回来再说罢，我在党内有我的地位和历史，并不是蒋介石能反对掉的！"第二天，汪精卫又以军事委员会主席的身份，找来谭延闿、朱培德、李济深等三位军长，问他们敢不敢扣留蒋介石，谭延闿等人明知汪精卫既无实力又无决心，不好和蒋翻脸，都不表态。汪精卫也无可奈何，毫无办法。

3月21日晚，蒋介石前来探视汪精卫的病况。22日，中央政治委员会在汪精卫公馆召集临时特别会议，蒋介石、谭延闿、伍朝枢、朱培德、宋子文、陈公博、林祖涵等到会讨论中山舰事件的处置问题。会上，蒋介石坚持打击共产党人所谓"异动"的立场，取得与会者多数支持。同时，又假意为自己专擅行为请罪，说"此事起于仓促，其处置非常，事前未及报告，专擅之罪，诚不敢辞"。汪精卫没有勇气揭露蒋介石的阴谋，只好重申一下党的纪律，说：军事当局非奉党的领袖的命令，不得擅自行动，"我是革命政府和党的代表，这件事的发生我也有责任，我只责己不责人，一切均由我不能尽职所造成，我将引咎辞职。此事一切善后工作，均由蒋同志去办"。这话显然是给蒋介石听的。会议经过讨论，决定仍然坚持联俄、联共，释放被扣押的共产党人，工作上意见不同的苏联同志暂行离开，李之龙受特种嫌疑，应即查办，汪主席患病，应予暂时休假。

3月23日，汪精卫决定匿居养病，不再理事，并从原住所西华二路搬了出去。24日，在中央宣传部任职的沈雁冰去看望汪精卫，说他要回上海去。汪精卫苦笑一下说：你要回上海，我不久也要舍此而去。天下事不能尽如人意，我们的事业没有完，我们后会有期。31日，汪精卫致函蒋介石，表示"今弟既厌铭，不愿共事，铭当引去。铭之引去，出于自愿，非强迫也"。5月11日，汪精卫以异地就医为名，乘法国"安者"号轮再度出洋黯然赴法国马赛。蒋介石没费多大力气就将国民党一把手汪精卫拉下了马，赢得了挑战的胜利。

汪精卫走后，蒋介石得以放开手脚大干一番。1926年4月16日，国民党中央执行委员会与国民政府委员会举行联席会议，改选了国民党中央政治委员会主席和军事委员会主席，由谭延闿、蒋介石分别担任国民党中央政治委员会主席和军事委员会主席，蒋介石实际上已取代了汪精卫的地位。6月中旬，汪精卫夫妇与曾仲明夫妇抵巴黎，住在郊区农村。汪精卫这种对蒋介石的无声抗议，还是得到了一些人的同情，继续维持着他所谓的"左派"声誉。甚至连蒋介石也假惺惺地发表声明，敦请汪精卫回广州主持党政。

第五章

分共反共

勉强的"左派"，分共元凶

东征讨蒋，势不两立

宁粤对立，黯然去国

一、勉强的"左派"，分共元凶

汪精卫负气出国之后，可乐坏了蒋介石，他一步一步地取代了汪精卫，攫取了国民党的最高权力。1926年4月，蒋介石当上了军事委员会主席。接着，在国民党二届二中全会上，他通过提出限制共产党的"整理党务案"，5月，当上了国民党中央组织部部长，兼任军人部部长。同时，被推为国民党中央执行委员会主席。6月5日，蒋介石又被任命为国民革命军总司令。这时，谭延闿在汪精卫出国后代理国民政府主席，但他是一个"伴食宰相"，一切唯蒋介石是从。这样，北伐战争开始后，蒋介石已攫取了国民党的党政军一切大权。

蒋介石的独断专权引起了国民党内许多人的不满，特别是迁都之争，让人们回想起作风民主的汪主席的好处，于是"拥护汪主席，请汪主席回国复职"的呼声四起。1926年下半年至1927年4月，各省市党部掀起了"迎汪复职"的浪潮。蒋介石这才感到汪精卫在党内的影响不可低估，而且"迎汪复职"显然对蒋介石不利，只会使蒋介石交出刚刚到手的权力，因此，蒋介石非常反对汪精卫回国，认为"迎汪即是倒蒋"，但迫于全国迎汪呼声之高，也假作姿态催汪精卫回国。对于迎汪，中国共产党也是赞同的，认为只有汪精卫回国，国民党左派才能形成"中心"，才能抑制蒋介石的独裁倾向。

1926年10月14日，国民党中央及各省、市地方党部联席会议在广州召开，18日，联席会议通过《请汪兆铭销假案》，在讨论会上又提出了"拥护汪精卫为领袖"的口号，并以联席会议名义致电汪精卫，推选何香凝、彭泽民、张曙时、简琴石等4位代表，准备到法国去迎接。1927年1月1日，蒋介石电称："谭、张、顾、何诸同志，昨到南昌，详述党务政治情形，知非兄速回，不能补救，望兄之切，无由表示，请以兄念弟爱弟者，而测弟孺慕之情为何如也？尚期璧姊同来。"2月21日，国民党中央执行委员、国民政府委员扩大联席会议决议请汪精卫速回国，出席即将召开的二届三中全会。28日，蒋介石再次来电称："如兄不来，则弟唯辞去一切职务，以谢党国。"

3月10日，国民党二届三中全会在汉口南洋大楼开幕，这次会议成了一次不折不扣的反蒋大会，与会者们一致认为蒋介石集党政军大权于一身，一意培植私人势力，现在又挟军力与党和政府对抗，制造军事独裁。如果不及早加以抑制，蒋介石必将成为袁世凯第二。二届三中全会通过了一系列议案，如"中央军事委员会组织大纲""国民革命军总司令部组织条例"等，均意在提高党权，削弱蒋介石的个人权力。会议还通过今后中央军事委员会不设主席，由汪精卫为首的7人集体领导。11日，在二届三中全会上汪精卫被选为中央常务委员、中央政治委员并主席团主席、中央党部组织部部长、军事委会委员并主席团主席和国民政府常务委员等。汪精卫听到这些消息，甚为得意，认为东山再起的时机已到。汪精卫再次研究了国内形势，认为回国的时机已到，于是，1927年2月下旬，他兴冲冲地由法国启程，取道莫斯科、西伯利亚回国。

1927年4月1日，汪精卫乘坐的俄国邮轮从海参崴抵达上海，武汉政府财政部长宋子文专程赴沪迎接汪精卫。蒋介石、吴稚晖、蔡元培等来晤，讨论"分共"问题。汪精卫表示希望暂能维持合作，自己愿负调和之责。蒋介石则极力阻止汪精卫去武汉，提出必须尽快解决两个问题，即赶走鲍罗廷和"分共"。4月2日上午，汪精卫在宋宅与宋子文等会谈。晚与李石曾单独会晤，继续讨论"分共"问题。

4月3日，在上海莫里哀路孙中山故居，蒋介石、汪精卫、吴稚晖、李宗仁、蔡元培、李济深、李石曾、钮永建、宋子文、邓泽如、古应芬、张静江、黄绍竑等会谈，提议召开中央全体会议解决党内纠纷。蒋介石等表示，暂时容忍，出于和平解决之途。吴稚晖说：现在共产党以武汉为中心，从城市到农村都在搞暴动，武汉的国民党已被共产党所胁持，迟早要被吃掉。蒋介石说：目前我党已处于一个危险时期，也是一个转折关头，如果让共产党再猖狂下去国民党就要垮台，现在一切党国命运在于汪主席复职。汪精卫说：蒋先生要兄弟来究竟要做些什么呢？蒋介石说：第一是复职。第二是把苏俄代表鲍罗廷赶走，此人在武汉成了太上皇，非把他赶走不可。第三是分共。这三件事必须坚决做，立即做，请汪主席指示。汪精卫回答说：联俄容共的政策为总理手定，不可轻言更改。此事事关重大，须召开四中全会做出决定。党的民主制度、组织原则是必须遵守的。吴稚晖站起来激动得说：汪兄弟，现在是什么时候，你还要讲什么组织原则，还要对共产党心存幻想。接着，李宗仁、李石曾等人纷纷发言，反对汪精卫的意见，要求汪精卫不要偏袒中共。

会中一致要求：汪精卫留沪领导，并制裁共产党的越轨行动。而汪精卫则一再申述总理的容共联俄及工农政策不可改变，同时为武汉中央的行动辩护。这时，武汉中央派来接收东南财政的宋子文沉默不发一言，其他与会人士则与汪精卫激烈辩论。辩论至最高潮时，吴稚晖十分激动，竟向汪精卫下跪，求其改变态度，并留沪领导。会场空气，至为激荡。吴稚晖下跪，汪精卫则逃避，退上楼梯，口中连说："稚老，您是老前辈，这样一来我受不了，我受不了。"全场人都为之啼笑皆非。紧张的场面，也充满了滑稽成分。

会议决定：立即在南京召集中央全体执行监察委员联席会议，以解决问题。在开会之前，赞成暂时应急之法如下：（一）负责通告中国共产党首领陈独秀君，立即制止国民政府统治下之各地共产党员，应即于开会讨论之前，暂时停止一切活动，听候中央解决。（二）对中央党部及国民政府迁鄂后，因被操纵，所发命令，不能健全，如有认为妨害党国前途者，于汪同志所拟召集之会议未解决以前，不接受此命令。（三）现在各军队及各省之党部团体机关，认为有在内阴谋捣乱者，于汪同志所拟召集之会议未解决以前，在军队应由各军最高长官饬属暂时取缔，在各党部各团体各机关，亦由主要负责人暂时制裁。（四）凡工会纠察队等武装团体，应归总司令部指挥，否则认其为敌对政府之阴谋团体，不准存在。蒋介石发表拥汪通电，声称："自汪主席归来以后，所有军政、民政、财政、外交诸端，皆须在汪主席指挥之下，完全统一于中央，中正唯有统帅各军，一致服从。"

4月5日，汪精卫和陈独秀发表了《国共两党领袖汪兆铭、陈独秀的联合宣言》，强调：我们的团结，此时更非常必要。鼓吹国共两党立即抛弃相互间的怀疑，"如同兄弟般密切"，革命群众一时看不清他的真面目。《联合宣言》一出，国民党右派人士为之大哗，蒋介石也十分生气。这天，汪精卫、蒋介石、吴稚晖、李石曾、蔡元培、柏文蔚、宋子文、李济深、李宗仁、黄绍竑、白崇禧、古应芬、甘乃光等在上海道尹署（特派员公署）开会，吴稚晖在许多人面前质问汪精卫说：孙先生在日，也没有同意国民党与共产党共治中国，只言共产党帮助国民党。汪精卫说："我们只讲两党误会不可发生，没有讲两党共理中国。"大家皆不以汪精卫的行为为然，吴稚晖尤为气愤，当众讽刺汪氏说，陈独秀是共产党的领导人之一，是他们的"家长"，他在共产党里的领导人身份是无可怀疑的。但是我们国民党内是否有这样一个领导人或"家长"呢？吴稚晖说：现在有人以国民党党魁自居，恐怕也不见得罢？说得汪精卫十分难堪，大家不欢而散。

汪精卫致函张静江，说明前往武汉之原因。中央执行委员会来电，称："中央已公奉执事为常务委员兼政治委员会主席团之一，并任命为民政及军事委员会主席团之一，工作重要，请速来鄂担任，时局严重，切勿稍延。"

谭延闿、孙科、徐谦、顾孟余、陈友仁、宋庆龄等23人亦电请汪精卫速来汉，解决严重时局。由于汪、蒋在"分共"时间上发生了分歧，加之中山舰事件记忆犹新，如果汪留沪与蒋合作，只能成为蒋的附庸。考虑再三，权衡利害，汪精卫还是决定先去武汉。4月6日，汪精卫由上海赴武汉。临行致电各党部，说明即日启程赴汉。抵武昌后，拟向中央提议，开一扩大会议，以解决一切重大问题。致函李石曾，声明本人对国共关系的意见：第一，民国13年来改组之国民党，其精神与方策决不可牺牲。第二，如以党为不必要则已，如以党为必要，则党之纪律不可不守，否则，党必为之破碎糜烂。

4月10日，汪精卫到达武汉，受到大量群众的夹道欢迎，使汪精卫非常感动。在十万民众参加的"迎汪大会"上，汪精卫说："中国革命到了一个严重的时期，革命的往左边来，不革命的快走开去！"他还宣称：只要积极地加入蒋介石寻求统一中国的行列，同蒋的和解是可能的。听完汪精卫的讲话，武汉国民党中央决定不派军队反蒋介石了。4月11日，汪精卫出席中央政治委员会会议，报告回国经过。会议决定对"廖案"有关人员进行审查，并指定谭延闿、陈公博、徐谦等人负责审查"廖案"总解决办法。武汉的革命气氛和强烈的反蒋呼声，使汪精卫只能摆出左派面孔，发表激越演说，做出进步的姿态。4月12日，他还为武汉《中央副刊》题词中写道："中国国民革命到了一个严重的时期了，革命的往左边来，不革命的快走开去。"

"四一二政变"发生后，汪精卫通电痛斥蒋介石破坏三大政策，4月13日，汪精卫主持中政会会议，讨论蒋介石指使周凤岐屠杀罢工工人等问题，提议于16日下午召集所有中央执监委员谈话会，讨论国民党与共产党的问题，国民党员与共产党员如何合作问题。随后，汪精卫出席国民党湖北省党部及汉口特别市党部欢迎会，并发表演说，斥责蒋介石缴上海工

1927 年汪精卫在武汉

人纠察队枪械，屠杀工人，"是反对农工，反对总理手定的政策，完全是反革命"。4 月 15 日，汪精卫手书："总理所定联俄、容共、农工三政策，是整个的，破坏一个政策，即是破坏整个政策，即是将改组本党的精神意义根本取消。一切革命同志，应该起来拥护此整个的政策。"汪精卫出席国民党中执会第七次常委扩大会议，会议决定立即开除蒋介石党籍，并免去本兼各职，交全体将士、各级党部及革命民众团体拿解中央依法惩治。4 月 16 日，汪精卫还致电各省各级党部及各级地方政府，申斥蒋等竟敢使西山会议继续开演于南京，竟于上海屠杀工人，以此丧心病狂，自绝于党，自绝于民众，纪律具在，难逃大戮。指出孙中山改组国民党"蒋实赞其谋，今日何忍对于总理留遗之党及其政策加以毁坏"。他谴责蒋介石杀害共产党人，甚至操着悲天悯人的腔调说："每日得着各地屠杀的消息，真使我们流泪。"

汪精卫忙于谴责蒋介石，蒋介石则忙于成立政府。蒋介石在筹划建立南京国民政府的过程中，原打算召开国民党二届四中全会，以四中全会的名义宣布建都。但因不足法定人数而只好作罢。胡汉民提议以中央政治会议的名义召开会议，宣布在南京建都。这一提议得到大家赞同。在蒋介石和胡汉民的督导下，1927年4月17日，由吴稚晖主持的国民党中央政治会议第73次会议，作出"国民政府于18日在南京开始办公"的决议。同时发表国民党中央政治会议建都南京的宣言。

4月18日，蒋介石控制下的南京国民政府就在旧江苏省议会举行典礼，由国民党中央监察委员蔡元培将南京国民政府的大印授予胡汉民。南京国民政府由胡汉民、张静江、伍朝枢、古应芬任常委，胡汉民主持政府工作，实际充当国民政府主席的角色。政府下设办公机构，钮永健任秘书长，随后设外交部伍朝枢任部长，财政部古应芬任部长。后来，又相继设立司法部王宠惠任部长，交通部王伯群代部长，大学院蔡元培任院长，民政部薛笃弼任部长。蒋介石又宣布南京国民党中央政治会议成立，让胡汉民担任主席。蒋介石自己则以国民革命军总司令的身份主宰南京国民政府的一切大权。在南京国民政府成立典礼上，胡汉民发表演说时，表示要"一致拥护蒋总司令，以巩固革命阵营"。南京国民政府发表的宣言，更是明确宣布"以军事全权托付"蒋介石。蒋介石则发表对国民革命军将士的训示，要他们"一致效死，拥护我们南京建都的真正国民政府，并且要消灭共产党所操纵的伪国民政府"。

武汉方面同时以国民政府主席汪精卫的名义，下令撤销国民革命军蒋介石总司令职务，任命冯玉祥为国民革命军总司令，唐生智副之，并拟组织东征军顺流东下，讨伐叛逆。在武汉的原有激烈分子如徐谦等，冲动之情已不消说，即武汉军人唐生智、张发奎、程潜、朱培德等人，也都摩拳擦掌，恨不得一举荡平东南，方泄其愤。但"四一二政变"后，武汉国民政府的内外危机迅速增长，帝国主义军舰的威胁，蒋介石对武汉的封锁，资产阶级工商业主闭厂怠工，地方流氓分子造谣煽惑，武汉政府面临着越来越大的困难，国库空虚，财政枯竭，这一切使汪精卫感到在武汉坚持，凶多吉少。

随着形势一天天恶化，武汉政府内部反共气氛日趋浓厚。6月1日，武汉国民党中央执行委员会常务委员会通过了解除鲍罗廷顾问的合同。6月5日，罗易约汪精卫至其寓所，把共产国际关于中国革命的紧急指示给汪精卫看。汪精卫看到《五月指示》后大吃一惊，密令中写道：一、无视国民党的禁令，实行自下而上的土地革命。二、在湖南湖北组织一支由2万共产党员和5万工农组成的工农革命军。三、改组国民党中央执行委员会，有旧思想的一律驱逐，由各界工农代表取而代之。四、组织革命法庭审判反革命军官。汪精卫看完《五月指示》后冷汗直冒，认为，原来共产党加入国民党是为了从内部颠覆瓦解国民党，根本没有和国民党一心合作的诚意。于是汪精卫由拥共一百八十度转为反共，他把共产国际《五月指示》看成是共产党颠覆国民党的证据，以此作为他反共的"理由"。6日，汪精卫偕谭延闿、徐谦、孙科、顾孟余、邓演达等离武汉赴郑州。

10日，汪精卫与冯玉祥举行郑州会议，决议：（一）组织政治委员会开封分会，以冯玉祥为主席，指导陕、甘、豫等省党务；（二）成立河南、陕西、甘肃三省省政府，分别以冯玉祥、于右任、刘郁芬为主席；（三）第二集团军扩编成七个方面军，第四方面军撤回武汉。6月中旬，汪精卫开始召集中央党部中非共产党的负责人，商量和共产党分离的方法，并召集国民党军事将领，布置防范共产党，听候中央决议。7月11日，汪精卫出席中政会会议，提议禁止请愿讨蒋运动。13日，汪精卫主持国民党中执会政治委员会第37次会议，提议要注意工人的行动，对土豪劣绅的审判

1927 年汪精卫参加郑州会议

为政府职权，农民协会毋庸过问。他还发表《主义与政策》一文，称："所谓容共，是容纳共产党员，加入国民党，共同致力国民革命；如果对于共产党员，见着就捉，捉着就杀，固然是与总理容共政策大相刺谬。如果要将共产党的理论与方法适用于国民党里，甚至要将国民党共产化，那么，只能说是将国民党变成共产党，不能说是容共，必为总理所不容。"

　　1927 年 7 月 13 日，中国共产党公开发表《宣言》，说："目前，革命已处于危急存亡之时刻，武汉国民党中央和国民党政府最近已公开准备政变……因此，中国共产党决定撤回参加国民政府的共产党员。"看到中共发表的宣言后，7 月 14 日晚，汪精卫召开秘密会议，确定了"分共"。15 日他主持召开紧急会议，汪精卫拿出《五月指示》说："我们可以看出这个电报有五层意思，都很厉害的。综合这五条而论，随便实行哪一条，国民党就完了。""目前本党已经到了严重的关口，必须在这个会上作出生与死的抉择。"到会的国民党军政要人孙科、顾孟余、谭延闿、唐生智等，纷纷发言支持分共，只有宋庆龄、陈友仁反对。汪精卫对宋庆龄等说："孙先生的伟大之处就在于根据其三民主义之原则来发展他的观点，改变他的策略。当初他联合袁世凯，后来经过事实的教训就发动了讨袁，当初他依赖陈炯明，后来他又义无反顾地发动征讨陈逆。如果孙先生看到今天武汉的形势，看到共产党正虎视眈眈地欲篡我党之权、我党之军，他会怎样？

他一定会改变他的三大政策的。"在这次会议上，通过的《统一本党政策案》，要求在国民政府和军队中任职的共产党员，在即日声明脱离共产党，否则一律停止职务。但汪精卫说："我们不像蒋介石那样搞武力清党，而是采用和平的'分共'，这是最稳妥的步骤。"

1927年8月1日，中国共产党在南昌发动了武装暴动。武汉国民政府放弃了和平"分共"的政策，开始搞武力"分共"。1927年8月8日，汪精卫召开了国民党中央紧急扩大会议，通过了"武力分共"决议案。在武汉也开始了大肆逮捕和处死共产党人，开始了血腥的大屠杀。其凶残程度较之蒋介石毫无逊色。汪精卫怎样来解说自己的变化呢？他颠倒是非地说：这是由于共产党放弃了孙中山的三大政策。同时，他也不得不向国民党的反共先驱们表示引咎、认错。他把自己说成是"误解了总理的容共政策"，并宣称："我们唯一纠正错误的方法，是先补过，后引咎。"所谓"补过"，就是疯狂残杀共产党人和忠实于三大政策的中山信徒；而"引咎"，则是旨在求得南京政府的谅解。汪精卫以凶残的反共行动最终背叛了孙中山领导的革命，这是汪精卫一生中的一个转折点，从此他走上了反革命的道路。

二、东征讨蒋，势不两立

1927年7月，各派反动势力相互勾结，联合起来绞杀了轰轰烈烈的大革命。当时，中国出现了三足鼎立的政权：蒋记国民党南京政府；汪记国民党武汉政府；奉系军阀的北京政府。它们各自为政，称霸一方，互相争雄。此外，大小军阀林立，派系纵横，兵戎相见；新旧军阀恣意横行，官僚政客四处钻营，猖獗一时的反动势力把中国闹得乌烟瘴气。

"七一五"反革命政变后，汪精卫举起了沾满共产党人和革命群众鲜血的屠刀，向南京政府表明他也是坚决反共的，并希望以反共为条件，宁、汉合流，以保住领袖地位。但汪精卫此举，恰被蒋介石抓到口实，汪被攻击为勾结共产党的祸首，合作遭到拒绝。宁、汉之间文电往来，吵来骂去，争斗不休。他们争闹的焦点，实际上是由谁来统一谁，由谁窃取国民党的称号，成为"正统"的问题。为了争夺国民党的领导地位，汪、蒋之间又展开了激烈的争斗。"七一五"政变后，以汪精卫为首的武汉政府宣布东征讨蒋。在洛阳的冯玉祥跑出来调停，致电汪精卫，力劝"宁汉息争"，汪精卫回电宣称："对蒋只有公愤，但国民政府法统当以死争。"坚持不妥协立场。宁、汉之间不仅斗文，而且在长江中下游厉兵秣马，张发奎的第二方面军摆出随时东进讨蒋的姿态，严阵以待，大战一触即发。冯玉祥再次出来调停，电称："凡有妨碍北伐者，即是反革命"，似乎各打五十大板。宁方首先复电，痛斥汪精卫要"以蒋君为功狗而烹之"，称汪反蒋完全出于个人恩怨，把一切分裂之责任全推到汪精卫身上。

没想到南京政府内部出现了窝里斗。由于蒋介石独裁专制，排斥异己，他桂系李宗仁、白崇禧的矛盾日深。而蒋介石处决第十军军长王天培，成为蒋、桂矛盾的导火索，并引起各部将领的极大恐慌。王是黔军将领，何应钦的同乡，何不免有兔死狐悲之感。于是，李宗仁、白崇禧与何应钦串通一气，寻机发难。这时，军阀孙传芳又率部反攻，徐州失陷，浦口告急，蒋介石在军事上一筹莫展。李宗仁、白崇禧写信给唐生智，称"只欲武汉反共，于愿已足"，表示愿与武汉妥协，甚至说"不管长衫佬赞成与否，我们主张合作"。李宗仁、白崇禧还乘机倡议，说武汉既已分共，应该欢迎汪精卫来南京。李、白的用意很明显，一方面是拿汪精卫压蒋介石，逼蒋下台；另一方面是为了消除西面的压力，以集中全力抵御孙传芳的南攻之师。桂系向蒋"逼宫"，主张"为了团结全党，总司令下台为好"。何应钦也表示赞同。蒋介石气得说："好，我走，你们去和好了。"在内外压力下，8月13日，蒋介石被迫通电下野，返回奉化，玩弄"以退为进"的小把戏。

事实上，蒋介石的下野，并不是汪精卫等人的胜利，宁汉合流后，汪精卫取消了武汉国民党政府和国民党中央，等于汪精卫主动交出了武汉国民政府和国民党中央的权力。汪精卫之同意交权，是想到南京做国民党的第一把交椅。汪精卫得知南京政府内讧，心中大喜，立即发电称："对迁都无异议"，准备赴南京得到国民党大权。8 月 16 日，李宗仁来电，提议速将国民政府迁往南京。17 日，汪精卫出席中政会会议，提议迁都南京。19 日，汪精卫致电李宗仁，告知已经决定迁都南京，并说明东下之师，只有急难之宜，是协助宁方防止孙传芳军队攻宁，并无他图，同时邀李宗仁等赴九江商谈宁汉合作事宜。汪精卫还出席中央常务委员会扩大会议，提议撤销中央前次对于胡汉民、蔡元培、吴稚晖、李济深、张静江、蒋介石、古应芬、肖佛成、陈果夫等开除党籍之处分。8 月 22 日，双方代表在庐山正式会谈，达成合作协议。"宁汉合流"不但没有使汪精卫获得任何好处，反倒处于四面楚歌之中。

李宗仁对汪精卫的认识非常深刻，他回忆说：当时党内的重要领袖，如汪、蒋、胡等，及其私人的党羽与小政客等的想法，却和我们忠实同志们完全两样。他们对党国前途根本置之脑后，一切考虑纯以个人和小团体的政治前途为出发点。我党至此，非蒋、汪、胡三人赤诚合作，不足以谈复兴，但是他们三人相处有年，他们自己均深知他们三人绝无合作的可能，因此从未打算真正长期合作。偶尔合作，彼此都知是相互利用，得机则必然又来一个你死我活。但是当时使我们忠实党员们所最感痛苦的，便是他们三人的度量德行均不足以表率全党，领袖群伦，而使党员大众一致归心。

汪兆铭在外貌上堂堂仪表，满腹诗书，言谈举止，风度翩翩。使人相对，如坐春风之中。初与接触多为折服，故颇能号召一部分青年。然汪氏黔驴之技，亦止此而已。其真正的个性，则是热衷名利，领袖欲极强，遇事又躁急冲动，欲达目的，既不择手段，也不顾信义。每临大事，复举棋不稳，心志不定。此种心神，常在会议席上充分表现。汪氏每次主持重要会议时，神志多不安定，周身摆动，两手捶个不停，一反其平时雍容和穆的风度。

再者，汪待人，亦极虚伪。凡汪氏所不喜的人赴其寓所访问，汪氏亦均屈尊接见，娓娓倾谈，状至亲昵。然客甫出门，汪便立现不愉之色，顿足唾弃。转瞬之间，态度判若两人，凡此均足以表示汪的为人。所以吴敬恒曾骂汪是"伪君子"和"花瓶"，足见许多老同志也认为他不能负实际责任。总理在世时，汪总是受命出使四方，从未负过党政专责。但是汪氏却是个心比天高、热衷权力的人。

9月4日，汪精卫同徐谦、顾孟余、何香凝、陈公博、朱培德、程潜等登"楚振"号军舰自九江启程，9月5日，抵达南京。没想到，汪精卫抵京之日即挨当头一棒，只见街头遍贴反汪标语，措辞极尽尖酸刻薄能事。汪精卫是一位极易冲动的人物，忍愤东来，其心本虚，一见这些标语，不禁肝火大动。在李宗仁欢迎他的会议席上，汪精卫便质问李宗仁说，"你们既然欢迎我到南京来，为什么又要贴标语骂我呢？"李宗仁说："汪先生，谁敢贴标语骂你呢？只是宁、汉刚恢复合作，局势尚未安定，一部分下级党员不识大体，擅自贴出这些标语来——你看这个标语，不都是不署名的吗？"但是，汪精卫仍旧气愤不已。李宗仁又说："汪先生，做个政治家，有人拥护有人反对，总是难免的。你看美国选举总统时，不是也有人反对吗？我希望你能淡然处之，并长住中央，继续领导。"

汪精卫出席欢迎会并演说，称：过去两方的分歧，并非个人间意气之争，乃由于对于党国前途之见解不同。如今两方同志间应该知道引咎，尤其应该知道补过。如今四中全会开会在即，则一切取决于此会议，以解决一切纠纷，而奠定党的根本，使分裂之局，归于完整。9月6日，汪精卫致电武汉国民党中央，嘱各机关速行迁宁。8日，他出席南京军事委员会欢迎宴会称："吾党同志以观点不同而裂，并非为私，武汉迟南京三月而清党，所受痛苦滋多，今已悔悟，决计打倒共产党，与南京同志推诚合作，何敢复有他求？大敌当前，私人误会相愿负荆，必能团结。革命唯合作乃能成功，昔日分裂，非因私见，今兹合作，实出至诚。"

汪精卫到南京后，即提出召开国民党二届四中全会，想以此统一国民党各派，确立他在国民党的领袖地位。但是，汪精卫的主张遭到胡汉民等人的坚决抵制。当时，胡汉民、吴稚晖、张静江、李石曾等人因蒋的下野而同时离开南京，避居上海。为了顺利召开四中全会，9日，汪精卫偕谭延闿、孙科、宋子文等离宁赴沪，邀请胡汉民等人赴会。结果，胡汉民、吴稚晖"匿不见面"，而张静江、李石曾"则坚持若开第四次会议，彼等决不至南京"，遂使四中全会搁浅。汪精卫一去，在南京的中央执监委，遂亦联袂去沪。

9月10日，由汪精卫、谭延闿、孙科等出面邀请在沪各同志，在莫里哀路1号开非正式会议，交换全党大团结的意见，到会者有：汪精卫、谭延闿、孙科、李烈钧、李宗仁、程潜、张静江、蔡元培、吴稚晖、李石曾、于右任、朱培德、杨树庄、伍朝枢、褚民谊、邹鲁、张继、谢持、覃振、许崇智、王伯群、傅汝霖、甘乃光、居正、刘积学、缪斌等20余人。唯胡汉民、蒋介石二人，因与汪有矛盾，拒不出席。会议讨论宁汉政府合并和统一党务的问题。西山会议派的张继发言说："既然要统一党内各界同志，就要承认上海的中央党部，就要废除二届一中全会上的《弹劾西山会议案》。这个非法决议案是当时左倾路线的产物，必须宣布废除，否则怎么能团结统一党内同志？"汪精卫反驳说："中央的决议岂可任意废除，除非由将来的四中全会作出新的决议。"汪精卫的发言遭到宁、沪代表的强烈反对。李宗仁说："我们迁都南京后，于6月7日宣布林森、张继等18位同志恢复党籍的决议，所以才有今日统一党务的基础。汪同志，你也不必再坚持过去的决议了。"

汪精卫仍坚持说："南京的决议我们武汉中央并不知道。现在我提议：西山会议派决不能参加二届四中全会，但为了团结同志，可容纳个人参加，不能容纳上海党部。二届四中全会必须在武汉召开，否则我们武汉的同志不参加会议。"这时宁、沪代表们开始翻汪精卫的旧账，指责汪精卫反共不力，贻误了党国事业。宁方代表自称他们是反共的先进，而沪方代表则更标榜他们是反共先进中的先进，这使汪精卫不得不自责说："武汉方面防范共产党过于迟缓，请求处分。"孙科突然站起来提议说："各位，兄弟提出一项折中办法，由宁、汉、沪三方共同组织一个中央特别委员会，作为过渡，先使合作告成，然后再谋补救的办法。"孙科的折中方案得到了大部分代表的同意，由于孙科是武汉方面的代表，汪精卫不好坚持反对，也勉强同意这个方案。

会议开了3天，一致决议于3个月之内举行本党三次全国代表大会，解决一切党内纠纷。在三全大会开会前，以各处代表合组的"特别委员会"为党的最高执行机关；同时宁、汉两中央政府亦合并改组，由"特委会"另行选举国府委员，并委派军事委员会暨各部部长。中央政治会议，则暂时撤销。汪精卫在会上表示赞同，又亲自拟定了汉方6名委员的名单。继汪早年的老友、现在的政敌胡汉民等"长衫佬"与蒋介石"共沉浮"外，蒋介石的爪牙群起鼓噪，为蒋喊冤，请蒋复职，桂系指挥不了全局，南京政府几乎陷于瘫痪，冯玉祥也抱怨宁、汉双方不顾大局。西山会议派又活跃起来，其首脑许崇智寓沪，"前本门可罗雀，今则终日车水马龙，哄闹如市。谢持、张继等亦日相过从，共商大计。"其忙碌程度足见一斑。

经宁、沪、汉三方多次较量，决定成立中央特别委员会，由32人组成，其中包括蒋介石、汪精卫、胡汉民等人。这个不伦不类的机构，打破了汪精卫以汉吞宁的计划，将汪派排斥在外，剥夺了汪精卫的"合法"领袖地位。在这场国民党内部的权力再分配中，汪精卫一无所得，又四面遇敌。13日，汪精卫召集谭延闿、孙科、顾孟余、陈公博等汉方要人在宋子文寓所开秘密会议，商讨对特别委员会态度。陈公博认为成立特委会不合法统，我们无权解散原有的中央执行委员会和监察委员会。陈璧君也认为在特委会中，汪精卫不可能唯我独尊，更担心蒋介石打起"反中央"的旗号来反汪。于是，决定汪第二天不去出席会议。会后，汪精卫分别致电国民党中央执行委员会及中国国民党各同志，声明引退。当夜，汪精卫乘船离上海赴九江，转往庐山。

特委会成立之后，9月20日，正式改组南京国民政府，谭延闿任国民政府主席。同时组织政务委员会，由汪精卫、胡汉民、谭延闿、蔡元培、李烈钧5人任常委。特委会还宣布成立南京国民政府军事委员会。由蒋介石、汪精卫、胡汉民、谭延闿、白崇禧、何应钦、朱培德等14人组成主席团。国民党中央特别委员会的成立和南京国民政府的改组，标志着汪精卫领袖地位被剥夺，汪派人物大多被排斥，使汪精卫的政治野心受到沉重打击。汪精卫决不甘休，21日，他由九江赴汉口。22日，汪精卫出席武汉政治分会成立典礼并发表演说，题为《宁汉合作之经过》，指责南京特别委员会"代行中央职权"，9月15日南京所开的会议，"不是第四次中央全体会议"。汪在汉口另组武汉政府政治分会相对抗，宁、汉关系又趋紧张。

此时，在上海，一批与蒋介石共进退的官僚政客，如吴稚晖、张静江之流正为蒋复职而左右周旋，在南京，蒋介石的全班人马基本没动。尽管南京政府的上层开了多少次会，庙里的菩萨更换了不少牌位，但"十八罗汉"都是蒋记的班底。蒋介石在来自各方的复职呼声中，东山再起。

三、宁粤对立，黯然去国

1927年10月，发生了南京讨伐唐生智的战争，汪精卫在武汉无法立足，秘密由武汉经上海回到了广州。在此之前，张发奎、陈公博等人也回到了广州。他们与李济深联合，形成了粤派势力，以宁粤纷争代替了宁汉对立。10月21日，汪精卫前往广州，10月30日，召集在粤的中委会成员开会，通电全国否认南京的特别委员会的合法性。汪精卫说："中央执行委员会是党的全国代表大会选举产生的，非全国代表大会无权取消。成立特委会取代中委会职权，等于取消了中委会，不合党的法统和组织原则。"汪精卫邀请外地的中委会委员前来广州，在广州召开四中全会。

11月10日，蒋介石由日本回到了上海。为了推翻特委会，决定采取"联汪反桂"的方针，回国前他就派宋子文携其亲笔信去广州与汪精卫联络。蒋介石回到上海的当天，就致电在广州的汪精卫，约汪赴上海商谈党务，并宣称"欲使中国国民党复归完整，非相互谅解，从速恢复中央执行委员会不可"。汪精卫见蒋介石有诚意，就于11月16日乘船赴上海和蒋介石谈判国民党各派的联合问题。因广东的李济深是广西人，与桂系的李宗仁等关系密切，蒋介石要求汪精卫设法将李济深赶出广东，以破坏粤桂联盟。为此，汪精卫、陈璧君、陈公博、张发奎、黄琪翔等人，进行了多次密议，汪派即决定利用李济深离粤的时机，发动政变。

11月15日，蒋介石致电汪精卫，提议中央全体预备会议，最好于本月20日开会，并请即日先行来沪。汪精卫也发表演说，表示愿与蒋合作。16日，汪精卫抵香港，后转乘亚洲皇后号轮船启程赴沪，就在当天夜里，按照事先的密谋，黄琪翔等人以"护党救国"为号召，声言打倒新桂系，在广州发动了政变。黄绍竑连夜逃往香港，汪派势力占领了广州，随即出兵西江，开始了粤桂战争。18日晨，汪精卫抵沪，寓戈登路伍朝枢宅。蒋介石闻讯前来与汪精卫会晤，双方谈了很久，解释了从前误会，交换党务及政治意见。汪精卫等人极力攻击特委会，要求立即取消特委会的职权。随后，于右任、吴稚晖、李石曾等前来晤谈，表示赞成开四中全会，气氛甚洽，大家共进午餐。蒋介石则发表告国民党同志书，要求立即召开国民党二届四中全会，结束特委会的职权。蒋利用二届四中例会预备会和各派之间的争斗，把他复职的第一个障碍——特委会扫除了。接着，又把矛头对准了他的政治对手西山会议派，利用他一手策划的南京"一一二二血案"，剥夺了西山会议派的一切发言权。下一个就轮到了汪精卫。

11 月 24 日起，国民党各派头目在上海开会，决定 12 月 3 日召开二届四中全会预备会。预备会是按时召开了，但是会议的议题却变成了汪派与反汪派的互相攻讦。李济深甚至提出广州事变是"共产党之阴谋"，攻击汪精卫、张发奎等与共产党有联系。吴稚晖、李宗仁、李石曾等则联名提出"对汪精卫等主使张、黄叛变的检举案"。其中尤以吴稚晖攻击最力，11 月 29 日，吴稚晖写了一篇长文——《读了汪先生〈分共以后〉的赘言》，说看了汪精卫《分共以后》文章，"满意到十二分，一样一句话，在他的口里说出来，格外精警，格外清切，是乃他的天才，别人本是及不来的。国人都相信他是个唯一的柱石"，指责汪精卫武汉分共是执行第三国际"反共倒蒋"之命令，"所谓反共倒蒋，反共乃是仍旧跑到国民党里来，打倒国民党"。汪精卫等虽一再声明广州事变与共产党无关系，但一开始，汪精卫等人就处于被告的不利地位。在两派斗争中，蒋介石则始终处于超然地位，他貌似公允，力劝双方停止纷争，"捐弃成见"，共同"促成四中全会召开"。

汪精卫为了改变自己的不利处境，争取蒋介石的支持，则首先提议蒋介石复职。他称："唯有请预备会议即日催促蒋介石同志继续执行国民革命军总司令职权，才是解决党务、政务、军事问题的当务之急。"李宗仁等则声明自己一贯拥蒋。这样，预备会作出请蒋复职，并由蒋主持召开四中全会的决议。蒋介石终于在下野 4 个月后，重新上台。汪精卫在上海备受指责，他去拜访胡汉民，胡汉民称病不见，和吴稚晖见面时握手，吴也不理不睬，佯装没看见。李济深、李宗仁、黄绍竑等人，或通电，或演讲，指责粤变为共产党之阴谋，要求查处汪精卫等人，不准他们出席在蒋介石宅召集的二届四中全会预备会。对于吴稚晖的攻击，汪精卫决定反击。12 月 7 日，汪精卫在上海对新闻记者发表谈话，为自己辩护。汪称：吴稚晖说武汉"清党"是奉了第三国际反共倒蒋的命令，这是对武汉同志的极端污蔑。至于张发奎等是不是共产党，只能将来由事实来作答。汪派把持的广州《民国日报》也上前助阵，斥责吴"昏庸老朽"。

对汪精卫的回击，吴稚晖极为愤怒，8 日，他起草了对汪精卫、陈公博、顾孟余 3 人的弹劾案，会同张静江、李宗仁、李石曾、蔡元培呈送国民党中央执行委员会各委员。此时，陈璧君在广州活动数日后，急急忙忙返回上海，向汪精卫报告说：共产党在广州活动频繁，黄琪翔有容共行为，共产党可能在广州发动暴动。汪精卫听了陈璧君的报告，于 12 月 9 日连发三次密电给陈公博、张发奎等人反共。

12 月 11 日，中国共产党人在张太雷、苏兆征、叶挺、叶剑英等人的领导下，举行了广州暴动，占领了广州，坚持战斗了 3 天才撤离。广州暴动发生后，汪精卫在上海更是如坐针毡，遭到普遍的非议，汪精卫连续召开记者招待会，声明张发奎等人绝非共产党。蒋介石利用广州起义，给汪扣红帽子，对汪发动新的攻势。吴稚晖更是不放过这个机会，把汪精卫当作落水狗来打。12 月 14 日，吴稚晖发表《相当时期的话》，指责汪精卫"不应听凭为着特别委员会唾手可见的小事弄兵，予共产党以机会"，"不应该把一个有力反共的李同志（指李济深）骗走了，乃交在无力反共的张黄手里"，一定要汪精卫负酿成此次"共祸"的责任。吴稚晖还主张停止汪精卫出席二届四中全会的资格，对于吴稚晖的弹劾，汪写信给吴，骂吴是"老狗"。吴稚晖遂写了《弱者的结语》一文，他把国民党分成五派，一是只注意共产党的；二是注意共产党，但还注意别的问题的；三是不注意共产党与国民党有什么区别，只是"却不了双方情面"的；四是疑心共产党终比国民党强；五是额头上不雕字的共产党或共产党的工具。吴稚晖一口咬定，汪是第五类国民党，汪精卫是"共产党的大工具"。中央监委邓泽如于14日提出了对汪精卫等人的弹劾案，指责汪为粤变主谋。李宗仁、李济深也表示，应拒绝汪出席四中全会预备会，李济深又给蒋介石写信，请求派兵讨伐张发奎。

15日，汪精卫去蒋介石处，看到李济深的信后，抱头痛哭。蒋介石则巧施手腕，劝汪暂离上海，以保安全。16日，南京国民政府又下令查办汪精卫等人，并派当地军警，监视汪的住所。汪挣扎反扑，终于招架不住，躲进医院，称病谢客。汪精卫与陈公博、顾孟余等被南京政府下令通缉。17日，汪精卫发表通电宣布引退。

汪精卫前往法国临行之时，陈公博前来送行。汪精卫劝陈公博一起去法国，陈公博却提出相反意见，陈公博说："我总是不明白汪先生遇事便出国。中山舰事件发生时，先生本可不必走的，却走了。四中全会快召开了，李宗仁、胡汉民都离开了，拥护汪先生的人不是没有。凭汪先生的资历和威望，还担心选不上国民政府主席？"汪精卫说："蒋介石既然容我不得，我又何必留在他身边合作？合则留，不合则去，这是我的办事原则。与其受人之羁縻，不如离去。"陈公博说："我的想法与汪先生不同。合则留，不合则去，虽然有古君子之风，但我认为每个国民对国家都有一份责任。我的处世原则是：合则留，不合则打，打不过才去。我也知道留在上海有一定危险，但我要作一个战士，上海就是我的战场。我手下没有兵，但我手中有笔，有一批朋友，我要同蒋介石展开理论上的战斗！"汪精卫没有接受陈公博的意见，在临行时汪精卫发表了《两件大事》一文，声称"反共是一件大事，恢复中央党部也是一件大事"。并说，他同吴稚晖的区别在于，他把两件大事并重，而吴稚晖只把反共一件大事看得很重，而把恢复中央党部一件大事看得很轻。汪反问吴稚晖："如果只是反共就行了，那同北洋军阀的张作霖、商团叛乱时的陈伯廉有什么不同？尽管他们也是反共的。"在白崇禧武力相逼、蒋介石的"好意"相劝下，当夜，汪精卫乘法国轮船离沪。21日抵香港，旋由港启程赴法，1928年1月中旬到达法国马赛。

国民党二届四中全会召开前，南京国民政府作出决议，增推蒋介石、孙科、林森为国民政府常委。蒋介石携宋美龄由沪至宁，正式宣布复任总司令职。随后，蒋介石命谭延闿、丁惟汾、陈果夫等接收特委会机构，恢复中央常务委员会。并由中央常务委员会临时会议作出决定，停止汪精卫、陈公博、顾孟余、甘乃光等人出席四中全会，交第三次全国代表大会处分。胡汉民等人也因与蒋介石不合而离沪出洋。1928年2月，蒋通过二届四中全会，改组了国民党政府和国民党中央党部，担任了中央常务委员会主席、中央政治会议主席兼军事委员会主席，谭延闿为国民政府主席。同年10月，国民党中央第172次常务会议通过《训政纲领》，蒋介石担任国民政府主席兼海陆空三军总司令，蒋拉拢胡汉民，导致汪、蒋关系的破裂，种下了汪派公开反蒋的根苗。蒋以纵横捭阖的手段攫取了中央大权，也成了各派军阀、政客共同反对的目标。汪精卫虽身在国外，却密切注视着国内政局的变化。

军事反蒋，"护党救国"

逼蒋"下野"，"非常会议"主角

倒蒋不如联蒋，蒋汪合作

一、军事反蒋，"护党救国"

出国后的汪精卫对蒋介石的得势，急得像热锅上的蚂蚁，接二连三地写文章，从 1928 年 4 月开始，他先后抛出了《复驻法总支部函》《一个根本观念》《致陈树人书》《复林伯生书》等文章书信，说国民党改组精神"此时实已岌岌摇动"，如果"本党改组之精神消失净尽，而本党亦随以俱亡"，打出"改组国民党"的幌子，他给国内的汪派人物去电，打出"改组国民党"的招牌，把矛头直指蒋介石的南京政府和蒋记国民党。陈公博没有追随汪精卫亡命海外，而是来到上海，住在上海法租界贝勒路（今黄陂南路）一所民宅内。一连几个月深居简出，日日埋头于著书立说，日夕所思索的是怎样在政治上打开局面，"使革命复兴"。5 月 7 日，他创办《革命评论》周刊，在《革命评论》上，陈公博还与国民党中央监察委员吴稚晖大开笔战，在国民党内部闹得天翻地覆。

1928 年 8 月，传来胡汉民即将回国的消息，一度使蒋介石大为紧张。一天，他跑到陈公博家，说："胡汉民回来一定要动兵的，我们应该要准备。"谁知胡汉民是支持蒋介石的，于是蒋、胡合作迅速形成，蒋介石为了拉住胡，对汪派的态度发生变化。在南京，蒋介石制订了"政治倒汪"的计划，蒋派陈立夫在南京、上海，重提"三二〇事件"，大肆宣传汪精卫企图谋害蒋介石。陈公博忍不住给蒋介石写了一封长信，叙述宁汉合作后汪精卫对蒋介石的谅解经过，并对"三二〇事件"作了解释。在信的末尾，陈公博对蒋介石说："汪、蒋能合作固佳，就是合而不作也有利。"蒋介石接信后，曾来上海找陈公博谈话。陈公博向蒋献议："我赞成汪蒋合作，不是希望汪先生做国民政府主席，你做总司令，或汪先生做党的领袖，你做政府领袖这样简单。我以为今日汪先生是代表革命青年，你还可以代表革命军人，以革命青年和革命军人合作，中国才有办法。"蒋介石虽当面表示：陈立夫是小孩子，不懂事，我将责罚他。但实际上却因陈立夫反汪有功而不断奖励他，不久陈立夫即升任国民党中央执行委员。

1928 年冬，为与汪精卫相呼应，陈公博伙同顾孟余、甘乃光、王法勤等人在上海成立"中国国民党改组同志会"，总部设在法租界，各省市及海外设有分部。他们利用广大群众日益增长的反蒋情绪，打着恢复中山先生改组国民党的革命精神的旗号，"继承本党孙总理的三民主义，继承第一、第二次代表大会的纲领，集合革命同志，努力改组运动，务期重新建设能担负实现三民主义的中国国民党而后已"。会议没有正式选举中央委员会，而以"粤方委员"组成临时领导机关机构，奉汪精卫为精神领袖。但汪精卫并不承认他是"改组派"的领袖，因为有人向他献计，他应该做全党的领袖，而不仅仅是"改组派"的领袖。"改组派"的实际领导责任落到了陈公博的肩上。

改组派总部设在上海，下设总务、组织、宣传 3 个部。活动的主要方式是利用国民党原有的组织，建立改组派的各级地方组织，从中央到基层分为四级：中央设总部，各省市及构外各地设支部，支部设书记 1 人，委员若干人；支部下设分部，分部设书记 1 人；分部下设小组，小组设组长 1 人，组员 3 人以上至十余人不等。这个组织成分复杂，基本队伍是大革命时期一部分国民党左派，及其他出身中小资产阶级的知识分子。它成为反蒋派中人数最多、政治影响最大的一个派别。至 1929 年上半年，南京、上海、北平、天津等大城市和江苏、安徽、浙江、江西、河南、湖南、广东、四川、山东、山西、绥远、辽宁、甘肃等省相继建立了支部，并在法国、日本、越南、新加坡等地建立了海外支部。"改组派"的发展组织，扩大势力，到了无孔不入的地步，连年不断的新军阀混战和国民党内部几次大规模的反蒋风潮，都没有离开过改组派的魔影。

汪精卫与阎锡山在太原

　　蒋介石为包办国民党"三大"，用圈定与指派的方式产生出席三大的代表。对此，3月11日，汪精卫、陈公博、顾孟余、陈璧君等14人联名发表了《关于最近党务政治宣言》，反对蒋介石指定"代表"。宣言指出："同仁等对此违法之代表产生法，虽屡次提出异议，而主持中央者，竟充耳不闻。同人等深恐此种大会一旦开成，其结果适与巩固党及中国和平之期望相反。同人等为遵守总理遗教，努力革命，对此种大会誓不承认。当此本党陷于危亡，革命濒于失败之今日，决不畏惧强御！始终与本党忠实同志共同奋斗！"1929年3月1日，陈公博乘船抵达法国马赛，前往迎接他的是汪精卫的亲信秘书曾仲鸣，次日早上转赴巴黎，下午他去拜访汪精卫，报告国内"改组派"的活动情况。

　　1929年3月15日，蒋介石在南京主持召开了国民党第三次全国代表大会。蒋介石在主席团报告中说："今日讨伐叛徒，以国家论，是为讨伐叛将；以党论，即为讨伐反革命分子。此等叛党分子，应由大会开除其党籍。"结果大会通过李宗仁、白崇禧等人的"叛党乱国罪"，永远开除党籍，改组派领袖陈公博永远开除党籍，顾孟余开除党籍3年，对汪精卫则予以书面警告的处分。

大会后国民党内部的矛盾立即爆发。蒋、桂又起战端，桂系倒鲁（涤平）立何（键），"湘案"成为战争的导火线。桂系战败，第四集团军瓦解。蒋介石倒桂得手之后，效法张仪的远交近攻之法，拉阎锡山攻冯玉祥。冯面对蒋军的强大压力，通电下野，西北军据守潼关，只守不攻，一场厮杀转为纵横捭阖的政治阴谋，演出了一场曲曲折折的蒋、阎、冯离合悲喜剧。1929年10月，西北军出兵讨蒋，11月末败退陕西，西北军第二次反蒋失败。国民党各派新军阀几乎都卷入了内战旋涡，但各路"诸侯"均遭到失败。军事倒蒋浪潮迅猛发展，使汪精卫看到国内形势大有可为，汪精卫派陈璧君劝说陈公博回国领导反蒋运动，5月12日，陈公博离马赛回国，汪精卫也准备随后回国。

改组派纠集了20多个省市党部、海外总支部反对国民党三全大会，开展反对蒋介石独裁的斗争。陈公博回到香港后，立即与上海总部联系，决心发动武装反蒋。为了制造反蒋舆论，汪精卫在国外写了一系列的文章。5月，他发表了《十八年的总决算与十九年的新局势》一文，称蒋介石主持召开的国民党"三大"，是"段祺瑞式的善后会议"，"倒蒋运动"是"民主势力与封建势力之争"，公开与蒋介石决裂。1929年5月5日，李宗仁决定接受汪精卫"护党救国"旗号，在梧州就任护党救国军南路军总司令，发表讨蒋檄文。然而不久失败，白崇禧留在河内，黄绍竑则从河内前往香港。6月，汪精卫又发表谈话，号召"一般有廉耻的文人，应该奉献此身于民主势力，将血作水，以溉民主势力之根，将身作肥料，以沃民主势力之果"。9月，改组派总部也发表了《讨蒋宣言》，张发奎首先在湖北宜昌响应，发布《拥汪讨通电》。24日，汪精卫、陈公博、顾孟余、王法勤、陈璧君等12人联名发表《中国国民党第二届执监委员会最近对时局宣言》，历数蒋介石的罪状，否认"三大"，否认南京国民政府。

陈公博一面进行军事发动，一面电请汪精卫立即回国主持大计。1929

年9月17日，张发奎在湖北打出"护党救国军"大旗，发表《拥汪讨蒋宣言》，电请汪精卫回国，"主席回国方可对国内军事发挥号召力，对官兵之影响尤为重大。即使返国不能深入军中，亦可居香港以指导军事，策励士气。"在这种情况下，汪精卫决定回国抗蒋。临行他与陈公博等人联名发表一篇《中国国民党第二届中央执监委员会最近对时局宣言》，历数蒋介石的十大罪状："习于专制，私利是图，首内启本党之纠纷，复外援帝国主义及国内反动派以自固，啸聚群小，把持政权，摧残民众，排除异己。"

在国内由改组派发动的武装反蒋运动掀起之后，1929年10月上旬，汪精卫返回香港，以"中国国民党第二届中央执监委联席会议"的名义，组织护党救国军，第一路总司令为冯玉祥、第二路总司令为阎锡山、第三路总司令为张发奎、第四路总司令为唐生智、第五路总司令为石友三。

1929年可以说是反蒋年，打着"护党救国"旗号的张发奎、俞作柏、唐生智、石友三等部，先后发动了反蒋战争。真可谓战云蔽日，硝烟弥天，"俨有气吞河岳之势"。12月2日，石友三部在浦口，宣布拥汪反蒋，用几十门大炮向南京城轰击，随即北撤，宣布就任护党救国军第五路军总司令。3日，唐生智在郑州发出有75人列名的《反蒋通电》，又发表《拥汪联张通电》，5日，山东的韩复榘也通电声援唐生智、石友三。

由于改组派公开反蒋，12月12日，国民党中央常务委员会通过决议，开除汪精卫的党籍，由国民政府明令通缉。16日，中央监察委员会也通过开除汪精卫党籍的决议，并发布《开除汪精卫党籍判定书》，历数汪的罪状后，宣布："汪兆铭背叛党国，罪无可逭，应予开除党籍，并请国府饬令各文武机关一律通缉。"汪精卫领导的反蒋斗争，开始时很有气势，改组派当时设想，蒋介石已经到了天怒人怨、四面楚歌的地步了，只要他们把"护党救国"的大旗在空中一挥，便有千军万马来响应。但实际上，真要发动起来却颇费周折。蒋介石利用他掌握的中央大权，采取又打又拉的手段，在阎锡山、张学良的支持下，击败张桂联军、石友三和唐生智，汪精卫的武装反蒋运动，以彻底失败而告终。改组派追求的只是用汪记的国民党取代蒋记的国民党，他们做出的几声反蒋呐喊，是抵挡不住蒋介石镇压的。

"护党救国"斗争失败后，汪精卫在香港蛰居，静待时机，以图东山再起。1929 年 12 月 1 日，汪精卫回答南洋通讯社记者访问时，指出："今日之倒蒋运动，就全体人民而言，则为推翻专制，保障革命民权；就全党而言，则为打破个人独裁，恢复民主集权制度。此为倒蒋运动之真正意义。"汪精卫对来访的危道丰，畅谈其政治分权制的主张，此外，汪也写了一封长电给张学良，除谴责"蒋（介石）藉党之名，行一人独裁之实"，更详述彼等扩大会议"求党真实意义实现"的七项基础条件：（一）筹备召集国民会议，以各种职业团体为构成分子。（二）按照《建国大纲》制定一种基本大法，确定政府机关之组织及人民公私权利之保障。此基本大法，应由国民会议公决，如时期紧急或由扩会公布，将来俟国民会议追认。（三）民众运动、民众组织应按照建国大纲，由地方自治做起，严防共产党激起阶级混斗之祸端。（四）各级党部对于政府及政治，立于指导监督之地位，不直接干涉政务。（五）不以党部代替民意机关。（六）总理遗教，所谓以党治国乃以党义治国，应集中人才，收群策群力之效。（七）关于中央与地方之关系，按照建国大纲采均权制度，不偏于中央集权或地方分权。上述七项基础条件是汪等人政治建设的蓝图。

1930 年，国民党内部的争战，又从蒋介石、阎锡山的争吵开始了。阎锡山怕蒋介石打垮其他派系后再收拾他，便在 1 月 22 日的演说中公开提出"整个的党、统一的国"的主张，反对蒋独揽大权，用武力消灭异己。双方展开"电报战"。1 月中下旬，汪精卫派陈公博、王法勤北上，先与各派接洽，察看虚实。2 月 10 日，阎要求与蒋共同下野，公开向蒋提出挑战。16 日，蒋介石发表昭告军人书，希望全国军人"明察叛变、讨伐之别，顺逆之分，公私之辨"。阎、冯与蒋介石的争斗愈演愈烈，阎锡山、冯玉祥为能在政治上与蒋介石南京政府相抗衡，也想举出汪精卫的招牌，而汪也想借阎、冯的军事力量打倒蒋介石，以恢复他在国民党内的领袖地位。双方一拍即合，携手反蒋。于是，平津、香港间信使往来，鱼雁不绝，汪精卫随时准备北上参加反蒋大合唱。汪的行动受到了改组派内部中下层干部的反对，他们认为阎、冯与蒋介石是一丘之貉，劝汪不应作军事投机。但汪精卫不同意，他强调政治是现实的，不打倒蒋介石，一切无从谈起。

3 月 27 日，陈公博、王法勤动身去太原，与阎锡山等会商组织党部事宜。此时西山会议派的邹鲁、谢持也在平津活动，阎锡山电请他们到太原讨论党务问题。经过协商，决定召开国民党中央党部扩大会议，然后组织政府。可是，这次会议由谁来召集呢？改组派与西山会议派为此争吵不休。最终他们大体达成了"汪主党、阎主政、冯主军"的协议。但是，由于改组派与西山会议派的争论，先成立国民党中央领导机构的计划却无法实现。4 月 1 日，阎锡山通电全国，就任中华民国陆海空军总司令，冯玉祥、李宗仁就任副总司令，开始军事反蒋。党务急需汪精卫出面主持，因而多次致电汪精卫请其北上。汪精卫决定答应北上，但为了抬高自己的身价故意延宕时日。

为了调解各方关系，阎、冯再次电促汪精卫尽快北上。汪精卫在香港迟迟不肯北上，他认为，北方各派争吵不休，过早北上，陷入争论之中，有碍取得党魁的地位。再就是汪精卫原希望桂、张能在两广取胜，占领广州，对他更有利。7 月，桂、张军失败，他才把希望转到北平。7 月 15 日，汪精卫等人绕道日本赴天津，22 日，乘日轮"加贺丸"到达塘沽口外，天津各界予以隆重欢迎，北平派专车到天津迎接。

1930 年 8 月 7 日，反蒋各派的军阀、政客、党棍云集北京，"中国国民党中央扩大会议"正式开幕。会议通过了扩大会议宣言、组织大纲、中央政治会议规则等文件。会后，又推阎锡山、唐绍仪、汪精卫、冯玉祥、李宗仁、张学良、谢持等人为国府委员，以阎锡山为主席。1930年（民国十九年）9月9日9时9分，阎锡山在怀仁堂宣誓就职。汪精卫居右，谢持居左，阎居中，颇有一番左右丞相簇拥新皇帝登基的景象。9月13日，汪精卫主持扩大会议临时会议，并与阎、冯联名提出训政规约、省审查委员会条例、县审查决算委员会条例、地方保安条例四案。他还对记者发表谈话。称："南京政府若不容纳下述四项条件已决难实行停战。（一）召集国民会议。（二）举行第三次全国代表大会。（三）实行扩大会议提出之七项基础条件。（四）共同防剿赣湘鄂三省之共军。"

当北方阎、冯联军与蒋军鏖战于河南、山东，北平"扩大会议"热闹非凡的时候，拥兵几十万、徘徊在关外、具有举足轻重作用的张学良却在观望着。南京、北平代表都到沈阳"一劝其合纵，一劝其连横"，都想争取到张学良，以战胜对方。据说，阎锡山将一国宝周代铜镜送给张学良，以拉张入伙；南京政府委任张为陆海空军副总司令，而且送以巨款，使张的势力能伸向关内，要他助蒋一臂之力。9月18日，张学良发表出兵华北的通电，倒向了南京方面。20日晨，东北军入关，阎、冯联军腹背受敌。第二天，北平国民政府扩大会议的首脑，都避入太原，北平政府也就名存实亡了。

张学良出兵华北的通电，成了"扩大会议"的催命符。扩大会议的成员都纷纷自找门路，各行其是。阎锡山以"蒋军使用毒瓦斯，愿退避三舍"，将部队全部从前线撤下来。冯玉祥的西北军也在蒋军"银弹""肉弹"的进攻下，迅速瓦解。

阎锡山拿出100万山西票子，来遣散扩大会议的人员，这些政客们眼看着山西醋也不能喝了，遂各奔东西。1930年10月30日，汪精卫偕冯玉祥返太原，与阎锡山相晤，决定阎、冯下野，汪离山西。下午7时汪与阎锡山、冯玉祥在阎的总司令部吃过晚饭，至晚九时辞去。11月1日晨，汪精卫等人乘汽车出城，先至晋祠，略作停留。午餐后直赴大同，于阳明堡雁门关小憩，汪等下车浏览了长城古迹，赋七绝一首：

> 残峰废垒对茫茫，
> 塞草黄时鬓亦苍，
> 剩欲一杯酬李牧，
> 雁门关外度重阳。

汪精卫面对塞草凄黄的景色，为扩大会议唱了一首挽歌。汪精卫等人在天津住了几天，3日晨，两人由平绥铁道经张家口行抵北平。6日晨，由北平抵天津。11月中旬，汪精卫等人离津东渡，经日本门司转赴香港。21日，汪精卫致书改组同志会各党部各同志，宣布取消改组派。称："扩大会议各派之联合，各有不得不然之故，绝非一时利害的结合，也绝非苟且迁就。当中央党部扩大会议成立之后，就有人提议将从前各种派别一律消灭，我个人则认为时机未到。我如今提议所有各派应将原有组织一律取消，共同站在中央党部扩大会议下一致奋斗。"

二、逼蒋"下野"，"非常会议"主角

1930年9月中原大战结束后，蒋介石踌躇满志，大有主宰九州"舍我其谁也"傲视天下的架势，他更加独断专横，很快就与胡汉民交恶，使国民党内政潮又起，也使汪精卫有了屡败屡战的机会。

1928年8月末，胡汉民从欧洲回国，当时曾有人劝胡不要再进南京去

110

供蒋利用，胡回答说："自古武人只能马上得天下，没有文人就不能马下治天下。汉高祖还要有个叔孙通帮他定朝仪。现在只要做到不打仗，就可以用法治的力量来约束住枪杆子。我即使不去南京，也自会有人去受他利用。"接着胡汉民就到上海、南京，倡议试行五院制。10月，把蒋介石捧上了国民政府主席之职。

胡汉民在南京做立法院长时，真是帮了蒋的大忙，但蒋介石并不领情。蒋、胡二人因"训政时期"约法发生冲突，1931年2月28日夜，蒋介石以宴请议事为名，将胡汉民解送汤山俱乐部监禁起来。蒋的卑鄙行径，引起了舆论界的公愤，胡的亲信、党羽以广州为大本营，掀起反蒋浪潮。4月30日，中央监察委员邓泽如、林森、肖佛成、古应芬联名发出弹劾蒋介石的通电，指斥蒋违法乱党、窃夺军权、潜植羽翼。胡被扣后，孙科即派铁道部医官广东人邓某替胡看病。邓奉孙命秘密询问胡汉民应怎样办，胡汉民拜托孙科及王宠惠在两广确立反蒋局面以救他，甚至不惜与汪派合作。蒋发觉各方反感很大，政治上必起变化，大请立法委员吃饭，疏通感情。蒋又极力拉拢孙科。有一天，请孙去吃饭。孙科不为所动，不久，他到上海，派梁寒操赴香港与汪精卫接洽，汪精卫立即同意，并以孙科亲来广州为条件。

汪精卫见有机可乘，发表了《为胡汉民被囚重要宣言》一文，斥责蒋介石"一面摆酒请客，一面拔枪捉人，以国民政府主席，而出于强盗绑票之行径，较之青霜剑中之狗官，有过之而无不及"，并表示要与胡汉民捐弃前嫌，密切合作，联合反蒋，并会晤了孙科、许崇智等人。汪精卫的同党也大肆活动。

1931年5月1日，汪精卫还发表《致海内外各党部各同志东电》，称："今者广东方面，见党国垂危，奋起挽救，此诚乃讨蒋之最后一着，吾人唯有相互戮力，以期得最后之成功。事变至此，宜即依据总章，召集临时全国代表大会，解决一切。在临时全国代表大会未开以前，须集合一切革命同志，共济艰难，只求精神团结，区区形式，不可置重。"9 日，汪精卫接见《南华星期报》记者，称："本人对蒋介石曾忍耐过，也曾希望过。但1929年以后，知道这种忍耐与希望，是不能救党救国的，所以才决心将蒋打倒。蒋身为独夫，土崩瓦解之形已成，所以我对于此次倒蒋前途颇为乐观。我对于粤方此次倒蒋运动，决定在外从旁积极援助，无参加政府之意。"

在国民党各派系间昔日为敌，今日为友，翻云覆雨，反复无常，是司空见惯的事。什么汪派、胡派、西山会议派、冯派、桂派、粤派，这次江湖三教九派人物凑到了一起。5月24日，孙科、陈友仁、许崇智等人抵香港，偕唐绍仪、张发奎、白崇禧等人，同去汪精卫宅与汪精卫会谈合作事宜。汪表示："过去我与胡先生不和，都是上了蒋介石的当。蒋之所以专横跋扈，就是因为我们不团结。这回反蒋一定要合作到底，即使万一失败了去跳海，也要抱在一起去跳。"第二天，汪精卫等联名发出通电，限令蒋介石于48小时之内，即行隐退。27日，在广州成立了国民党中央非常会议，以汪精卫、孙科、邓泽如、李文范、邹鲁五人为常委。同时成立了国民政府，推汪精卫、孙科、唐绍仪、古应芬、许崇智等人为常委，汪精卫为首任主席。

汪精卫和胡汉民两派联合反蒋，实际上不过是互相利用而已。胡派分子对汪却有戒心。被囚的胡汉民也认为"目前舍汪无足与蒋对抗者，但陈（公博）、甘（乃光）万不能共事"。胡派对汪派采取了一个"去皮存骨"的方针，即只接受汪精卫个人，而不要汪派其他人物，如陈公博、顾孟余等人，都不准参加。胡汉民的话使汪精卫十分不满，认为是"去皮存骨"，想拂袖而去。在非常会议内部也矛盾重重，古应芬、陈济棠对汪精卫态度还好，对陈公博、顾孟余持一种排斥态度，如果不是孙科、李宗仁等极力劝汪忍耐，以团结为重，汪精卫已两次发脾气要回到香港。汪精卫想派陈公博去上海与宋子文接洽，试探蒋汪合作的可能性，陈公博没有接受此任务。这时蒋介石派宋子文暗中拉拢汪精卫说："广东要汪先生是只要骨头不要皮，我们南京要汪先生是连皮带骨一起要。"汪精卫听后非常动心。汪反蒋，只是为了取得权力和地位，与蒋争天下，为达此目的，可不择手段。现在蒋主动来联汪，汪何乐而不为呢？当然是欣然同意了。

正当宁、粤间争闹不休，蒋介石在南方指挥内战之时，日本帝国主义悍然发动了九一八事变，东北数千里锦绣河山沦于日寇铁蹄之下。面对严重的民族危机，全国抗日民主运动迅速高涨起来。强大的革命洪流，冲击着国民党的反动统治。这既迫使蒋介石不能不对广东让步，又迫使广东方面不能不对蒋议和。汪精卫的广州政府主张反对专制独裁，主张民主政治和主张积极抗日，于是学生们把汪精卫奉为他们的政治领袖。前往南京游行的学生们，欢迎汪精卫到南京主持党国大计，他们打出的口号是："欢迎护党救国的汪先生""欢迎主张实现民主政治的汪先生""欢迎反对不抵抗主义的汪先生"。汪精卫则一方面批评蒋介石动用武力镇压学生，另一方面发表了他的政治主张。汪精卫在接见学生代表团谈话时说："应付目前局势的方法，兄弟认为有八个字，就是一面抵抗，一面交涉。军事上要抵抗，外交上要交涉，不失领土，不丧主权。最低限度之下不退让，最低限度上不唱高调，这便是我们共赴国难的方法。"

宁粤分裂是以蒋扣留胡汉民为导火线，在陈铭枢代表蒋介石南下议和后，粤方提出以先释放胡汉民为先决条件。10月12日，陈铭枢回到南京，向蒋介石报告了议和经过后，立即提出释放胡汉民的问题，蒋亦明知如此点做不到，粤方代表是不会来的，故被迫答应。次日下午，陈铭枢去见胡汉民，递交了汪精卫、孙科等人的联名信，并详述粤中情况，同时劝胡捐弃前嫌，以国事为重，胡表示首肯。陈铭枢随即劝他先去见蒋，胡汉民亦同意。陈铭枢即陪同胡与蒋见面，胡汉民对东北问题发言甚多。当即由蒋决定，推陈铭枢及吴稚晖、李石曾、张静江、吴铁城等同胡一起赴沪，会晤汪精卫、孙科等人，并欢迎他们入京，开和平统一会议。14日晨，蒋介石又亲往胡宅拜访，下午陈铭枢等陪同胡汉民赴沪。胡汉民抵上海后，古应芬、陈济棠替胡报仇的目的已达到，两人对和谈的态度颇为冷淡，汪精卫最热心，孙科的态度倾向于汪。

三、倒蒋不如联蒋，蒋汪合作

国难当头，宁、粤双方同时唱出和解的调子，听起来似乎是喜讯佳音，实际上，他们把国难之时当成重作政治分赃的好机会。汪精卫乘此要求进行国民党内权力的再分配。经蔡元培、张继、陈铭枢等人的调停，宁、粤双方决定在上海举行和谈会议。10月18日，汪精卫乘"麦狄生总统号"船由香港去上海，行前，再次对陈公博、顾孟余表示，胡汉民身边尽是政客，与我们格格不入，而与蒋介石合作的可能性是存在的。20日，以汪精卫为首的粤方代表团一百余人到达上海，和胡汉民会合。汪精卫到上海后，常对人表示他们改组派人多，都想谋得一官半职。汪精卫愿当行政院长兼一个部，用意是露骨地想当行政院长。陈公博也几次对大家说，最好叫汪做行政院长，好维持大家反蒋的团结。胡汉民对汪精卫无诚意，不愿汪精卫抓权。胡汉民和汪精卫从1926年离开广东以后，一直是遥遥对垒，到这时才因为一致反蒋，才有可能见面。当时国民党中也颇有人以为这次胡、汪两个"领袖"能合作了，国民党可以改变过去内部派系斗争的局势。

当胡汉民、汪精卫第一次在上海伍朝枢住宅见面的时候，汪精卫做出一副谦虚诚恳的样子，对胡汉民说："中山先生在时，我就是小兄弟，现在经过多少离合悲欢，回想起中山先生，真是痛心！我情愿听老大哥的教训。"于是胡汉民也就公然用老大哥的口吻说了几句批评的话。然后胡汉民、汪精卫、孙科三个人同照了一张相，表示从此要团结起来了。可是他们一方面和蒋方代表在和平会议中明争，一方面又展开内部同床异梦的暗斗。当时，胡汉民对于再返南京，最无指望，因之反蒋情绪最高。他生怕汪与蒋妥协，自己又不是和议代表，只有在后台出主意，极力鼓舞和推重孙科。

22日，蒋介石乘飞机抵沪，立即同宋子文会商，然后才约于右任、蔡元培、张继和陈铭枢晤谈。是日下午一时，蒋到孙科寓所与汪精卫、胡汉民等人会见，彼此握手后，蒋介石、汪精卫、胡汉民三巨头会谈，谈笑风生，握手言欢，真似亲密无间，旋即正式举行会谈。出席者为：蒋介石、汪精卫、胡汉民、于右任、蔡元培、张继、陈铭枢、李文范、邹鲁、伍朝枢、张静江、李石曾、陈友仁、邵元冲、孙科、林森等十六人。众人入座后，由胡汉民请汪精卫先发言，汪精卫起立说："同志们年来隔离，致行动冲突，但系为公，非为私。此次代表粤方同志；解决一切，共赴国难。"他同时提出粤方三项主张：（一）国府组织宜如德、法总统制，由行政院负政治责任；（二）废除总司令职；（三）由一、二、三届中委任党事。同时对蒋所拟关于他个人进退的电稿，表示赞同。蒋介石继起发言，先赞成汪发言，并说："本人亦如是，公而忘私。"又说："诸同志皆党中前辈，本人为后进，向来服从前辈。此次诸同志议定办法，凡胡、汪先生同意的事，我无不同意照行；若我不行，尽可严责。"言毕，李石曾发言，先述及国难和团结的必要，主张大家马上入京，已无须在沪会议。蔡元培、张继等即表同意。孙科立即起来反对说："我们此来系代表粤府，须照预定程序，议有端倪始可入京，否则须电粤府请示。"汪随即说：入京本无不可，不过现在若入京，则协议签诺之事，各方将误会吾人为自由意志，反为不佳。蒋对汪言，表示谅解，赞成即在沪会议，并说："胡先生可代表本人。"又叮咛地说："胡、汪先生同意的事，无不照办。"就这样，蒋、汪、胡几年来的恩恩怨怨似乎告一段落。

经过蔡元培、陈铭枢、张继等人对宁粤间的调停，10 月 27 日，宁、粤双方在上海伍朝枢宅举行和平会议，粤方代表为汪精卫、孙科、邹鲁等，宁方代表为李石曾、蔡元培、陈铭枢、张继、张静江、吴铁城。会议争斗的焦点是：粤方坚持蒋介石下野为和平条件，而宁方力主"中枢不宜更动，维持党统"。11 月 7 日，会议宣告结束，这是一次双方政治分赃的会议。会议经过激烈斗争，最后达成协议：双方"各于所在地"召开国民党四全大会，分别选出同等数量的中央执、监委员作为合作的基础，由双方选出的中执委召开一中全会，修改国民政府组织法，实行中央政治体制改革，并改组南京国民政府，随后宣布取消广州国民政府。对此，鲁迅于 10 月 29 日写了一篇《沉滓的泛起》的杂文，揭露国民党反动派的表演，"恰如用棍子搅了一下停滞多年的池塘，各种古的沉滓、新的沉滓，就都翻着筋斗漂上来，在水面上转一个身，来趁势显示自己的存在了。"什么蒋派、汪派、胡派、西山派，都不过是被国难搅起的古的、新的沉滓而已。这时，蒋介石派宋子文去上海，给汪精卫送去 200 万元。汪精卫表示"不需要"，陈璧君立即说："如果他不接受，我可以接受。"就这样，汪精卫决定卖身投靠蒋介石了。

按照双方的协议，11 月 12 日至 23 日，蒋介石主持召开了南京国民党"四大"，蒋在开幕式上作了《党内团结是我们唯一的出路》的讲话，标榜大会的使命是"团结内部""抵御外侮"。会议恢复汪精卫、陈公博、李宗仁、冯玉祥、阎锡山、李济深等 481 人党籍案。"和平会议"共开了 7 次，最后决定宁、粤双方各自同时召开国民党第四次代表大会，选出中央委员，再一起到南京召开一中全会产生政府。11 月 18 日和 12 月 3 日，反蒋各派在广州召开"四大"。广州国民党"四大"由胡汉民主持在广州市内中山纪念堂召开，会议提出"精诚团结，共赴国难"的口号，并坚持蒋下野和改组南京政府的要求。12 月 7 日广州中央党部正式宣告成立，因内部争论，造成会议分裂，汪派代表两百多人退会后回到上海，上海在大世界游艺场举行了一次内部分赃会议，会议选出了唐生智、王懋功、曾仲鸣、唐有壬、谷正纲、黄少谷、萧忠贞、邓飞黄、范予遂、陈孚木等十人作为汪、蒋妥协条件中给予改组派的 10 名中央委员人选。由于大世界这个地方是演滑稽戏和妓女集中的地方，所以，当时鄙视他们的都称之为"大世界中委""野鸡中委"。

会议还决定了参加政府和党部分赃所得的部长人选。这群人为了争"中委"，争"部长""次长"，在会中结成了许多小集团，钩心斗角，各不相让，争持不下，结果打得一塌糊涂。同时因为有一部分"代表"由粤来沪时误了船期，在选了"中委"的第二天才赶到，这一部分人因为"中委"向隅，于是自以为于改组派有功、势在必得"中委"头衔的人又声称"选举非法"，大叫大闹。当时上海报纸把这场臭不可闻的丑剧都绘声绘影描述起来，讥诮他们这就是"共赴国难的序幕"。于是这班家伙才悄悄收兵，不好再公开闹了。

三个大会开完后，粤方强烈要求蒋下野，12 月 15 日，国民党在中央党部举行临时常委会，在京中央执监委均参加，于右任任主席，决议案为：

（一）国民政府主席兼行政院长蒋中正呈请辞职案，决准蒋同志辞职；推林森同志代理国民政府主席、陈铭枢同志代理行政院长。

（二）考试院长戴传贤、监察院长于右任、立法院长邵元冲呈请辞职案，决议慰留。

会后蒋介石发表辞职通电，称：乃第四次全国代表大会，已以委曲求全的精神，接纳全党团结之方案，而在粤同志迄未能实践诺言，共赴国难。胡汉民同志等微（5）日通电，且有必须中正下野，解除兵柄，始赴京出席等语。是必使中正解职于先，和平统一方能实现。权衡轻重，不容稍缓须臾，再四思维，唯有恳请中央准予辞去国民政府主席等本兼各职……蒋再次施展"以退为进"的伎俩，宣布下野。

蒋介石行前曾约陈公博、顾孟余、王法勤谈话，说："本人甚盼汪先生能不顾一切，任此艰巨。前在沪时，曾向汪先生面述此意，汪太客气，希望三位再代转达。中兴本党，非汪先生莫属。"同时蒋又留函致于右任、何应钦、孙科等人，说："全会既开，弟责即完，故须还乡归田，还我自由。"并说："此去须入山静养，请勿有函电来往，即有函电，弟亦不拆阅也。"次日，蒋果然登上了溪口妙高台。22日，国民党四届一中全会在南京开幕。

会议：（一）推举胡汉民、汪兆铭、蒋中正、于右任、叶楚伧、顾孟余、居正、孙科、陈果夫等九人为中执会常委，并以叶楚伧为秘书长。

（二）选任国府主席、委员及五院院长案，主席团对于国府人选，提出声明两点：（1）五院院长及所属各部长、委员长不兼国委；（2）现任军人不兼国委。众无异议。

（三）选林森为国民政府主席。

（四）选任蒋中正、汪兆铭、胡汉民、唐绍仪、张人杰、萧佛成、邓泽如、谢持、许崇智、王法勤、李烈钧、邹鲁、邵元冲、陈果夫、叶楚伧、宋子文、王柏龄、方振武、熊克武、阎锡山、冯玉群、赵戴文等33人为国府委员。

（五）选任孙科为行政院长，陈铭枢为行政院副院长，张继为立法院长，覃振为副院长，伍朝枢为司法院长，居正为副院长，戴季陶为考试院长，刘芦隐为副院长，于右任为监察院长，丁惟汾为副院长。

（六）通过中央政治会议组织原则：（1）中央政治会议以中执监委组织之；（2）中政会议设常务委员三人，开会时轮流主席；（3）中央候补执监委得列席中政会议。

（七）选举蒋中正、汪兆铭、胡汉民为中政会议常务委员。

（八）关于国难会议、国民会议及国民代表大会等组织及缩短训政实行宪政各案，决议：（1）国难会议由国民政府于半个月内召集，讨论御侮、救灾、绥靖各事宜；（2）国民救国会议之组织及召集，由中常会筹议办理；（3）应从速限期完成地方自治，筹备召集国民代表机关，交中常会遵照建国大纲妥速议定办法。

四届一中全会闭幕时，冯玉祥始到京，当天他着青布短棉袄进入会场，其朴素作风便引起了全场的注意。他在会上发表演说，说："只有自己到总理陵前痛哭流涕，责骂自己对不起国家，痛自忏悔。党中先进同志，汪先生学识宏富，胡先生是总理信徒，玉祥自己是混账。蒋先生有其长处，有其短处，在郑州同我结金兰时，有海枯石烂，此志不渝，结果竟自打起来，致成今日之局。盼同志用手用嘴将此三人拉在一起，到总理陵前认罪忏悔。"

出乎意料的是，汪精卫突然称病不至。此时，蒋、胡、汪三人各有用心：蒋介石游玩于山水之间，心怀诡计，待机而起；汪精卫安坐于上海租界，假称养病，窥测跨入南京中枢的门径；胡汉民则以广东为根据地，与蒋介石周旋到底。冯自参加一中全会闭幕会以后，旋即到沪晤汪。冯对人说："此次南来目的，完全想团结同志，以谋抵制暴日，故望各领袖能在一块负起救国责任。"又说："若汪于最近期内痊可，当劝其速入京；对胡亦同样希望，必要时拟到香港一行；对蒋亦望其能尽其责，共赴国难。"冯在此期间，对团结合作，极为努力。在一片劝驾声中，蒋、汪、胡仍无入京表示，孙科于1月8日晚中委谈话会中说："愿回粤一行，促胡北来。"于右任等力阻，以孙负行政责任甚重，不能离开。孙说："将短期离京，到奉化请蒋，到上海请汪。"各方仍多方劝阻。散会后，孙即同财政部长黄汉梁乘车赴沪。事为居正得知，立即赶到车站，时车已开动，居正即嘱站员摇铃停车，旋登车劝阻。孙坚决表示："本人定将胡、汪、蒋一齐拉到南京，以求达到兴正团结之目的。"孙到沪后，即电胡速驾，又准备到奉化劝蒋，因未得蒋肯与接见的复电，故未便成行，乃改派何应钦、居正前往。此时的孙科真是彷徨失措，大有岌岌不可终日之势。

为了实现蒋、汪合作，12月17日，汪精卫派陈璧君、陈公博、顾孟余、曾仲鸣等人去南京，与蒋介石洽谈。行前，汪精卫在病榻上叮咛陈公博说："你们到了南京，对于一般老先生势必要让他们一点。"他们到南京后，住在铁道部官邸，蒋介石当天就打电话给陈璧君，因铁道部官邸人员太杂，邀请她们去军官学校见面。经过秘密谈判，达成了蒋汪合作的协议。第二天，蒋介石在励志社宴请在南京的中委，蒋介石、林森、陈璧君、陈公博先后发言。1932年1月12日，陈铭枢同张群乘火车返沪，车抵笕桥，蒋来电令折回，即下火车改乘蒋派来的汽车回杭，重到澄庐晤蒋，蒋书亲笔信一封，交陈铭枢携沪转汪。16日，陈铭枢至上海，即将蒋函交顾孟余转给汪精卫。汪得蒋函后，当天下午即赴杭州，行前发出两电，一致胡汉民，一致孙科，说他已应蒋邀请赴杭。17日，蒋介石派贺耀祖为代表，陪同陈璧君、顾孟余、褚民谊等人去上海，欢迎汪精卫去南京。接着汪精卫又赶到杭州，同蒋介石、孙科、张继、张静江等五人，在杭州西湖风景优美的烟霞洞举行会议，"相见甚欢""甚为融洽"。蒋、汪实现了合作。

次日，蒋介石、汪精卫致电孙科，说他们将等胡汉民来后，即联袂入京，并要孙科致电胡汉民速驾。同时，蒋、汪又合电致胡，请他北上，"一同入京，协照哲生及诸同志"。胡汉民复汪精卫电，除称病谓"非长期休养不可"外，并谓："只需中央行责任内阁之职权，必能发展开一新局。"胡汉民被蒋介石抛弃了。17日，张继、张静江由京乘汽车赴杭，当晚与蒋介石、宋子文密谈。次日上午，蒋派毛邦初亲驾蒋自备飞机到京，直入国民政府找孙科，说蒋、汪有要事相商，须立即前往。孙即与何应钦、吴铁城同去，当日下午一时许抵杭，即赴烟霞洞。当时张继、张静江正宴请在杭的各中央委员，蒋、汪均在座。宴毕即在别室密谈，参加者有蒋介石、汪精卫、孙科、张继、张静江五人。会议内容，秘而不宣。会后记者问孙科会谈结果，孙科答："圆满，圆满。"又问："何时回京？"孙答："就去。"孙在杭州待了两天，20 日同汪精卫一起由沪入京，21 日，蒋介石直接由杭入京。此时蒋、汪分别发表谈话，论调完全一致，一拍一合，俨似表演双簧。

自蒋、汪先后入京，22 日在南京的中央委员齐集励志社会谈，先由何应钦报告关于接到朱绍良、熊式辉电报前方"剿赤"军事及军事问题，然后由吴铁城报告上海日本人发动暴乱情形，再次由覃振报告最近外交状况。报告完毕，到会的中委均默不作声。数分钟后，蒋介石起立发言说："关于对日问题，无论和与战两办法，唯须国内真正实现团结一致。总之金瓯不能有一点缺损，否则殊难对付他人的整个计划。"23 日，蒋、汪、孙等在宋子文家密谈，达 3 小时，闻对陈友仁提出的对日绝交方针，反对者居多。24 日，开特务委员会，讨论对日问题，其他各委均未发表任何意见。唯蒋、汪二人发言最多，论调完全一致，都认为："已往既不能战，又不能和，今后将为国家百年大计打算，并说："陈的外交政策，是不懂国情，徒作孤注一掷。"继又表示："决将以忍辱负重、脚踏实地之精神，为有效之努力。"其余中央委员未发表任何意见，会上否决了陈友仁的对日方针。当日陈提出辞呈，与孙科一同赴沪，旋孙亦辞职。以后中执会、中常会均有电致孙，请打消辞意，并派居正、张继、张静江赴沪挽留。后又派何应钦、吴铁城前往，以孙行踪秘密，终日寻找不获。

27 日，蒋、汪召开中政会议，到会委员 60 人，汪精卫任主席，决议要案：（一）函中央执行委员会，本会议常务委员已到京，特务委员会应毋庸存在；（二）成立外交委员会，选出委员人选，蒋作为主席兼常务委员，顾孟余、顾维钧、王正廷、罗文翰为常务委员。

28日，蒋、汪召开中常会，蒋介石任主席，对陈友仁在上海所发表的谈话，以其忘却党员立场，外长非责任内阁比，外部以上尚有中政会决定方针，不能以政策不行而走；以党员论，为干犯党纪，以国民谕，为丧心病狂，决交监察委员会惩戒。决议：

（一）行政院长孙科辞职照准，选任汪兆铭为行政院长；

（二）立法院长张继辞职照准，选任孙科为立法院长，孙科未到职以前，由覃振代理。

就在当天晚上开会后的数小时以后，卫戍京沪的第19路军，在全体人民的推动下，在淞沪揭开了民族抗战的序幕。3月6日，国民党中央政治会议又决议由蒋介石任军事委员会委员长，由此形成了蒋主军、汪主政的蒋汪合作的新局面。汪、蒋合流，共同统治中国的时期开始了。

第七章
对日妥协

一面抵抗，一面交涉

政治巨案，遇刺风波

西安事变，进退失据

应对侵略，"低调俱乐部"

一、一面抵抗，一面交涉

1931年九一八事变后，国难当头，民怨沸腾，蒋介石处于内外夹攻之下，全国抗日反蒋浪潮汹涌澎湃。汪精卫见蒋介石处境艰危，就趁机向蒋介石提出，"精诚团结，共赴国难"，"反对独裁，求和平统一"。蒋也利用汪精卫见利忘义、变化无常的特点，派人与汪联络。经过多次讨价还价，蒋、汪终于携手合流，1932年1月，汪精卫率领喽啰们来到南京，实行与蒋介石合作，袍笏登场。当时改组派在南京党政机关分赃所得的重要位置是：

汪精卫　中央政治会议主席、行政院长

顾孟余　铁道部长

陈公博　实业部长、中央民众训练部长

唐生智　军事参议院院长

褚民谊　行政院秘书长

唐有壬　外交部次长

曾仲鸣　铁道部次长

郭春涛　实业部次长

谷正纲　中央组织部副部长

萧忠贞　中央民训部副部长

陈树人　侨务委员会委员长

汪精卫主持政务，由蒋介石任军事委员会委员长兼参谋总长，负责军事。汪精卫在国难声中沉滓泛起，爬上了统治地位。蒋、汪虽已实现合作，但两人的关系依然微妙。汪、蒋合作时候，民族危机日趋严重，对日外交成为重要课题。说也凑巧，1月28日，汪精卫在南京就职，日本帝国主义当天深夜发动了"一·二八事变"，入侵上海。第19路军官兵目睹日寇的无理挑衅，愤于南京政府的妥协退让，在爱国将领蒋光鼐、蔡廷锴率领下，违背国民党中央的意旨，顺应全国人民的抗日要求，奋起抗击日寇的野蛮侵略。他们在上海人民的支持下，英勇奋战，迫使日寇三易主帅，给日寇以迎头痛击，使之难越雷池一步。淞沪抗战的炮声一响，汪精卫上台后，立即宣布迁都洛阳，积极抗战，并称中国政府"绝非威武所能屈，决不以尺土寸地授人"，1932年2月1日，汪精卫主持召开了最高军事会议，决定把全国划分四个防区和一个预备区，摆出了进行积极抵抗的姿态。汪精卫还以行政院长的身份与国民政府主席林森联名发表了一通《国府迁洛宣言》，赶紧卷起铺盖，"迁都"洛阳了。汪精卫同时下令其他部队增援上海的第19路军，但汪精卫指挥不动蒋介石的部队，蒋介石私下指示他的嫡系部队不支持第19路军抗战，使第19路军的抗战陷于孤掌难鸣的困境。国民党要员以为洛阳有牡丹名花可赏，名胜古迹可游，黄河鲤鱼可食，又远离枪炮之声，这样可以安然"保持其牺牲精神"。

在这中原古城，汪精卫连续发表对日主张，声称：尽可能范围内，极力忍耐，极力让步，表示我们无意开衅，倘使不幸而终至发生冲突，亦必使衅自彼开，为天下万国公见之事实。还说"过于畏葸，故为不可；徒作壮语，更为不可。须知数十年来，中国军事、经济，在物质上着着落后，固不待言，即组织上亦幼稚不完备"。汪精卫、陈公博一度都是支持第19路军抗战的，陈公博回忆说：汪先生在民国二十一年上海"一·二八之役"是主张抵抗的，在民国二十二年长城古北口之役是主张抵抗的，在民国二十一年曾因张学良不愿意抵抗而通电邀张学良共同下野，因此出国。在长城古北口之役，又匆匆自海外归来，共赴国难。那时候汪先生总以为中国只有抵抗才有办法，可是也因长城古北口之役卒使汪先生所受刺激太深。因为前方将领回来报告，都说官兵无法战争，官兵并非不愿战，实在不能战，因为我们的军火同敌人的军火距离太远了，我们官兵看不见敌人，只是受到敌人炮火的威胁。汪先生听了这些报告，以后便慢慢有主和的倾向。

汪精卫提出了"一边抵抗，一边交涉"的八字方针，使南京政府自九一八事变以来推行的不抵抗政策和依赖国联外交有所变化。陈公博还曾在蒋介石面前为 19 路军缓颊。一次，陈公博和蒋介石、汪精卫一起在浦镇车站山上的工程师住宅谈话，蒋介石说了许多埋怨第 19 路军的话，陈公博对蒋解释说 19 路军也是不得不战，而且上海的战争是政治之战，而非军事之战，末后更指出："倘若上海不打，恐怕要酿成内战。"蒋介石则态度强硬地表示："内战我是不怕的"，坚持自己的意见，汪精卫恐怕陈公博直言犯忌，赶紧用别的话岔开了。其间，陈公博和李济深曾奉汪精卫之命北上搬请救兵，企图说服张学良实行军事动员，以牵制日军，造成南北全面战争之势，以减轻第 19 路军的压力。然而，由于蒋介石从中掣肘，张学良答以他的方针是："巩固后方，推进前方，保卫地方，拥护中央"，但是不肯出兵。

汪精卫对于 19 路军抗战采取了有限支持的态度，但最终还是屈服于蒋介石的压力，出面主持《淞沪停战协定》的谈判与签署，而蒋介石尽管是实际决策人，却一直居于幕后。结果汪精卫不仅遭到国人的愤怒谴责，监察院长于右任还在监察院对汪提出弹劾案，蒋介石对此都默不作声，直至政府内外反汪局面已经形成，他才出来为汪精卫解围。汪精卫认为这是蒋故意使他难堪，愤而辞职。结果，又由蒋介石主持国民党中央常委会决意慰留，此风波才暂告平息。可见，汪精卫在抗战问题上是首鼠两端的。为应付舆论，他提出了"一面抵抗，一面交涉"的对日方针，认为这是万全之计。19 路军经过连日苦战，敌强我弱，寡不敌众，3 月初撤至昆山、福山一线。

3 月 3 日，经英国公使兰普森斡旋，中国外交部次长郭泰祺受汪精卫、蒋介石指派同日本外交代表谈判，经一个多月的交涉，于 5 月 5 日签订了屈辱的《淞沪停战协定》。这是汪精卫上台后亲自批准的第一个丧权辱国的协定。消息传出，遭到了全国人民的反对，上海人民义愤填膺，痛殴了国民党谈判代表郭泰祺，以示抗议。

1932 年 6 月，蒋介石赴鄂、赣地区指挥"剿共"战争，南京政府名义上由汪精卫主持，但实际上任何重大事情均不能做主。7 月，热河告急的电报频频传到南京，汪精卫连连致电张学良，指示出兵抗日，但张学良在蒋的默认下，只是告急而拒不采取行动。为了推动张学良抗战，汪精卫曾带蒋介石的亲笔信赴北京面见张学良，一见面，汪精卫对张学良说：你应该和日本人打。张学良问：政府有什么与日本人打仗的准备？有没有胜利的把握？汪精卫说：没有。张学良又问：那为什么让我的东北军与日军发生冲突？汪精卫说：现在政府受到外界很大的压力，如果你打的话，政府对外界就有话可以说了。张学良说：蒋委员长的信是和我商量的，因此我能发表意见，如果政府有打的决心，蒋委员长一定会向我下命令，这样的话就不同了，我服从命令。但是，如果只是互相谈谈，那么我也应该能说一说自己的意见。汪精卫说：这样一来，我行政院长的面子就完了。张学良还是没有接受，他说：我办不到，你不是也没有准备吗？你有打胜的把握吗？汪精卫说：打起来的话，我们肯定会败。于是，张学良说：你这是让我拿部下的生命与你的政治生命进行交换！这样的事，我绝对不能做。

7 月 22 日，怒不可遏的汪精卫发表通电，逼迫张学良进兵热河。7 月31 日，张学良以北平政务委员会名义发表宣言，暗示汪精卫无权指挥华北军事。汪气愤不已，主张惩罚张学良，但蒋默不表态。于是，8 月 6 日，汪精卫向国民党中央、国府主席林森、行政院各部长、军委会委员长蒋介石以及张学良连发 5 份电报，提出辞职，表示："兆铭自 1 月 28 日被选任行政院长，原期竭尽心力，以救国难，乃荏苒数月，事与愿违，再四思维，唯有呈请辞职，以让贤能。"其中对张的电报，痛责他"屡次丧地失土，拥兵不前，违抗反攻命令"，只知向中央要巨款等，要他"亦以辞职谢四万万国人"等。8月9日，汪精卫匿居于沪西虹桥机场附近之王家宅村，拒不见客，一切来人均由陈璧君挡驾。同日，行政院各部长提出总辞职。张学良挨汪精卫一顿臭骂，也通电提出辞职，8月17日，汪精卫回到南京，主持召开了中央政治会议，决定撤销北平绥靖公署，批准张学良辞去公署主任职务，另设军事委员会北平分会，由蒋介石兼委员长。而华北75名将领联名通电要与张学良共进退。

蒋介石的应付之策则是：留住汪精卫以牵制张学良，留住张学良以牵制汪精卫。为了拉住汪精卫，他准张学良辞去北平绥靖公署主任职，为了拉住张学良，他又宣布成立军委会北平军分会，自兼委员长，由张学良代行职权。于是，蒋巧妙地制造了汪、张矛盾，又利用这一矛盾，借张学良之口给汪精卫以难堪，使汪不得不依附于己，又借汪精卫之力迫张学良交出部分兵权，使东北军直接归蒋指挥。这使汪精卫大为不满，8月18日，汪精卫飞往庐山，向蒋介石当面辞职。9月2日，汪精卫去上海，住进大西路黄雯疗养院。16日，汪精卫又去杭州莫干山疗养，住在"六月雪园"。10月初，汪精卫回到上海，住在褚民谊家中养病，20日，发表《告别书》，向中央请假，出国治病。蒋介石还需要汪精卫的支持，于是只同意汪精卫请假3个月，出国休养，但不同意汪辞职。汪精卫出国期间，行政院由副院长宋子文代行职权。10月22日，汪精卫夫妇乘法国邮轮"安得来朋"号赴法，11月23日抵法国马赛。29日，由法国转往德国杜平根镇疗养。

1933年元旦，日军进攻山海关，中日关系再趋紧张，汪精卫认为如长期不归，恐生变故，行政院长的位子也坐不稳，不如早归，于是决定动身回国。1月11日，汪精卫离开杜平根镇，经德国纽伦堡、捷克到瑞士日内瓦、法国马赛回国。1月22日，转道日内瓦归国的汪精卫在国联发表声明书，指出：中国现实无力对日宣战，但将倾注一切力量反对日本侵略；当日本采取作战方式时，中国将团结一致，竭力御侮；中国对日本的南侵将取陈述国联与抵抗侵略同时并进政策。3月14日，汪精卫抵香港，当时中国军队在古北口、冷口、喜峰口、罗文裕、界岭口、义院口等地，与来犯的日军血战，予敌以重创。汪精卫在香港对记者发表谈话，主张对日外交应与武力外交并进。17日，汪精卫抵上海。然而，战局却迅速发生了剧变。2月，日军集中5万兵力进攻热河。3月3日，热河守将汤玉麟弃城逃跑，日军占领承德。消息传来，全国震惊，张学良被迫下野。20日，汪精卫在南京发表谈话，称"须先有抵抗然后有交涉"，今日以后抵抗愈得力，交涉愈有希望。为对蒋介石施加压力，汪精卫称病未愈，只能在中央党部负责，仍辞行政院长职。3月26日起，蒋介石、汪精卫在南京会晤，汪精卫在蒋承认对日外交汪有最后决定权的条件下，同意于30日复职视事。但是这次汪精卫复职后，改变了他以前的主战态度，变成了主和派。此后汪精卫开始和日本进行和平交涉，蒋介石也积极支持汪精卫的和平计划。

1934年1月，国民党在南京召开了四届四中全会，汪精卫为主席团成员之一。日军在长城沿线受挫后，改而在滦东发动进攻，越过长城，包抄中国军队的侧翼，并威胁平、津的安全。中国军队出现溃败的迹象。4月19日，陈公博奉汪精卫之命，代表行政院北上劳军并了解战况，当陈公博抵达北平时，长城抗战已经失败。陈公博连夜赶回南京，说明"真相"。结果，蒋介石和汪精卫一致同意对日妥协。5月3日，国民党中央政治会议决定设置北平政务整理委员会，蒋介石提名由黄郛出任委员长。

1933年3月，日军占承德后，相继占领长城各塞。华北门户洞开，平津危急！汪精卫任命黄郛为行政院驻北平政务整理委员会委员长，代表汪、蒋赴北平与日本交涉。黄郛赴任后，汪又电黄郛称："弟（汪精卫）以为除签字于承认伪国、割让四省之条件外，其他条件皆可答应。"当何应钦、黄郛致电南京说，已派熊斌担任停战协议代表。30日，在塘沽开始谈判后，汪精卫复电表示支持，并说："倘因此而招国人之不谅，反对者之乘间抵隙，弟必奋身以当其冲，绝不令两兄为难。"在国民党政府内部，立法院长孙科、司法院长居正外交部长罗文干、教育部长王世杰等反对与日本签订协定。5月23日，王世杰写信给汪精卫，力主避免成文协定，建议召回黄郛。5月24、25日，蒋介石、汪精卫打电报给黄郛、何应钦，要他们设法避免签订成文协定。25日，汪精卫将国防会议通过的决议电告何应钦、黄郛：今日国防会议议决如下：现在前方停战谈判已经开始，逆料对方进行方针不出两种：（甲）对方以强力迫我屈服，承认伪组织及割让东四省。如果出此，我方必毅然拒绝，无论若何牺牲，均所不避。（乙）对方鉴于我方牺牲之决心，与列强之环境，此次停战目的，在对方军队退出长城以北，我军不向之追击，保留相当距离，以免冲突。如果出此，则我方鉴于种种情形，可以接受，唯以不用文字规定为原则。若万不得已，只限于军事，不涉政治，并须留意协议中不可有放弃东四省、承认伪组织之疑似文句。但黄郛、何应钦均认为不用文字协议，根本不可能。26日，何应钦致电蒋介石：就目前形势观察，若欲不用文字规定，势不可能，唯当与膺白兄谨遵中央及钧座之指示，审慎办理也。至北平守城，职等咸具此决心，但此间军队，除少数将领外，多无决心，如欲以之久守平、津，似无希望，且平、津一旦有战事，每月七百万之军费，更不知从何处筹措，二十余万大军，粮饷无着，前途真有不堪设想者。职为此事，竭尽筹维，只以心余力绌，时艰莫补，更不能为钧座稍分忧劳，午夜彷徨，罔知所措，拟请钧座再加指示。如何之处？伏乞迅赐示遵。28日，蒋介石将汪精卫、孙科、罗文干、王世杰召到庐山会商，决定采纳黄郛、何应钦建议，与日本签订成文协定。5月31日，《塘沽协定》签订，事实上承认了日本占领东三省和热河的"合法"性，使我国主权进一步丧失，华北屏障尽失，平津大门洞开。6月1日，蒋介石从南昌致电南京的汪精卫，为黄郛及何应钦辩护，主张由国民党中央追认《塘沽协定》。6月2日，当南京政府讨论《塘沽协定》时，有人表示反对，会议决定第二天召开政治会议再议。当天，汪精卫致电何应钦、黄郛："明晨政治会议如加否认，则弟个人负责，听后处分。"6月3日，政治会议召开临时会议，有人以《塘沽协定》未经中央核准即签字，提议惩处前方军事当局。汪精卫立即表示，请先惩戒他本人，并出示了蒋介石6月1日的电报，中央政治会议由于有蒋介石打保票，终于通过了《塘沽协定》。

《塘沽协定》被人民认为是一个卖国条约，引起了社会舆论的强烈批评。汪精卫认为政府签订这个条约是正确的，他在解释为什么签订《塘沽协定》时说：以前人们批评政府不抵抗而丢失了领土，现在我们进行了抵抗，结果却丢失了更多的领土。中国是一个弱国，这就决定了这场被侵略的国难绝不是偶然发生的。以现在中国的国力，无论进行怎样的抵抗，都没有取得胜利的可能，这是我们最初就明白的。既然没有取胜的希望，我们为什么还要抵抗呢？这就是爱国心的缘故，它让我们明知不能取胜，还要准备抗战到最后一兵一将。现在很多人当中有两种错误的想法，一种是过分软弱，认为中国绝对不能对日本进行抵抗，如果和日本交战，将和过去义和团的下场一样；另一种是过分强硬，就像一个人在旷野中发泄一样，"杀尽倭奴""打到东京"，什么狂言都敢说，还能得到人们的拍手喝彩。以上两种看法都是错误的。政府和日本和平交涉，有一个最低的限度。只要停战条约在我们可以忍耐的最低限度以上，政府就决心签署停战条约，即使受到国民一时的唾骂，也要坚决进行负责任的签字。但如果停战条约在我们可以忍耐的最低限度以下，政府就决不签字。这次政府和日本签署局部地区的停战条约，是为了让疲惫的军队、穷困的人民得到一时的休息，其是非利害将得到历史的评判。

1935年后，日本侵略者进一步控制华北，5月29日，由日本天津驻屯军参谋长酒井向国民党政府提出交涉，并要求于12日以前答复。何应钦立即请示汪精卫，汪即回电答应日方全部条件。1935年6月19日，国民党中央政治会议第452次会议讨论华北谈判问题，在兼外交部长汪精卫、次长唐有壬报告华北外交经过后，国民党内的英美派和抗日派联合向以汪精卫为首的亲日派发起了进攻。蔡元培首先站起来质问汪精卫：对日外交，究持何策际此时局？殊有请外交当局说明之必要。汪精卫回答："对日外交，这几年来均持忍辱求全四字而行，现在亦复如是。"蔡又问："忍辱云云我辈固极明白，求全如何却望予以解释。"汪避而不答，吴稚晖在一旁讽刺道："求全两字极易解释，简而言之，是只忍辱以后求整个国家能完完全全送给敌人，勿兴抗敌之师而糜乱地方罢了。"汪精卫受此嘲讽后愤然退席，但仍未能阻止对他的斥责。监察院长于右任斥汪为汉奸，立法院长孙科更是拍桌大骂。

5月初，天津日租界《国权报》社长胡思溥和《振报》社长白逾桓先后被暗杀，日军借胡、白被刺事件向北平军分会发难。5月28日，何应钦致电汪精卫：近来因津日租界两报社长被刺事件，日方剑拔弩张，夸大其词。据闻曾拟于皓日发行第二次津市暴动，便衣队之组织准备均已完成。以梅津力持稳健，临时中止，但随时均有发动之可能。河北问题，不能有一妥善办法，则华北之隐忧，亦终无时也。当天，汪精卫回电何应钦说：（一）弟前已电雨岩，促即住晤广田外相，告以胡、白事件，在日租界发生，为我方警权所不及，自无何等责任。即使暗杀由内地来，我方亦只能尽协缉之谊，至于孙永勤事件，更与政府无涉。乃日方武官有此无理之要求，殊非双方努力亲善之时所宜有此，盼其设法制止。本日又加急电，促雨岩前往交涉。（二）该武官等口头各项要求，全属有意挑衅；但其症结所在，仍为对于孝侯（于学忠）。关于此问题，正候蒋委员长复电。如孝侯能以大局为重，自动辞职最好；政府必鉴其公忠，特予倚畀也。其他各项，有绝对不能答应者，有即使可行亦宜由我方自动行之，绝不可作为妥协条件者，客分别续复。（三）该武官等因只系口头要求，但我方如应付失宜，亦不难造成九一八事件。总盼吾兄镇静沉着以处之。7月6日，何应钦与梅津美治郎签署了《何梅协定》。汪精卫还发表了一个《邦交敦睦令》，宣布：凡我国民，对于友邦，各敦睦谊，不得有排斥及挑拨恶感之言论行为，尤不得以此目的，组织任何团体，以妨邦交。兹特重申禁令，仰各切实遵守，如有违背，定予严惩。6月，汪精卫又批准了《秦土协定》。由此，1935年8月，监察院对汪精卫提出了"外交部长不信任案"，虽然被国民党中央政治会议否决，但对汪精卫是一个很大的打击。

蒋介石"攘外必先安内"的政策得到了汪精卫的全力支持。1933年11月，当蒋介石集中百万大军进攻革命根据地，并以50万军队对中央苏区举行第五次"围剿"之时，驻扎福建的19路军将领蒋光鼐、蔡廷锴，联合陈铭枢、李济深、陈友仁、徐谦等反蒋势力和第三党的黄琪翔等举起抗日反蒋大旗，建立"中华共和国政府"，此即著名的福建事变。参加这次反蒋运动的各派人士在历史上大都与汪派有较为密切的关系，但投身蒋汪合流行列的汪精卫、陈公博却对此运动采取反对的态度。福建事变发生后，汪精卫曾秘密和陈公博商议："我们走不走呢？"因为汪精卫、陈公博初进南京之时，曾立誓不赞成再有内战，蒋介石如再发动内战，便立即辞职。陈公博认为：我们不必走。因为这次他们干法，与扩大会议和非常会议不同。他们改国号，改国旗，我们在南京固然反对，不在南京也应当反对，甚至于我们逃亡海外，也得反对。既然都是反对，我们何必走！于是，汪精卫支持蒋介石镇压了福建事变。

汪精卫对于此一时期的汪、蒋关系，在1936年自欧洲写给陈璧君的一封信中曾有一段辩白，并附注说：此书不可发表但可存之，我写过去事，此为第一次。我本欲得闲写过去事，但细思之，仍以不写为愈，一个人原不必急于自白也。信中称：

数年以来，因"剿匪"军事关系，南京实际等于空城。我以赤手空拳，支柱其间，最大责任，在使后方不致沦陷，前方军事不至因而挠动，其余皆放在第二着。此是数年以来我对于国家之最大责任，亦即我鞠躬尽瘁之最大贡献。军队之调动，外间不知之，当局者始知之，故知我之苦心者，实在少而又少也。

举一二事以明之，前年（廿三年）6月间，日本藏本失踪，数日未获，日本方面汹汹抗议，一日数至。日本长江舰队纷纷调至下关，有水兵上岸强占南京之消息。其时我集朱益之（培德）、唐孟潇（生智）诸军事长官计议，始知南京无兵，仅有军官学校学生三四千人可以临时应战。其时蒋先生在庐山，定于6月13日左右回京参加军官学校10年纪念，我一日三电蒋先生，请勿回京，因蒋先生须带兵回始有用，若一人回，同堕空城，俱尽无益也。其后藏本寻得，事已平息，我始电蒋先生可以回京，此一事也。去年（民国二十四年）6月间，日本增兵平津，据何敬之（应钦）报告，一触即发，势如燃眉，其时蒋先生正在成都，不特南京无兵，北平亦将得力军队抽调将尽，而仓猝不能调之使回，其时局面只有两途：一是使平津为九一八之辽宁，一是造成今日之局面，两者相较，今日之局面固可痛心，较之九一八之辽宁，尚为差胜（如果以为今日之局面反不如九一八之辽宁，爽快断送，较为干脆，此另一说，可以不论），于是，我只得负责以造成今日之局面。一时同志明知故骂者有之，不知而骂者有之，我皆不辩。此又一事也。过去责任，共负可，独负亦可。我知道有人肯共负的，但是因为种种关系，还要我多负些，或者单独的负，我又何所辞？辩既不可，生气更不必了。

蒋介石、汪精卫间的权力之争，在"合作"的形式下持续不断。蒋介石之所以"联汪"，为的是让汪精卫站在对日外交的风口浪尖，自己则躲在幕后，避免群众反日浪潮的直接冲击，以便能得以倾全力"剿共"。他虽然让汪精卫出任行政院长，却又事事掣肘，设法抑制汪的权力过大。而汪精卫之所以"联蒋"，也有自己的目的，他企图利用行政院长的高位，发展汪派势力，达到主掌全局的目的，他决不甘心居于蒋介石的仆从地位。

　　对汪、蒋之无法合作，陈公博认为有种种原因：他们两个人的个性本来就不同，一个爱说话，一个爱缄默，一个感受很快，一个城府很深。两个人虽然共负大责，但蒋介石对于一切机密都不愿竭诚讨论。国家大事本来应该和衷共济的；什么才是和衷，基本条件当然是坦白，今既不能坦白，衷又由哪里起，济又由哪里共起？他们两位表面虽然客客气气，而暗中还在争领袖。在汪精卫方面，以为他在党国有历史、有地位、有功劳，除了孙先生之外，他不作第二人想。

　　如果说汪精卫对日寇的飞机大炮心惊胆战，避战求和的话，那么1934年6月在南京发生的藏本事件，虽纯系一般外交事件，汪也是"极端忍让"，忍气吞声，四年之后仍有余悸。陈春圃在《汪精卫投敌内幕》一文中写道：

　　　　1938年11月中旬，汪精卫一直心神不定，每天晚饭后总在上清寺寓所院子中踱来踱去，一言不发，一个人陷入穷思极想的苦海中。陈璧君还关照我们不要打扰他，并且对我说过：周、陶等曾劝驾说：你兼外交部部长的时候，和日本打过交道的，还可算是顺手的；但他说：也不尽然，1934年南京日本总领馆领事藏本在南京失踪案明明是他们自己搞的鬼，却向外交部要人，借此寻事百般恫吓，其时不正是我兼外交部长首当其冲吗？云云。可见，藏本事件使汪精卫感到日本人是难缠的。1935年春，日本驻华使馆公使要回国时，汪精卫大摆宴席，为之饯行，后又亲自送到车站，列车开动时，汪精卫竟泪流满面。有人写文章讽刺汪精卫，引了李白《赠汪伦》诗中的两句："桃花潭水深千尺，不及汪伦送我情。"

汪精卫、蒋介石携手之后，名是共管政事，但蒋军权在握，汪行政院长只是牌位。汪在南京做行政院长，见到从前一同反蒋的人，总是表示他好比是消防队队员，被主人叫来"打短工"的。覃振劝汪何必那样替蒋"背黑锅"，汪精卫说："我既已跳下毛坑，就臭到底吧。"汪精卫同杨永泰勾结甚深，走亲日路线。就连陈公博都认为，当时行政院是"花落空庭，草长深院"，蒋介石所在的牯岭，"变成了南京的太上政府"，行政院简直是委员长行营的秘书处，甚至是秘书处中一个寻常的文书股罢。更使陈公博不平的是，汪精卫连续主持签订卖国条约，成为众矢之的。而蒋介石尽管是主谋，却置身事外，稳坐"最高领袖"的宝座。陈公博认为汪精卫没有必要代蒋受过。并以辞职相劝于汪。

1935年8月，汪精卫因糖尿病、肝病并发，住青岛养病，陈公博、汪精卫二人发生争论。陈公博对汪精卫说："签了这个协定，先生遭到各界纷纷批评，我真不知道汪先生为什么要背这个黑锅？"汪精卫说："我们要复兴中国起码要三十年，不止我这年纪看不见，恐怕连你也看不见。我已年过半百，无其他报国之道，只要中国不再损失主权与领土，就可告慰平生了。"陈公博借酒意，大发议论说："历代王朝危急之秋总有人站出来背黑锅的。我现在翻历史，承认秦桧也是一个好人。因为国家到了危亡关头，终要找出一个讲和的牺牲者。但一个人的牺牲很容易，而时间也飞得太快。我想秦桧当时何尝不想，自己暂时牺牲，受人唾骂，等南宋设法中兴。然而秦桧是牺牲了，终于无补于南宋之亡。就是清朝的李鸿章，过去的袁世凯和段祺瑞，也都想一面妥洽，一面设法，然而李鸿章死了，袁世凯和段祺瑞也死了，中国还是那样不振，直到今日国难严重。我想今日与其说是卖国，不如说是送国罢，因为卖国，私人还有代价，送国是没有代价的。可是今日送国大有人在……又何必你汪精卫送国？"然而，汪精卫却说："他们送国是没有限度的，我汪精卫送国是有限度的。"由此争论可看到，陈公博还算有眼力，看到汪精卫远超过秦桧、李鸿章、袁世凯，能把国家拱手送出，但其罪武穆，功秦桧，可算是谬谈怪论，为其以后叛国投敌造些舆论。

就是汪精卫的子女也感到汪卖国不留余力，青史将留骂名，他们也无颜见人，便大发议论，反对汪精卫兼任外交部长，以免"独负卖国责任"。弄得汪精卫里外不好做人，伤感万分，他悲痛地说："现在聪明人谁肯当外交部长！"这倒是心里话，当卖国贼并不好受，但这权力又不能放弃，代人受过实在窝囊，但贼船是他和蒋共济的，想跳下去又舍不得。这充分暴露汪首鼠两端的性格。

日本帝国主义加紧对华北实行军事扩张和经济侵略，给中华民族带来了深重的灾难，也严重损害了英美帝国主义和南京国民政府的利益。加深了日本和英美帝国主义的矛盾，使南京政府内部在对日问题上派系对立和分化日趋激烈。爱国民主运动又高涨起来，一些爱国志士也谋刺蒋介石、汪精卫，以谢国民。1935年11月1日的刺汪案就是在这种背景下发生的。

二、政治巨案，遇刺风波

1935年11月2日，国民党的《中央日报》以特大字体的标题报道说："汪院长昨晨被狙击，中央极度震惊。"这个消息像晴天霹雳，震撼了国民党上上下下。广大民众却在暗中拍手称快，汪精卫遇刺在国内外产生重大影响。

1935 年 11 月 1 日，国民党中央为筹备召开全国第五次代表大会，在南京召开四届六中全会。上午 7 时，一百多名中央委员去中山陵谒陵。9 时，全体委员回到湖南路"中央党部"举行开幕式。中央常委兼行政院长汪精卫脸色苍白，声音颤抖，语无伦次，在会上致开幕词，谓："六中全会闭会以后，紧接着就是五全大会，所以六中全会是四全大会之结束，同时也是五全大会之开始。今当开会之际，所能报告者，便是精诚团结精神，永远不散，我们对于国难之痛心，增加了我们无限的努力，我们决心以无限的勇气，来担负这责任，来谋国难之解除。"开幕式结束后，中央委员步出礼堂，到中央政治会议厅门前，分列五排等候摄影。按惯例，汪精卫和蒋介石要和全体中委合影。当中委们齐集中央党部会议厅门口时，蒋介石却迟迟不来。

9 时 35 分摄影完毕，就在此时，一幕惊心动魄的事件发生了。一个身着西装、外罩夹大衣的青年记者突然跨出人群，高呼打倒卖国贼，向站在第一排的汪精卫连开三枪，发发命中。一枪射进左眼外角下左颧骨，一枪从后贯通左臂，一枪从后背射进第六七胸脊柱骨旁部位。汪应声倒下。枪声把国民党要人们搅得像热锅上的蚂蚁，乱作一团。腿脚不便，坐在椅子上的张静江，连滚带爬跌倒在地；身体肥胖、臃肿蠢笨的孔祥熙慌忙中钻进汽车底下，待随从费了很大劲把他拖出来，新马褂的袖子已撕成两半。

这时，和汪精卫同站在第一排的一文一武起而和刺客搏斗。文者是张继，他见状急奔到行刺者背后，将其拦腰抱住。武者是张学良，他一个箭步奔上去猛踢一脚，托起行刺者手臂，其手腕一松，手枪落地。汪的卫士这时似乎才明白过来，开枪还击，行刺者胸肺连中两弹倒地。

这一切发生在几秒钟之内，站在汪精卫身边的陈璧君见自己的丈夫已躺在地上，犹如五雷轰顶，几乎晕倒。她立即左腿跪地，伸出手臂托着汪

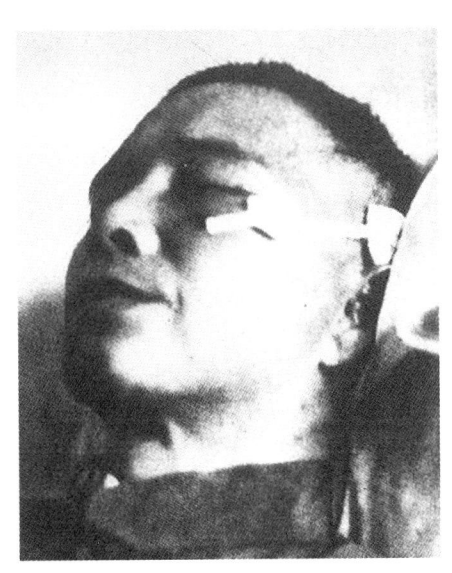
汪精卫在南京遇刺

的头，她把手伸到汪的鼻子前，感到汪呼吸微弱，以为必死无疑。这时，
汪精卫从昏迷中苏醒过来，看到陈璧君，强忍剧痛对陈说："我为革命党，
结果如此，毫无遗憾。"陈璧君见状，带着哭声说："四哥，人必有死，
吾辈革命者，即或不幸，我仍必继续努力。但君已受重伤，当速送医院救
治，能不死，固尚可努力，既非，在吾等革命者中，亦不过如此。""四
哥，你放心吧，你死后由我照料儿女。"似乎在和汪作最后的诀别。蒋
介石虽未参加摄影，也闻声赶来，屈一条腿把住汪的右手，以示亲切。
汪精卫一面喘着气，一面对蒋说："蒋先生，你今天大概明白了吧。我
死之后，要你单独负责了。"随后，汪精卫被紧急送往中央医院抢救治疗，
左臂枪伤经消毒缝合，并取出左颊大部弹片，背部子弹夹于五六肋骨间，
伤及脊骨，未敢施行手术。11 月 20 日，汪精卫出中央医院，往上海入诺
尔医院，检查治疗，取出左颊残留弹片，背部子弹仍未能施行手术。汪
精卫在遇刺后会见报社记者时说："窃思本人生平并无私仇。而最近数
年，承乏行政，正值内忧外患重重煎迫之际，虽殚心竭力，而艰难周折，

外间何从得知？倘因此误会，致生暴举，于情不可无原。拟恳请国府，将牵连犯人从宽赦免。"

陈璧君根据蒋介石不出席摄影，坚信他是事先知道的。于是，闯进蒋介石办公室，气呼呼地指着蒋介石说："蒋先生，你干的好事啊！""你不要汪先生干，汪先生就不干，为什么要派人下此毒手？"蒋介石想为自己辩解，陈璧君不容他说话，接着说："在军警森严的中央党部，除了你的特务队，还有什么人能混进来？"蒋对此事本来就满腹狐疑，面对陈璧君咄咄逼人的责问，顿觉语塞，只好赔着笑脸，一口一个"汪夫人"，保证一定要弄个水落石出。陈璧君逼着蒋介石交出凶手，蒋无奈，只好连声答应。由于蒋介石、汪精卫之间有矛盾，引起社会上种种揣测。桂系李宗仁、白崇禧也来电责问。蒋介石被弄得下不了台。他找特务头子徐恩曾、戴笠等严加申斥，骂他们"人家打到中央党部，你还不知道。每月花几十万就干出这类好事吗？"限期让他们一周破案，"倘若逾期，拿你们的脑袋是问"。中统、军统特务立即四处搜查抓人。

行刺者孙凤鸣，曾任第 19 路军排长，福建第 12 师混成团机枪连连长，刺汪前身份是南京晨光通讯社记者。孙被击倒，身上仅被搜出毫洋六角和作为自杀用的一枚鸦片烟泡，说明他已立下必死之决心。孙凤鸣被卫兵击中要害，流血过多，到医院后濒临死亡。医生奉命每小时注射强心剂十余次，以便从孙的口中了解到刺杀行动政治背景。孙凤鸣忍受着肉体撕裂的痛苦，对审问他的人义正词严地说："我是一个老粗，不懂得什么党派和主义，驱使我刺杀的是我的良心！"并激情满怀地说道："请你们看看地图，整个东北和华北那半个中国还是我们的吗？六中全会开完就要签字，再不打，要亡国，做亡国奴了！"次日凌晨，这位爱国志士离开了人间，谱写了又一曲民族悲歌。

这一政治巨案，在相当长的时间里，始终蒙上了一层神秘莫测的色彩。

蒋介石被疑指为除汪精卫事件的幕后的策划者，戴笠等特务头目也曾想栽赃到共产党头上。现在，真相已经大白，这个"博浪一击"的爱国行动，系出于三四个抗日反蒋的爱国青年之手。

博浪行动的策源地，在上海打浦桥法政学院东边新南里232号。这一行动的策划者，是一批住在这里的青年爱国志士。他们是华克之、陈惘子、张玉华、孙凤鸣及后来的贺坡光。他们相聚在一起，情投意合，在一起议论国事，慷慨激昂，就五步流血的刺杀行动，进行了激烈辩论。当他们谈到日本帝国主义侵略，蒋介石政府不抵抗卖国行为时，都声泪俱下，似乎是和蒋介石等不共戴天。他们认为，在蒋介石统治的地方，凡是衣冠楚楚的，皆是禽兽。每次座谈，结论只有一个"庆父不死，鲁难未已"。目标是"拼一死以诛元凶"。正如孙凤鸣所说："为什么忍心让千百万人一天一天地被杀害呢？为什么不能让我一个人和他拼一拼呢？一枪把他们打死后，对于祖国命运的安排，不是要顺利得多吗？"刺杀蒋介石、汪精卫的博浪计划在秘密筹划中。

除蒋行动从何入手？经商讨，他们想出一条妙计，在南京建立一个通讯社，因为这一组织既能公开捕捉蒋的活动信息；又可直入显贵的堂奥，接近蒋介石，使五步流血之举得以实施。

但是，就这8位无权无势、经济困厄、血气方刚的青年，怎样解决建社的经费呢？他们想到了在福建发动反蒋事变的李济深和陈铭枢。华克之专程到香港会见李济深、陈铭枢两人。李、陈听取了华克之的行动方案后，堪表赞同，认为"这是一件神圣的事，大家应竭力而为"。随后，拿出5000港币，托王亚樵转给华克之，作为筹办通讯社的开张费用。

1934年11月，一个以"南京晨光通讯社"命名的新闻机构出现了，社长是胡文卿（即华克之），总务兼编辑主任张玉华，采访主任贺坡光，记者孙凤鸣。他们标榜宣传三民主义，每天发稿，在公开场合以"小中央社"

自居。而它的秘密使命，没有引起国民党当局的任何觉察。

1934 年 12 月，国民党召开四届五中全会，及 1935 年 8 月蒋介石从武汉抵南京旅途中，孙凤鸣两次图刺，均未得手。1935 年 10 月底，晨光通讯社的全部活动资金将告拮据。在这种情况下，青年志士决定破釜沉舟、背水一战。适逢国民党召开四届六中全会，时机难得，孙凤鸣把家事做以安排，抱定必死信念。10 月 28 日晚，晨光通讯社设宴为孙凤鸣饯行。华克之说："四弟此举，如马到成功，其功可旋转乾坤，其名可流芳百世。"孙凤鸣慷慨悲歌："风萧萧兮易水寒，壮士一去兮不复还。"表现了为国为民、视死如归的大无畏精神。孙凤鸣虽击中汪精卫三枪，但因弹力不足，均有入无出，亦非要害。汪精卫入中央医院后，经 19 天治疗，取出两弹，至背肋一弹，因嵌在两肋之间，不易取出，成为他致命的创伤，9 年后，枪伤复发而丧命。

那么，有人要问，蒋介石当时为什么没有参加摄影呢？1935 年 11 月 2 日的《大公报》报道说："先是谒陵时，蒋的卫士见有三男一女徘徊蒋的前后，形迹可疑，遂加注意。至六中开幕会毕，群出摄影，蒋随行与叶楚伧谈此后会场戒备事，而及阶前而变作，蒋乃登楼。"其实并不尽然。蒋介石没参加摄影，并非偶然，而是他本性多疑诡诈的表露。这一次大会形式上是国民党的大团结会议，张学良、阎锡山及西南各省诸侯云集会场，随身均带有警卫两名。蒋介石看后心中暗想，谁能保证警卫中没有异动者？因此决意不参加摄影。当时各中委列队候蒋介石摄影，汪精卫见蒋不至，即去催促下楼，蒋介石说："今天秩序很不好，说不定要出事，我决定不参加摄影，我希望你不必出场。"汪精卫面露难色，表示："各中委已伫立良久，专候蒋先生，如我再不参加，将不能收场，怎么能行，我一定要去。"这样，正如华克之所说："蒋介石诡谲多疑，临时不敢出场摄影，孙凤鸣不得已出此下策，击伤了第二个卖国贼汪精卫，只中副车，千古遗恨！"

特务们从凶手身上搜出一个记者证，知道凶手的名字叫孙凤鸣，是晨光通讯社的采访记者。于是军警赶往晨光通讯社搜查，发现通讯社的人已无影无踪，留下的只是几件破家具和一堆纸灰。追查晨光通讯社申请备案的担保人，是国民党政府实业部的两个职员，他们对晨光通讯社的背景情况毫无所知。虽然事发之后，中央党部内立即戒严，警察厅厅长陈焯和宪兵司令谷正伦亲临现场，逮捕了不少嫌疑犯，南京水陆空交通马上切断，乘客被扣了一大堆，晨光通讯社的人仍然一个也没找到。

蒋介石下令限期破案后，特务们四处奔忙。戴笠的特务处按下不说，徐恩曾急忙派手下顾建中再查孙凤鸣的尸体，从中寻找线索。顾建中胡诌什么孙凤鸣的衣着式样和质料，是广州、香港最流行的，这证明凶手是南方来的，凶手脚上有中过枪弹的痕迹，证明凶手是军人出身，至于从何下手破案，仍然茫无头绪。后来他们查出为孙凤鸣办记者证的是晨光社的采访主任贺坡光，贺曾在上海教育界工作过，便千方百计追查贺坡光的下落。因为事件万分火急，徐恩曾专门给顾建中安排一架飞机飞上海，并再三叮嘱顾建中，要不惜一切代价，采用一切手段，不可放走一个可疑人，还规定限3天破案。

与此同时，徐恩曾下令上海、南京、京沪沿线以及南京附近各县的特务走卒，实行全体总动员。还通过江苏省主席陈果夫，把他所属的地方保安团队、保甲组织和警察之类，也一齐动员起来，配合行动，顾建中在上海，把所有与贺坡光有过来往的人，包括一切亲戚朋友，不论远近亲疏，只要沾上边的，不分青红皂白，一律列入嫌疑之列，予以逮捕，严刑审讯，吊打、坐老虎凳、火烧脊背等等，无所不用其极。因体力不支而晕倒的、致死的、致残的，因受刑不过而胡乱供认的，什么都有，但问题不得落实，两百多人就一个不放，继续刑讯。后来从一个线索中得知，贺坡光是江苏丹阳人，那里有他一个寡嫂。徐恩曾便从南京另派一批特务赶去追查，得知贺坡光确曾来过他寡嫂家，已于前一天离开。在特务们继续跟踪之下，贺坡光终于被抓到。经过多方调查，反复审问，徐恩曾、顾建中拿出的审查结论是：主谋为陈铭枢，是陈铭枢指使贺坡光，通过收买要钱不要命的亡命之徒孙凤鸣，执行了对汪精卫的谋杀。

即使当时，人们对这个结论也有很多怀疑，比如，孙凤鸣命都不要，要钱做什么？贺坡光和陈铭枢是什么关系，是怎样发生的联系？……徐恩曾的结论回答不出来。孙凤鸣等为什么要杀蒋介石、汪精卫？仇恨从何而来？他们则根本不敢接触。尽管如此，由于找到主谋，也就稀里糊涂地说"案情大白了"，特别是给蒋介石解了围，使陈璧君等不能说是蒋介石加害于汪精卫了，使蒋介石转怒为喜，蒋介石对徐恩曾也就更加宠信了。于是，在蒋介石安排下，徐恩曾在国民党的一个会议上登台讲话，做所谓"破案经过"的报告。徐恩曾便绘声绘色地大吹大擂了一阵，博得了国民党中央执行委员们一阵又一阵的喝彩。此后，在国民党第五次代表大会上，由于蒋介石的"钦定"，徐恩曾以很高的票数当选了国民党的中央执行委员。

而刺汪的领导人华克之成为被通缉追捕的"在逃匪徒"，悬赏金额高达 5 万至 10 万，过着到处隐姓埋名、昼伏夜行的流浪生活。1937 年春，华克之到达延安。

刺汪案告破后，虽说蒋介石脱了干系，但陈璧君感到蒋介石其人心狠手毒，大权独揽，国难又如此严重，所以劝汪精卫趁机辞掉一切职务，到国外去，以免寄人篱下，让老蒋一个人来收拾这个烂摊子，汪精卫欣然同意。12 月 1 日，汪精卫分别致电国民党五届一中全会、国民政府主席林森及行政院各部、会长，请辞行政院长兼外交部长职。此举正中蒋介石的下怀，遂了他集党政军大权于一身的夙愿。汪重伤住院期间，蒋介石召开了国民党第五次全国代表大会和五届一中全会。1935 年 12 月 2 日至 7 日，国民党五届一中全会召开，中央常务委员会主席为胡汉民，蒋介石为副主席。最高决策机关的中央政治会议主席则为汪精卫，蒋介石亦为副主席。各部部长也都代以蒋介石的亲信，汪派的上层分子被一脚踢出了行政院。蒋、汪合作至此塌台。

1936 年 2 月 19 日，被迫下野的汪精卫偕曾仲鸣、汤良礼、诺尔医生等人悄悄乘德国"格兰新年"轮赴欧养病。船过香港时，胡汉民派其女胡木兰到船上见汪精卫问候，汪精卫对胡木兰说：当初在九一八以前，你父亲一定要帮蒋介石独裁。到了国难严重后，他又反蒋了，我去帮蒋。我帮蒋的结果如何呢？请你转告令尊，不要忘记我身中两枪。汪精卫怀着苦大仇深，漫游西欧，吟诗作赋，装出一副超脱闲逸的样子。但实际上，他在窥测时机，以图东山再起。陈璧君因病未来送行，留在国内充当汪精卫的耳目和谋士。陈璧君召集汪的亲信王懋功、谷正纲、沈次高等人积极策划，暗中监视蒋介石的活动，并及时向汪精卫报告。

1939 年 1 月 1 日，在国民党政府遥拜孙中山先生的陵墓之后，大家团拜。冯玉祥对蒋介石说："在 1935 年 11 月 1 日，一个青年孙凤鸣用手枪打了汪精卫三枪，可见那青年有先见之明，我们把人家弄死的弄死，下监的下监，我们又把汪精卫弄成国民党的副总裁，到今天汪精卫逃跑了，要到南京去组织汉奸政府，这样看来姓孙的青年真可佩服，我们应当为姓孙的铸一铜像，来纪念他。"

三、西安事变，进退失据

1936 年春，西南的陈济棠、李宗仁等人秘密策划反蒋，并有联汪反蒋的意向。陈璧君吸取了 1932 年以前几次联合反蒋失败的教训，不愿公开与之联合，而取暗中支持的态度，希望两家斗起来，两败俱伤，以坐收渔人之利。她将此消息及所取之态度电告正在柏林养伤的汪精卫。汪于6月14日回电称："电悉。妹见甚是。（一）对蒋保持向来之关系。（二）对西南只取感情联络，不作政治关系。（三）西南如有人来，至多不即不离。若联西南以倒蒋，是尽毁数年来立场，我决不为。（四）同志此时最宜冷静，否则为人轻蔑。"

西安事变给了汪精卫再一次浮上水面的机会，正当他来到法国南部城市——戛纳时，西安事变发生了。1936年12月12日，蒋介石在西安被捉，生死不明，国内政局动荡，南京国民党群龙无首，一片混乱。这对汪派来说，是个好兆头。陈璧君闻讯，欣喜若狂，认为这是天赐良机，即使张学良、共产党不杀蒋介石，何应钦兴师讨伐，轰炸西安，蒋介石也难以生还。当夜9时，陈璧君密电在巴黎养病的汪精卫，报告西安事变消息。次日凌晨4时半，致电汪精卫，要他"为朋友、党国均应立即归，唯莫因急而致病，反不能治事，'共匪'奸人窥伺甚急"。汪精卫闻讯后，12月14日，自科隆致电陈璧君，表示决心回国。电文称："（一）不问中央有电否，我必归。（二）请转孟余、公博，如行得开，望到新加坡。（三）妹行得开否？盼酌。（四）如多数人想起此数年困守空城，安定时局不是容易，则我归后或可做事，否则只有见危投命，但此不宜由同志说出。"汪精卫再次致电陈璧君，并请转交致中央执行委员会电："文（12）电敬悉。事变突起，至为痛心，遵即力疾起程。谦复。汪兆铭。"汪还致电蒋介石夫人宋美龄，表示慰问，说："西安事变，闻之忧愤，天相吉人，介兄定少出险，敬祈珍摄。"

汪精卫打电话告诉驻德大使程天放，嘱预定北德船公司22日由意大利热那亚开行的波茨坦号轮船票。12月22日，汪精卫在热那亚发表书面谈话，并以英、法、德文同时在伦敦、巴黎、柏林发表。称：

数年以来，中国在内忧外患重重压迫之中，艰难扛柱，谋以一致之团结，备最后之牺牲，日积月累，始获得几微之进步。最近绥远之守土御寇，即为进步之一征。正当勠力同心，以谋贯彻，乃西安事变突然而起，堕国家之纲纪，紊军队之纪律。此逐渐获得之进步，将益陷于纷纭，此而言御侮，真所谓南辕而北辙者。中央对于此次事变一切决议，已显示吾人以努力之目标。中国之奋斗有赖于蒋介石先生之领导，吾人当力谋其安全与自由之恢复。余因伤病，数月以来在欧疗治。本已决最近期内回国，自闻西安事变，尤切痛心，中央复有电催，故即日首途回国。以后当与诸同志一致努力，以期挽回此危局也。

汪精卫曾问驻法大使顾维钧："蒋先生有没有出来的可能？"顾回答说："有此可能。"汪精卫感到惊讶，因为他认为蒋介石已没有出来的可能，即使出来，也威信扫地不足以号令天下了。那时中国之天下，舍我其谁？所以，他在归国之前，曾在德国专程拜会了希特勒，并与中国驻德大使程天放讨论了组阁名单，准备回国后由他组阁。真可谓春风得意，踌躇满志。

但事态的发展出乎汪精卫、陈璧君之意料，由于共产党人的努力，西安事变和平解决了，蒋介石重返南京。12月29日，汪精卫在"波茨坦"号邮轮上接到褚民谊自南京来电，转告蒋介石切望早日到南京，及国民党中央关于处置张学良办法。12月30日，他又接褚民谊自南京来电，告见蒋介石情形。称："今晨访蒋于军校，见彼卧长椅，精神尚佳。见弟即问，已代电兄姊否？答已照电。问兄何日可抵达上海？答以文（13）抵香港，寒（14）抵上海；问弟愿赴香港迎季兄否？答留上海待之。弟问报载先生派罗卓英赴港迎季兄有否？曰有之。中央亦将派人前往。末嘱电兄姊，告

汪精卫与陈璧君游南岳

以今晨弟之见彼。"这一消息对汪精卫夫妇来说是当头一棒，到达新加坡迎候汪精卫的陈璧君像泄了气的皮球，汪精卫在船上则进退失据。1月11日，汪精卫途经马尼拉。赴总统府应菲律宾总统奎松宴，宴毕对记者谈话称：余不致被选为新宪法所规定之总统，中国较余有能力之领袖正多矣。关于西安事变，表示乐观，似不难解决也。又称中国现诚心与日本合作。但仅候日方表示同样态度。关于中日合作依何种基础始可成功，谓：（一）采用寻常途径，而废弃军人干涉，借以恢复中日之外交关系；（二）必须尊重中国之主权；（三）以满洲交还中国。

1937年1月12日，汪精卫抵达香港，并由陈公博陪同返回上海，同船的还有国民党中央所派的迎汪代表周佛海、邵力子等。船行途中，汪精卫在闲谈中说："蒋先生这次吃了这个大亏，以后大概要改变些罢？"陈公博则认为："我敢担保他不会改变。因为蒋先生平日的举动，不是他的政策，而是他的脾气。政策是由理智发生的，碰了壁当然要改。但脾气是先天带来的，俗语说得好，江山易改，品性难移，你想蒋先生已是过了50岁的人，他能改变他的脾气么？"1月14日，汪精卫偕陈璧君回到上海，受到叶楚伧、李石曾、孔祥熙、张群、陈绍宽等的欢迎。汪精卫当即致电在宁波的蒋介石，告已抵沪，稍缓数日再往奉化会晤。同时发表书面谈话，称："当危难之时，无内无外，自中央及地方以至各界，皆有一致之认识及一定之主张，则全党同志，全国同胞之中有何隔阂不可消融，有何猜疑不可冰释。中国今日当务之急唯在救亡，而救亡则有赖于民力之增进，培养之法，固在精神淬历，而物质之供给亦同等重要。"

此时，"西安事变"已和平解决，国内和平已初步实现，蒋介石将改变"攘外必先安内"政策，使汪精卫大为失望，他表示了坚决反对的态度。1月18日，汪精卫返回南京，在国民党中央党部纪念周上发表讲话，重弹反共老调，说什么："现在有人提议要和共产党合作，我听到这个消息，感到无比愤怒！比上次在大门口打我三枪时，还要刺激得多。不反共是违反已定国策的，不反共是违反世界潮流的。"2月15日至22日，国民党五届三中全会在南京举行。汪精卫致开幕词，称："当此国难时期，国民党及全国所必须解决之根本问题，就是要收回已失的领土及保卫未失去的领土，同时安内问题亦非次要，须于最短期内完成'剿共'。"并主张以"尽量忍耐"外侮，按部就班、缓而不急来积累各方实力为"民族生存之长期纲领"。

此后，寄人篱下的汪精卫忙碌于事务性工作中。3月22日，汪精卫出席中央党部纪念周，报告赴绥远印象，并就国共合作问题说明共产党必须诚意接受三中全会决定。5月3日，汪精卫出席中央党部纪念周，报告对日态度。称：对日态度，简括一句话，是"抗日"不是"排日"。我们本无害人之意，而人既加害于我们，我们不能不予以抵抗。我们今日一切工作都有一个中心，这中心便是加强国家的抵抗力。24日，汪精卫主持中央党部纪念周，报告关于召开国民大会的问题。6月5日汪精卫偕陈璧君、褚民谊、彭学沛等飞往杭州，向浙江省学生集中训练队训话，7日飞返南京。

7月2日，汪精卫同陈璧君、曾仲鸣、褚民谊等乘建国轮离南京往九江，3日下午5时抵九江，随即前往庐山。7月7日，汪精卫同褚民谊在庐山同蒋介石商讨国内政情。

　　7月7日，日本帝国主义发动了全面的侵华战争，中华民族到了生死攸关的严重时刻。中国共产党立即发表通电，号召全国军民团结起来一致抗日。蒋介石迫于形势，接受了联共抗日的主张。7月17日，蒋介石在庐山发表了著名的"最后关头"演说："我们既是一个弱国，如果临到最后关头，便只有拼全民族的生命，以求国家生存，那时节再不允许我们中途妥协，须知中途妥协的条件，便是整个投降，整个灭亡的条件。如果战端一开，只有牺牲到底。那就地无分南北，人无分老幼，无论何人皆有守土抗战之责任，皆应抱定牺牲一切之决心。"该演说由程沧波代为起草，经陈布雷、周佛海修改，中间又经汪精卫、张群、熊式辉等人参与意见，最后经陈布雷定稿的。汪精卫感到抗战是大势所趋，民心所向，也高喊几句抗战口号。7月29日晚，汪精卫在南京发表题为《最后关头》的广播讲话，称："九一八事变以来政府对日本的一忍再忍，一让再让，都是为了使日本进得慢些，中国退得慢些，趁着这慢些赶快做种种准备工作。目前时局已临最后关头，因此，我们要有绝大的决心与勇气来牺牲。我们要使每一个人，每一块地，都成为灰烬，不使敌人有一些得到手里。我们如不牺牲，那只有做傀儡了。"但他的头脑中充满悲观失望的观点，8月3日，他在南京发表题为《大家要说老实话大家要负责任》的广播讲话，称："和呢，是会吃亏的，就老实地承认吃亏，并且求于吃亏之后，有所以抵偿。战呢，是会打败仗的，就老实地承认打败仗，败了再打，打了再败，败个不已，打个不已，终于打出一个由亡而存的局面来。"他认为"战必大败"，主张对日讲和，最终走上了通敌之路。

8 月 7 日，国民政府国防最高会议成立，汪精卫任副主席。当晚举行第一次会议，铁道部长张嘉璈在日记中记下汪精卫的发言：先述九一八后日日所希望之全国一致之会议，今始得实现，亦可稍慰。敌人虽无止境，仍视我之抵抗力为转移，准备虽为敌人所不许，然战争仍可进行准备，且更加强。会议决定：（一）在未正式宣战以前，与彼交涉，仍不轻弃和平；（二）今后军事外交上各方之态，均听从中央之指挥与处置。当时，朝野上下，惴惴不安，特别是在上层人物中，充满了悲观气氛。

一次，汪精卫宴请国民政府要员，大家忧心忡忡地谈论着局势，在座的国民党元老吴稚晖，突然跪在汪精卫的面前，无限悲戚，无比激动地对汪精卫说：救救中国吧！你怎样去结束这不利的战事，你有你对党的责任，不要为了只求自全自保之私心，再这样袖手旁观下去！汪精卫不知所措，只好相对而跪，感叹一番。汪精卫私下说：别看现在全国一致高喊"彻底抗战，牺牲到底"的口号，实际上真的准备为国家牺牲的人能有百分之几？大部分人嘴上高喊牺牲，但他们内心里牺牲的概念是让别人去牺牲，而并不是自己牺牲。为什么大部分人不肯讲出不愿牺牲的老实话？是因为他们害怕卖国的罪名，害怕承担亡国的责任。

四、应对侵略，"低调俱乐部"

日本进攻上海后，汪精卫即开始与周佛海、陶希圣等人经常在一起秘密策划如何收拾残局，与日本媾和。为了制造和谈的舆论，他利用胡适、陶希圣、高宗武、梅思平等人在南京西流湾八号周佛海家地下室防空袭的机会聚会，议论"和"与"战"的问题。周佛海、陶希圣、高宗武等人，大肆散布"战必失败，和未必大乱"等失败主义论调。据周佛海说，他们当时发表的论点，主要包括三点：第一，他们认为中国的问题必须是"攘外先安内"，假使不把内部问题搞好，和日本人打，是打不过的，不仅如此，还会给共产党以可乘之机，共产党可借抗战以扩大自己的势力，到头来倒霉的还是国民党；第二，国民党现在还没有力量，首先必须充实自己，然后才可以向日本人办交涉，以至于打仗，他认为日本人对中国是有侵略野心的，但是不能用简单的方法来解决。第三，他认为中国问题的解决，是和整个世界问题的解决联系在一起的，当时国际上的形势不一定对中国的抗战有利。因此，还是看一看比较好。胡适把他们的聚会取名为"低调俱乐部"。

蒋介石也认为中国独自不可能打败日本，必须借助第三国的军事力量对抗日本。但英、美、法等国对中日战争的反应意外地冷淡，英、法忙于对付欧洲的希特勒，已无暇顾及远东事务，而美国的民众正处于严重的孤立主义中，不愿卷入外国的纷争。如果没有外援的话中国将必败无疑，在中国军队从上海败退后，蒋介石也开始考虑在德国的调停下和日本进行停战谈判。德国大使陶德曼担任了调停的主角，陶德曼说："中国到目前为止的抗战已经向全世界充分展示了中国人的勇敢精神，现在应该到结束战争的时候了。第一次世界大战时，德国有好几次讲和的机会，但我们却过分自信自己的国力，没有走上讲和的轨道，后来德国无条件投降时，不得不悲惨地接受战胜国的所有条件。"陶德曼希望中国人吸取前车之鉴，不要像德国那样搞到无条件投降的地步。

1937 年 11 月 5 日，陶德曼向中国方面透露了日本讲和的条件：（一）内蒙成立自治政府；（二）华北非武装区域扩大，主权归南京政府，治安由中国警察维持；（三）上海非武装区域扩大，治安由国际警察管理；（四）中国停止反日排日政策；（五）共同反共；（六）减低日货关税；（七）尊重外国人在华的权利。12 月 2 日，蒋介石与顾祝同、白崇禧、唐生智等国民党高级将领开会，征求大家对陶德曼转达的日方和谈条件的意见。与会者均认为日本没要求成立华北自治政权，没要求承认伪满洲国，也不要求赔款，条件不算苛刻，白崇禧甚至说："如果条件只是这些，那为什么还非要打仗不可呢？"12月2日下午，蒋介石会见陶德曼，表示中国愿意接受德国的调停，可以以日本提出的条件作为和平谈判的基础，但华北的主权和完整不得侵犯，和谈始终由德国担任中介人。国民党一批要员也极力主和。据《翁文灏日记》记载：当天，在孔祥熙家的晚餐谈话中，多数主张速和，孔祥熙和陈立夫主张尤力。

12月6日，汪精卫在汉口主持召开了国防最高会议常委会，讨论陶德曼大使转达的日方停战条件。与会者也基本同意接受日方条件，在郑州的蒋介石打来电话：表示和谈可依照国防最高常务委员会议的决定，通过外交途径进行。这暗示蒋介石不准备直接主持和谈，要把卖国的帽子扔给汪精卫。汪精卫倒是不怕，他说：现在是抗战时期，所以"和"字，是一般人所不愿意听的，因为讲和的结果自然没有胜利的结果来得畅快。如今大家因为痛恨日本的侵略，恨不得把日本整个灭亡，然后痛快，听见讲和自然满肚子的不舒服。一般民众如此是不足为怪的，但政府却不可为一般民众所转移。对于民众同仇敌忾之心，政府固然要加以鼓励，才不致一鼓作气，再而三，三而竭。然而政府更应注意虚骄之足以误事。民众尽管可以唱高调，而政府则必须把握现实，不得不战则战，可以议和则和，时时刻刻小心在意，为国家找出一条生路，才是合理的办法。12月13日，南京沦陷后，国民党高层一时悲观情绪弥漫，议和之声再起，蒋介石感到压力很大。12月22日，日军又增加了三项苛刻的和谈条件：（一）在华北、内蒙、华中的非武装地带设立特殊机构（亲日政权）；（二）承认"满洲国"；（三）中国向日本赔偿战费。日方请陶德曼将新增三项条件转达中国，并把谈判期限规定为1938年1月15日。陶德曼看后摇头道：这样的条件中国是不会接受的。中国政府没有按期答复日方的条件。于是日本政府决定向中国施加高压，1938年1月16日，日本首相近卫文麿发表了《不以国民政府为对手的声明》。1月18日，国民政府发表声明，表明了中国的强硬态度："全力维持主权与行政之完整，任何恢复和平方法，如不以此原则为基础，绝非中国所能忍受。"

战争的屡屡失败，中国在国际上的孤立，英、美的不干涉，使一些国民党官员对战争的前景失去了信心。周佛海在汉口时，曾伙同陶希圣等人组织了一个所谓"艺文研究会"。这个组织虽然明为"艺文研究会"，实则是个鼓吹反共降日卖国的宣传机构，是汪精卫集团的大本营。周佛海负责主持一切，而汪精卫则是幕后的支持者，"艺文研究会"在香港设立了一个分支机构，即"国际编译社"，公开的名称，则是"蔚蓝书店"。

日本宣布"不以国民政府为对手"，汪精卫一伙加快了求和步伐。汪精卫召集周佛海、陈璧君、梅思平等人商量对策时，陈璧君便越俎代庖，替汪精卫作了决定。她说：只要日本在御前会议上承认汪先生出来领导"和平运动"，汪先生是愿意出来的。

对于与日本人合作搞和平运动，汪精卫开始也有些犹豫，正如梅思平所说：这件事也实在犯难，搞好了呢，当然对国家有益；搞不好呢，汪先生三十多年来的光荣历史只怕让人一笔勾销。在经过痛苦的思考之后，汪精卫感到不离开重庆无其他出路，决心"跳火坑"。

第八章

叛国投敌

日本诱降，重光堂密约

"和平运动"鼻祖，重庆出逃

风声鹤唳，河内遇刺

一、日本诱降，重光堂密约

1937 年 7 月 31 日，汪精卫就曾约外交部亚洲司司长高宗武就中日关系问题进行长时间谈话，8 月 30 日，周佛海、陶希圣面见汪精卫，力陈战事须适可而止，目前须从外交开始，并谈了步骤及人选。12 月 6 日，汪精卫主持国防最高会议常务委员会第 34 次会议。徐谟报告了陶德曼调停中日战争及偕其赴南京会见蒋介石经过。最后决定，在德国调停尚无成功希望时不宜有所宣传，外交部、宣传部应深切注意。12 月 28 日，汪精卫应蒋介石之邀，与蒋介石、孔祥熙、张群等举行会议，决定对于日本所提条件一概不予理会。

国民政府外交部亚洲司日本科科长董道宁，通过私人关系与在上海的日本南满铁路驻京办事处主任西义显、同盟通讯社上海支局长松木重治等人进行接触，寻找与日本和谈的可能性。在松木的安排下，董道宁于 1938 年 2 月到日本与陆军参谋本部中国课课长影佐祯昭大佐进行了会谈。董道宁请影佐给蒋介石写封信，影佐认为他以一个课长的身份给蒋介石写信不太合适，于是他给在陆军士官学校的老同学何应钦和张群分别写了信，影佐在信中说："不以国民政府为对手的声明是一桩不幸的事件，董道宁此番来日本表示了中国的诚意，日本深为感谢。"董道宁回国后将影佐的信交给上司高宗武（外交部亚洲司司长），高宗武又将信转交给蒋介石的宣传部长周佛海，周佛海再将信转交给汪精卫和蒋介石。不久高宗武向西义显转达了蒋介石向影佐祯昭的好意表示的谢意。周佛海又向蒋介石进言派亚洲司司长高宗武到上海"收集情报"，蒋介石同意高宗武到上海进行秘密外交，并从军委会秘密经费中每月支 6000 元作为高宗武的活动经费。

在此时，汪精卫对与日和谈还是犹豫的，因此，他还是坚持对日所提条件一概不予理会。1938 年 3 月 12 日，汪精卫出席中央党部及国民政府举行的孙中山逝世纪念会，发表演说。说明抗战途中对日屈服即是灭亡，一心一德在蒋先生领导下，必能争回民族生存与自由。6 月某日，意大利驻汉口参事官来见汪精卫，他奉意大利大使柯莱之命，转告日本大使谷正之提出的关于日中直接谈判的办法。6 月 16 日，汪精卫派交通部次长彭学沛往见意大利驻汉口参事官，答复谷正之之提议：（一）在目前形势下，汪精卫不可能代替蒋介石掌握政权；（二）目前蒋介石不可能下野；（三）蒋介石将来的政策是稳健的，这一点可以保证；（四）汉口如果沦陷，中国恐怕会陷入混乱，日本如此使中国混乱，不如使中国统一。

　　周佛海不久又背着蒋介石，密派高宗武直接到日本会谈，高宗武有些担心："我去日本蒋先生知道吗？"周佛海说："你就放心去吧，一切责任由我承担。"1938 年 6 月，高宗武到达日本，他首先表示他并不是蒋介石派来的使者，而是中国主和派的代表。他说："我首先想说明我的立场，为了实现和平，我准备不惜做出任何牺牲。为了中国，我最为重视的不是对日作战，而是对共产党的斗争。关于这一点，蒋委员长周围的一部分军人，主张即使把对共产党的斗争置之以后，也要把抗日看成国家的当务之急，我对此是反对的。但汉奸我可不当，我所奋力争取的仅仅是实现和平，这条界限是明确的。如果是不当汉奸的和平工作，那么有什么困难我都忍耐，但倘若这样做会成为汉奸，那么我马上就此作罢，即使说我中途脱逃也好，或说我是叛徒也罢，我都要退出。"高宗武还说："关于中日和谈的大义，如果从我的信念上来说，我不得不以汪先生为同伙。随着战祸的扩大，国民是不能忍受的。蒋先生冷酷，而汪先生温暖。"高宗武努力推荐汪精卫，他对影佐祯昭说："为了造成中日之间的和平，也许必须找蒋先生以外的人。除了汪先生之外，就不容易找到别人。汪先生早已痛感有迅速解决日中问题的必要，而国民政府内部终究不能容纳他的主张。为此，不如从政府外部掀起国民运动，开展和平运动，由此造成蒋先生听从和平论的时机，这样较为适当。"1938年7月，高宗武与日本陆军大臣板垣征四郎进行了会谈，高宗武提出由汪精卫出马，从政府外部掀起和平运动的计划，希望日本方面为汪精卫出马提供有利条件。日方同意以"不要领土，不要赔款"的优惠条件，支持汪精卫出马进行"和平运动"。7月21日，高宗武返回中国。

高宗武因未经蒋介石允许擅自赴日，所以不敢回武汉，只向周佛海报告了日本之行的情况，并付一封致蒋介石的信："委员长钧鉴：职于6月23日由香港秘密东渡，刻已平安返港。兹谨将职东渡日记及在东京会谈记录与职个人观感三项，分别呈阅。"周佛海先把高宗武的报告送给汪精卫，因高在报告中写有"日本希望汪先生出马"字句，周佛海征求汪精卫的意见："在呈送蒋先生以前要不要把这段删去？"汪精卫则说："没有关系，他不是那种斤斤计较的人。"蒋介石看完高宗武的报告后，于7月25日同行政院副院长兼国防最高委员会秘书长张群、汪精卫讨论了高宗武的报告。周佛海又派军委会政治部秘书主任梅思平与日进行秘密谈判。

1938年8月底至9月初，梅思平与近卫首相的私人代表松本重治在香港进行了5次谈判，初步确定了日本政府以"不要领土，不要赔款，两年内撤军"为条件，支持汪精卫搞"和平运动"。10月11日，汪精卫对德国海通社记者发表谈话称：中国在抵抗侵略之际，同时并未关闭第三国调停之门，不过此次调停之能否成功，须视日本和平提议之内容为断耳。如条件不妨碍中国之生存与独立，则或可为讨论之基础，否则绝无谈判之余地。21日，汪精卫接见英国路透社记者，再次表示愿与日本谈判实现和平，称：如日本提出议和条件，不妨害中国国家之生存，吾人可接受之，为讨论之基础，否则无调停之余地。一切视日方所提出之条件而定。梅思平把重光堂密约抄在丝绸上，缝在西装马甲里，于10月22日带到重庆，向汪精卫、周佛海汇报与高宗武赴沪接洽经过，并携来双方签字条件及近卫宣言草案。但汪精卫比较动摇，决定了又推翻，推翻了又决定。26日，汪精卫主持国民参政会谈话会，当晚召集周佛海、梅思平、陶希圣、陈璧君来寓晚餐，并举行秘密会议，讨论与日本"实现和平"的条件与办法。27日，汪精卫召见周佛海，有所指示。

　　29日上午，汪精卫召陈公博自成都抵重庆，汪精卫随即约周佛海、梅思平、陈公博等会谈，再将各项文件研究后，决定同意上海协议，下午，继续商讨行动计划。当时他们计划的"和平运动"分5个阶段：一、汪精卫离开重庆，在外地宣布下野，脱离国民政府。然后日本政府立即发表声明，提出不要领土，不要赔款，两年内撤军的条件，倡议与中国进行和谈；二、汪精卫以个人身份发出响应日本政府的"和平倡议"，建议国民政府接受日本的条件和平停战；三、云南等地的地方实力者通电响应汪精卫的"和平号召"，在云南等日军未占领地区建立新的独立政府；四、日本承认新政府并与新政府进行"和平谈判"，日军撤退回长城以北，将日军占领区转交新政府；五、新政府统一全国，实现中日两国间的真正"和平"。10月30日，汪精卫召集周佛海、陈公博、梅思平、陶希圣等继续密商，决定派梅思平、高宗武往上海，与日本方面谈判并签订关于实现和平条件及另组政府的协议。梅思平临行，汪精卫在家设宴为之饯行，饭后送梅思平至客厅门口时，陈璧君从旁激励汪精卫说："梅先生明天就要走了，这次你要打定主意，不可反悔！"汪精卫频频点头说："决定了，决定了！"

　　10月7日，梅思平抵香港见到高宗武，为确保秘密，两人又分别乘船去上海和日本谈判。11月初，汪精卫与日本军部的"和平"秘密交涉进入缔约谈判的前夕，他召陈公博去重庆，告诉他"对日和平已有端绪"，待时机成熟还要离开重庆，直接与日本人"议和"，这使陈公博大吃一惊。陈公博立即向汪精卫表明了他反对汪精卫单独对日言和，更反对汪精卫离开重庆的态度。陈公博所担心的是签署《塘沽协定》时的历史重现，汪精卫最终落得身败名裂的下场。两人的争论从上午持续至中午，饭后陈公博再见汪精卫，继续"力陈不能和、不能走的理由"，陈公博的规劝并未改变汪精卫的主张。汪精卫最后表示："此事虽有头绪，尚无结果，等到将来发展再谈罢。"

这时，日本控制的上海虹口区东体育馆路7号，在一幢西式的建筑内，有人在忙碌着。这所建筑在"八一三抗战"的巷战中被打得弹痕累累，一直无人居住。11月初，旁边的居民惊奇地发现，有人对此楼进行修缮，而且很匆忙，修完又从附近的饭店里租来了足够七八个人用的家具和摆设。11月12日布置完以后，一个身着便服的日本陆军军官准备在这里接待"客人"。他就是今井武夫，是"渡边工作"的负责人。这座建筑物原是日本人六三亭立的私人住宅，庭院广阔，战前被称为"六三花园"，中日战争爆发后，这所房子成了日本大特务头子土肥原贤二的私宅，名为"重光堂"。因而这次高宗武和梅思平、日方的今井武夫和伊藤芳男举行的预备会议，后来就称作"重光堂会谈"，达成的协议就是"重光堂密约"。

同高宗武相比，梅思平初次和日本人打交道，他不懂日语和日本习惯，正如犬养健在《长江仍在奔流》一文中写道：今井先生说："梅君到达的日子，是约定等他在六三花园会面的，梅先生提着皮包就照样穿着皮鞋从大门口一直踏进客厅草叠上走去，就在对面壁龛上一屁股坐了下来。他就是这样干的吗？我心中发慌，想来了个了不起的家伙哩。"梅思平、高宗武同今井武夫等进行了8天会谈，经过讨价还价，11月20日，达成如下协议：

第一，日华两国共同排斥共产主义，同时把东亚从各种侵略势力中解放出来。为实现建设东亚新秩序之共同理想，互相本着公正的立场，处理军事、政治、经济、文化、教育等各方面的关系，取得善邻友好、共同防共、经济提携的成果，并加强联合。为此，议定下列条件：

第一条：缔结日华防共协定。

其内容以日、德、意防共协定为基准，取得互相协助，并承认日本军防共驻兵，以内蒙为特殊防共地区。

第二条：中国承认"满洲国"。

第三条：在平等互惠的原则基础上，日华经济提携，承认日本的优先权，以达到密切的经济合作。特别是在开发和利用华北资源方面，日本提供特殊方便。

第五条：中国应补偿因事变而赞成日本侨民所受之损失，但日本不要求赔偿战费。

第二，当日本政府发表上述解决时局之条件后，汪精卫等中国方面同志应立即声明与蒋介石断绝关系；并为建设东亚新秩序，共同发表日华提携及反共政策的声明，同时俟机成立新政府。

11月26日，梅思平偕周佛海与汪精卫会谈。报告与高宗武赴沪接洽经过，并携来双方签字条件及近卫宣言草案。27日，汪精卫召集周佛海、陶希圣、陈璧君、曾仲鸣等共同商量上海协议，对脱离重庆另立政府，单方面与日本和谈问题前顾后盼，犹豫不决，对汪精卫是否出逃意见不一。陈璧君力排众议，竭力主张离开重庆。她说，不走，"难道当汉奸也坐第二把交椅吗？"汪精卫在陈璧君、周佛海等人劝说下，终于下决心选择"和平救国"的道路。29日上午，陈公博自成都抵重庆，汪精卫旋约周佛海、梅思平、陈公博等会谈，再将各项文件研究后，决定同意上海协议。

12月1日，梅思平飞返香港、上海，通知日本人说，汪精卫预定12月8日从重庆出发，于10日到达昆明，希望日本能在12日左右发表近卫声明。汪精卫、陈璧君同时制订了汪派要员分散出逃的计划：12月5日，周佛海以视察宣传为名先去昆明，陶希圣以讲学为名尾随而至。12月8日，汪精卫夫妇托词去昆明、成都演讲，离开重庆。汪精卫还和陈璧君、周佛海、陶希圣等人研究拟定了一个具体的计划。他们设想，在逃离重庆后，由日本首相近卫发表一个声明，然后汪精卫发表一个响应声明，宣布与蒋介石断绝关系；与日本相呼应后，最好云南军队首先响应汪精卫的声明，宣布反蒋独立，接着四川军队也起来响应，先在云南、四川两省建立独立政府，编成新军队，然后再请日本政府予以"协助"，撤退一部分军队，将广东、广西两省扩大为新政府的地盘，在西南边远省份开展"和平运动"。

为了弄清情况，汪精卫特派陈璧君偕其内侄陈春圃以"视察"为名，两次去广东与主持粤政的第四战区副司令长官余汉谋、广东省主席吴铁城会晤，对他们进行试探、拉拢。陈璧君还不辞辛苦，以演讲和视察锡矿为名，再次来到昆明，与龙云和卢汉进行多次秘密会谈，陈璧君大施离间、拉拢之术。龙云对蒋介石改编他的军队，调用云南的物质，削弱他的势力耿耿于怀。龙云对陈璧君说："汪先生是党国元老，在国内外声望极高，只要他登高一呼，应者必然云集于他的旗帜之下。蒋介石一贯阴险奸诈，排除异己，所以汪先生发动和平运动、另立新政府是天经地义之事。除了共产党和冯玉祥等少数人之外，都会拥护汪先生出来倡导和平事业，在国际上也会得到许多国家的支持。"

汪精卫随即再次将陈公博从成都召至重庆，对他说："中、日和平"，已经成熟，近卫已表示了几个原则：一、承认"满洲国"；二、内蒙共同"防共"；三、华北经济合作；四、取消租界和领事裁判权；五、互相不赔款。中国如答应，则日本于两年内撤兵。陈公博表示对于第一、二、三条都不能同意，汪精卫也不能离开重庆。他说："我的大原则是党不可分，国必统一。党的分裂痛苦，我已经受够了。我们要救国才组织党，今党不断分裂，救国更何从谈起？"汪精卫强调："中国的国力已不能再战了，非设法和平不可了。我在重庆主和，人家必误会，以为是政府的主张，这是于政府不利的。我若离开重庆，则是我个人的主张，如交涉有好的条件，然后政府才接受。而且，假使敌人再攻重庆，我们便要亡国，我们难道袖手以待亡国吗？现在我们已无路可退，再退只有退西北，我们结果必为共产党的俘虏。"从此，汪精卫在重庆心猿意马，度日如年，只等吉日良辰一到，就要"改嫁"了。重光堂密约藏在汪精卫认为最可靠的人陈璧君手里，陈璧君又怕事情败露，后来将密约烧掉。

二、"和平运动"鼻祖，重庆出逃

1938年12月18日上午10时，戒备森严的珊瑚坝机场，一辆吉普车风驰电掣般地驶来，车停后，三男一女先后下车，一个个东张西望，注视着各方面的动静。距离飞机起飞仅有5分钟，一辆黑色的小轿车又疾驶进机场。这一前一后两辆车带来的7个人是：汪精卫、陈璧君、曾仲鸣、何文杰、陈常焘、桂连轩、王庚余。这是他们秘密逃离重庆的最后一幕。汪等为什么要叛国投敌，这还要从头说起。

卢沟桥事变爆发后，汪精卫即对抗战抱有悲观情绪，他说："中国战下去，日本不免于伤，中国则只有死而已。"他表面高唱"人人抗战，处处抗战"的高调。但他的头脑里真正想的是："自从卢沟桥事变发生以后，我对于中日战事，固然无法阻止，然而没有一刻不想着转圜。"

1938年1月，日本政府声明"不以国民政府为对手"。7月，又声明将"起用中国第一流人物"。对于日本侵略者的垂青、诱降，汪精卫受宠若惊。在汪精卫周围的一伙国民党要员，周佛海、梅思平、高崇武、陈公博等组成"低调俱乐部"，对中国抗战悲观失望，成为汪精卫叛国的主要帮凶。

抗战中，国民党设立国防最高会议为全国最高决策机关，国防最高会议的《组织条例》规定：国防最高会议主席由军委会委员长担任，副主席由中政会主席担任，蒋介石是军委会委员长，汪精卫是中政会主席，所以蒋介石自然出任主席，汪精卫出任副主席。1938年3月召开的国民党临时全国代表大会上，又修改党章重新确立国民党的领导体制，规定国民党设总裁一人，副总裁一人，大会选举蒋介石为总裁，汪精卫为副总裁。

由于英、美、法隔岸观火，苏联也不肯出兵，中国的抗战似乎只剩下"焦土抗战"的道路。1938年6月，国民党军突然炸开黄河大堤，淹死十多万中国老百姓，上百万人成为无家可归的流民。不久，国民党军又在长沙误放大火，烧死平民数万。汪精卫越来越对这种建立在人民惨痛牺牲基础上的焦土抗战感到疑问，越来越觉得他的"和平救国"理念是正确的。长沙大火后，汪精卫批评蒋介石说："我们烧东西也许是怕自然物资变成'自然汉奸'被敌人利用，但如果没有人出来做汉奸的话，自然又怎么会变成汉奸呢？如果像长沙一样把每处每地都焦土化的话，我方抗战所需的物质又从何而来？如果把沦陷区内的物质全烧光，剩下的只有一大群无食无住的饥民，这些人怎么处理？带他们一起跑吧，他们又跑不动；将他们杀了吧，又于心不忍。如果把他们扔给敌人，他们必然要被敌人所用，必然要当汉奸。"

武汉、广州失陷后，汪精卫就所谓"和平救国"和蒋介石屡次发生争论，遭到蒋的驳斥。正如今井武夫所说："汪一面反对焦土作战和游击战，一面公然倡导'和平救国'而无所畏惧，不顾逼迫自身的危险，毅然咆哮不停。""如果国民政府抛弃以前的一贯政策，更换人事组织，取得新生的国家，参加新秩序的建设，我方并不予以拒绝。"

1938年11月3日，日本政府发表了近卫声明。对此，蒋介石于11月13日在重庆国民党纪念周集会上的演说做出了答复，表明了彻底抗战的决心："中国抗战的前途愈形光明。各战线的中国军队已退入山地，能够阻止日军的进攻，形势更于我方有利。""要之，抗战已使全国统一，国民团结，任何强敌均不足惧"。蒋介石的这一演说无疑是对近卫声明的答复，同时也是对汪精卫和平劝告的反驳。汪精卫听到后大为恼怒。

随着战局的发展，证明日本人的"速胜论"的预言是错误的，1938年年底以后，日本政府和军部的对华方针由"军事打击为主，和平谈判为辅"，改为"军事打击为辅，和平谈判为主"，由否认重庆国民政府改变为承认重庆国民政府。1938年11月以后，日本政府开始考虑做出一定让步的情况下，和中国政府谈判，结束战争。日本对华政策改变后，开始发出和谈的信号和放出和平的气球，这正好与汪精卫等人的"和平救国"论看法不谋而合。

11月16日，汪精卫和蒋介石两人吃饭时，汪精卫情绪激动，振振有词地责问蒋介石说："自从国父逝世十二余年，党国重任一直落在你我二人肩上。开始是由我主政，但我很惭愧，没有把党国治理好。后来由蒋先生主政，你同样没有把党国治理好。如今祖国半壁河山沦陷在日本人手里，千百万同胞惨死在日本的枪林弹雨之下，你我应该感到有愧祖宗，有愧同胞，有愧子孙！因此，我提议：我俩联袂辞职，以谢天下！"蒋介石气得直哆嗦，猛地摔下筷子，好一阵才说出话来："我们如果辞职，到底由谁负起政治的责任？"说着愤慨地站起身来，两手卡腰，对汪精卫说："逼我辞职，办不到！一万个办不到！"两人争论得满面通红，像要扭打起来的气势。停一会儿，蒋把汪弃置不顾，自己回到卧室里去了。

蒋、汪会餐大闹而散，汪精卫狼狈回到上清寺官邸，认为只有逃出重庆，在日寇的卵翼下，才有他的用武之地。和蒋介石在一起，无论台上台下，他都屈居下风，这口气是出不来的。于是，汪精卫加快了与日本人合作的步伐。11月23日，汪精卫发表《为什么误解焦土抗战？》一文。称：因为误解焦土抗战，而至于将长沙付之一炬，是极可痛心的事。

今日抗战，是存亡所关，不仅要有热烈的感情，并且要有冷静的理智，一切标语口号，都应该细析其内容，而确定其价值。指导是必要的，煽动是不必要的，不仅焦土抗战的口号为然。24日他发表演讲，题为《牺牲的代价》。谓：牺牲是必要的。但近年以来，有许多人横着一种谬见，以为流寇方法，可以对付侵略，这是滥用焦土政策之最大原因。历史上以流寇方法对付政府，不是政府将他赶尽杀绝，便是他将政府打倒。这种方法不能为对外战争之用。

12月1日，梅思平抵香港，携来答复函由高宗武送交日本方面。复函内容：（一）汪兆铭承认上海重光堂会谈的日本协议记录；（二）在近卫声明中，日本有必要明确表示，不进行经济垄断和干涉中国内政；（三）汪精卫预定于12月8日离开重庆，经过成都于12月10日到达昆明，这期间，因有严守秘密必要，中国方面希望在12月12日左右发表近卫声明；（四）汪要在昆明、河内或香港中之任何一地宣布"下野"。

按计划，周佛海12月5日先飞抵昆明，趁蒋介石远在广西之际，汪等8日逃离重庆。6日凌晨，整个重庆还沉浸在睡梦中，一辆轿车偷偷驶出上清寺官邸，将汪的儿子、女儿送到珊瑚坝机场，直飞香港。上午陈璧君将一包大洋交给她的侄子陈国琦，说："你把这60块大洋交给交通部长彭学沛先生，请他预购7张10日去昆明的飞机票，就说汪主席要带几个随员去云南视察。"正在这时，国民党中央政治会议副秘书长、汪精卫的高级秘书曾仲鸣匆匆赶来，对汪说：昨天晚上，从来不到我家来的戴笠突然带着两个随从拜访我来了，而且一坐3个多钟头，直到晚上10点才走。不知姓戴的葫芦里卖的什么药？汪精卫皱了下眉头，说："嗯！值得警惕。"陈璧君满腹忧虑地说："难道他发现了我们的秘密？"

"用不着大惊小怪。"汪精卫显得很镇静，"不过我们的一举一动要特别慎重。只要老蒋在8日上午以前不回重庆，姓戴的奈何不了我。"

"国民党领导的军统，监视起国民党的副总裁来了，你能容许？"陈璧君冲着汪精卫大发牢骚，"亏你这几天还是代理总裁！"

　　曾仲鸣也在一旁敲边鼓说："越怕这怕那，越引起人家怀疑。"

　　汪精卫经这一激，胸脯一挺说："仲鸣你去打电话，先通知戴笠汇报军统近来的活动。"

　　上午9时，戴笠乘一辆吉普车来到汪精卫官邸，被汪精卫骂得狗血喷头，戴笠毕恭毕敬地听着，嘴里连声说道："我对汪主席的教训甘领甘受！请您看我今后的行动。"

　　汪精卫的这一招倒真灵，等蒋介石第二天回到重庆时，第一件事就问戴笠对汪精卫的监视情况，戴就说他多方侦察，没有发现汪有任何可疑的地方。

　　戴笠走后十分钟，行政院长孔祥熙又奉命汇报前方战况来了。正谈着，有人轻轻敲门，国民党组织部长陈立夫夹着黑公文包走进来。汪精卫对这个CC头目的突然来访，满腹狐疑，强装笑脸说道："什么风把你吹来了？祖燕兄！"

　　"我是无事不登三宝殿。"陈立夫坐下说道："六天前，您和委座盼咐组织部草拟一个《中国国民党党员特许登记办法》，已经草拟好了，请汪主席审阅。"汪精卫草草看了一下，便指示："此件印发给中央各机关党组织、地方县以上、部队军以上单位。"

　　正当汪精卫计划出逃前，12月7日，蒋介石的幕僚长陈布雷突然从桂林飞回重庆，并夜访汪精卫，告知蒋介石将于8日回渝，这一下打乱了汪精卫、陈璧君一伙叛逃的时间表。原来，蒋介石接到孔祥熙的秘密报告，说汪精卫正与日本人勾搭，决定立即飞回重庆，并要陈布雷当晚去汪公馆摸清汪精卫与日本人勾搭到了什么地步。陈布雷深夜到来，使汪大吃一惊，当陈坐定之后，汪精卫很客气地说："布雷先生一路辛苦，风尘未洗，深夜驾临，有何指教？"陈说："汪先生，日军进逼，战局危艰。布雷请副总裁赐教。"汪精卫不明陈布雷的来意，模棱两可地说："这个战局，"他停了停，接着说："敌我两国可谓各有难处。"陈布雷接着问："日前，日本近卫首相发表一项声明，声称倘国民政府能转换政策，变更人事，参加建设新秩序，日本并不拒绝，未知副总裁对此作何评论？"老奸巨猾的汪精卫，哈哈一笑，以问代答，他说："兆铭正想请教委员长对此作何评论？布雷先生作为委员长的幕僚长，一定很了解委员长的胸中韬略吧？"陈见汪精卫不作正面回答，反而进行试探，字斟句酌地说："委员长的见解嘛，可谓一如既往。"

陈布雷走后，汪精卫立即与等在书房的陈璧君商量，怀疑他们的行动被蒋介石发觉了，决定留下来静观形势变化。7 日深夜，汪精卫密电在香港的高宗武，告知：因蒋介石突然来到此地，不得不将 8 日出发的预定加以变更，然而前途并不悲观……如蒋介石逗留时间较短，等他离开重庆后，从重庆出发，如时间较长，则借口尽快从重庆出发。8 日，汪精卫派陈春圃送幼子、幼女赴昆明转河内，陈则赴昆明，负责与龙云等联络。

蒋介石听了陈布雷夜探汪精卫的经过后，9 日，亲约汪精卫、孔祥熙等人往重庆黄山别墅山顶客厅开会。下午 2 时，曾家岩蒋介石官邸，汪精卫准时到达了，汪精卫、蒋介石互相审视着，都希望从对方的表情中找到可疑之处，当四只眼睛碰到一起时，两人同时显出做作的笑容，齐声互问："近来身体好吗？"一阵寒暄过后，会议开始了。首先，外交部长王惠宠汇报世界局势及日本对华方针。议题很快转到中日战争问题上，汪又打出和平停战的招牌，会上，汪精卫力陈现在中国之困难在如何支持战局，两者皆有困难，两者皆有自知之；故和平非无可望。外交方面，期待英、美、法之协助，之不反对，德、意之不作难，尤期待日本之觉悟。日本果能觉悟中国之不可屈服，东亚之不可独霸，则和平终当到来。并攻击蒋："一直优柔寡断，没有拿出和平诚意。既不愿意打，又不愿意和，既要当婊子，又要立牌坊，这可能吗？"蒋介石听后，强压着火说："既然是这样，那就定个日期，召开高级军事会议，仗还打不打，让大家讨论。"会议不欢而散。

汪精卫一到家，几位亲信不约而同地打听情况。汪精卫考虑一会儿说："明天不能走，等观察几天再说。"曾仲鸣却很焦急，认为不能按期出发，必须设法告诉日本政府，汪精卫摆出一副深谋远虑的样子说："我是有准备的，马上给周佛海拍电报。"电报内容是："兰姐因事不能如期来，秀妹出闺佳期必须等候。"这是事先规定的暗语。"兰姐"是指汪精卫，"秀妹"是指日本政府，"出闺佳期"是指日方发表声明的日期。

12月10日，汪精卫致电高宗武转告日本：（一）蒋介石来重庆，是由于其他公事，工作并未暴露；（二）余的处境与计划完全没有变化，希安心；（三）大约延期7天，预可以转入既定的行动。以后一连几天，风平浪静。汪精卫经观察和分析，自信蒋介石没有怀疑他会逃离重庆，紧张而忧虑的心情开始安定下来。

15日晚，周佛海的内弟杨惺华秘密从昆明潜入重庆，会见汪精卫。原来，周佛海是以视察宣传工作的名义到昆明的，9日，秘书长陈布雷打电话给他，要他立即返任。这是蒋介石的命令。

周佛海后来回忆说："事情是否已经暴露？万事休矣！惊骇之至。但要紧的是汪精卫未飞到昆明来。汪从重庆出奔的情况究竟怎么样？简直令人坐卧不安。焦急万分。""我如果返回重庆，那就不可能逃出来。虽然不回重庆是对的，但是我一个人到香港去又不顶用。更重要的是使汪先生的出奔越发困难了。""总之，我可以以视察宣传工作尚未结束为理由对付蒋介石，在那里等待几天，真处于进退维谷的窘境，不知如何是好，度过了异常痛苦的一个星期。"

由于汪精卫不能如期出逃，日本主子也搞得很被动。按计划，近卫11

日的广播演说，只好以患病为理由，推迟到 14 日。到了那一天，汪精卫还在重庆，近卫无奈取消这次预期的演说，从大阪溜回东京。日本方面甚至怀疑汪精卫是否有投降诚意。在昆明打前站的陈春圃也不得不取消定好的包厢。为了摸清情况，周佛海才派人回到重庆。汪精卫请杨惺华带信给周佛海，决定 18 日赴昆明，行前还有电报给他。

16 日，汪精卫前往蒋介石官邸访蒋，谈约 30 分钟。当天，陈布雷突然发病，终日卧床休息。晚 10 时左右，一辆客车装着汪精卫家的金银软细、日常生活用品、重要的书籍和公文，在陈国琦等护送下，离开重庆直奔昆明。

17 日上午，汪精卫分别给国民党中央和蒋介石写信，阐述他逃离重庆的理由。信封上写有"请陈布雷先生转交"等字样，放在卧室里的桌子上，等日后军统特务来索取。

汪精卫在重庆，像热锅上的蚂蚁，又焦急地熬过了一天，才找到脱逃的机会。18 日，预定蒋介石召集年轻的中央委员训话，汪精卫可以不出席，正好乘机出奔。

18 日凌晨 5 点多，汪精卫、陈璧君、曾仲鸣等七人挤在阴暗的地下室里，对将逃离重庆作最后一次研究。决定七个人分两批走，上午 10 时，汪精卫往见行政院长孔祥熙，告之前往成都讲演。随后，同陈璧君、曾仲鸣、汪文婴、汪文惺、何文杰等直奔机场。

机场上虽然军统特务密布，对乘客严格检查，但对国民党的副总裁汪精卫一行，几个特务面面相觑，只得让他登机。谁知登上飞机，汪还没坐稳，忽然发现国民党空军司令周至柔也在机上，汪精卫又是一惊，心想是不是老蒋派他来监视我们？周至柔见是汪精卫，赶紧起身谒见，陈璧君在一旁忙说："汪先生应云南龙主席的邀请，去昆明讲演。"曾仲鸣也对汪低声说了对周至柔的怀疑。

飞机航行约 15 分钟时，周至柔忽心血来潮，从座位上站起来说道："我向汪主席作汇报表演！"说罢，走进驾驶室，亲自驾驶飞机。

顿时，汪精卫一伙吓得心惊肉跳，他们担心周至柔把飞机开回重庆。曾仲鸣掏出笔记本，轻轻撕下一页，在上面写道："密切注视，如果转变航向，由连轩把周至柔击毙，由曾仲鸣对付周的卫士，文杰和常焘保卫汪主席夫妇。"纸条在同伙中秘密传阅。约又过了20分钟，陈璧君透过机窗往下一看，以为是嘉陵江与长江的汇合处，不由大惊道："周司令！你为什么把我们送到重庆？"曾仲鸣和桂连轩等四人的右手同时插入自己的口袋，紧紧握住手枪。这时，飞机驾驶员哈哈大笑，说："是沱江与长江的汇合处，是泸州，不是重庆。"汪精卫曾多次乘机来往于重庆与昆明，他往下仔细观察，说道："航向没有错，刚才经过的地方的确是泸州。"又是一场虚惊。

飞机抵达云南上空，周至柔才离开驾驶室，笑着对汪精卫说："报告汪主席！周至柔汇报表演完毕，您看我这个航空兵合格不合格？"周至柔的举动，把汪精卫吓得出了一身冷汗，心里很不痛快，强装笑脸说："合格，合格。"

飞机终于到达昆明上空，在机场上盘旋一周，开始下降。这时，汪精卫往下一看，又吓一大跳，只见机场上人山人海，彩旗飘扬，汪甚疑惑，龙云明知他是秘密出走的，为什么要兴师动众，搞欢迎？这龙云玩的是什么把戏？汪精卫一伙心慌意乱地走下了飞机舷梯。

原来，按汪精卫的计划，陈春圃曾通知龙云：汪精卫飞赴昆明时，为了"不引起日寇注意，避免敌机中途截击"，只请龙云一人去迎接，不要让其他人知道，龙云满口应允。在机场上，省府各厅、署、局长，都在列队迎候，满街挂了旗帜，军乐队也大吹大擂起来。"云南王"龙云身着上将军装，满面红光，恭候着汪精卫。龙云此举，本为讨汪精卫的欢心，但汪精卫做贼心虚，一见当时场面，大为不满，害怕阴谋暴露。

19日下午，汪精卫、陈璧君、周佛海等人，乘龙云为他们包租的一架欧亚航空公司的飞机，仓皇逃往河内。为制造假象，汪精卫在起飞前致电蒋介石，称飞机过高，身体不适，且脉搏时有间歇现象，决多留一日，再行返渝。下午 2 时 30 分，偕周佛海、陈璧君、曾仲鸣、陶希圣等十余人，赴飞机场。3 时 15 分，包租的专机起飞，5 时 30 分抵河内。从此，汪精卫集团便公开走上投敌卖国的罪恶道路。

三、风声鹤唳，河内遇刺

汪精卫一伙乘飞机仓皇出逃，由云南赴越南，抵达河内以后，12 月 20 日上午，汪精卫偕陈璧君、周佛海、陶希圣、汪文婴等乘汽车经海防赴距河内 100 公里之海滨。下午，返回河内。

1938 年 12 月 23 日，日本首相近卫迫不及待地按照"重光堂"密约，发表了第三次对华声明。当天，汪精卫一伙移居河内郊区避暑胜地三桃山，汪不慎将腿跌伤。12 月 25 日，周佛海、陶希圣、陈春圃赴港不成返河内，并偕陈公博来三桃山。汪精卫致电驻英大使郭泰祺，称："日方所提尚非亡国条件，应据以交涉，谋和平而杜共祸，拟向中央以去就力争，故暂离渝，并嘱转告。"26 日，蒋介石在纪念周会上讲话时，一方面对近卫声明表明态度，同时也否认汪精卫的行动与政府有关。他说：汪是"请假"去河内养病，即可返渝。汪此行"纯系个人行动，毫无政治意味"，"外间一切猜测与谣言，国人必不置信"。当天下午 4 时，汪精卫召集陈公博、周佛海、陶希圣等共同讨论，反复商量今后进行方针及步骤，但无具体决定。

1939 年 1 月 28 日，汪精卫以河内高朗街 27 号朱培德公馆作为寓所。这是一栋两层法式小花园洋房，时值严冬，但这里仍然云淡风轻，阳光明媚，景色如春，梧桐成荫。二楼朝南的大房间成了汪精卫夫妇的卧室。在这里，汪精卫没有特别的警戒，他做梦也没有想到会有人向他行刺。29 日，汪精卫致蒋介石和国民党中央执监委员的臭名昭著的《艳电》在香港公开发表。这是汪精卫集团公开卖国、投降日本侵略者的宣言。一个近卫声明，一个汪精卫《艳电》，主唱奴和，紧密配合，二"卫"双簧开演了，吹出了一串的"和平"肥皂泡。

在发表《艳电》的同时，12月30日，汪精卫通过在香港的高宗武向日本军方提出四点要求：一、日华在完成新东亚建设的基础以前，尽量避免与英美列强引起纷繁的事端；二、在军事发动以前的3至6个月期间，希望日方每月援助港币300万元，在对华文化事业费中支出；三、在北海、长沙、南昌、潼关等地日本军作战的行动，以获得政治效果为目标；四、彻底轰炸重庆等，要求日本发动军事行动来配合他的"和平"攻势。汪精卫的可耻行径，遭到全国人民的声讨。

1939年1月2日，中国共产党代表周恩来在重庆接见外国记者，发表了谈话，指出汪精卫的行动既不能破坏中国内部的团结，也不能损害中国抗战的力量。国民党内，以冯玉祥、何香凝等为代表，要求惩办汪精卫。蒋介石对汪精卫的投降，也相当恼火。蒋介石首先试图用软的一手，进行笼络，以弥补裂痕。蒋介石表面上宣布开除汪精卫的党籍，并撤销他的一切职务，但暗地里又派人去河内进行游说。

蒋介石先派正在河内洽办武器运输事务的外交部长王宠惠劝汪精卫回重庆，王宠惠说："委员长三番五次对人说，汪先生只是赴河内治病，现在回去，仍然名正言顺。"汪精卫回答说："谢谢重庆方面目前还给我留条退路。虽然这样，我还是不能回去，为什么呢？我这次离开重庆，只是对政局有不同意见，并不夹杂其他任何个人意气在内，这一点务请你们转告中央，请他们理解。在重庆，我要发表个人意见很不容易，我不离开重庆，这份'艳电'就不能发出，'和平工作'就难以开展。我的'和平主张'能否采纳，权操中央，我丝毫不勉强。如果政府出面主和，改变立场，我可以从旁做些协助工作，或者退隐山林不问国事都可以，但如果政府不转变立场，那我只能出面来谈和了。"

2月中旬，谷正鼎受命第一次赴河内，希望汪精卫打消原意，仍回重庆任职。汪精卫表示：对抗战政策既已与蒋介石发生了不相容的歧见，即不宜再厕身其间，徒然引起不必要的纠纷。他的离渝，只希望公开发表对于和平的主张，而能否采纳，则权操中央，他不愿意勉强中枢迁就他的意见，正如他希望中央不要勉强他今后的行止。汪精卫托谷正鼎转告蒋介石："我不离重庆，'艳电'不能发出……我之所以愿意离国，是表明主张如得蒙采纳，个人都不成问题。"汪精卫的以上自白，已表明他投敌卖国的决心。

一个月后，谷正鼎再次赴河内，携带了汪精卫、陈璧君和曾仲鸣等人的3张出国护照，谷正鼎转达蒋介石的意见说："汪先生如果要对国事发表主张，写写文章，发发电报，任何时候都很欢迎。如果有病需要赴法国等地疗养，可先送公费50万元，以后随时筹寄。但不要去上海、南京，不能另搞组织，免得被敌人所利用，造成严重后果。"

汪精卫一听，知道这是调虎离山之计。想起过去和蒋的矛盾，狠狠地说："以前我因蒋的凶残暴虐自私，我反对他。他用尽各种方式来危害我，枪伤我，下流到绑我及璧君的票，我被他苦迫出国。"又说："你去告诉蒋，他曾数次暗中迫害、追捕、驱逐我，我每次均可由所流亡之地及外国应时回来，去来何尝得过他的护照？"一席话，说得谷正鼎目瞪口呆，心知游说无望，便拿起护照告辞。汪精卫曾一度产生退出政坛隐居欧洲的设想，但这次和他以前8次光明正大地前往欧洲不同，将被人看作是国家的叛徒逃往欧洲，汪精卫对此计划也非常踌躇。

在谷正鼎游说失败的同时，国民党中央社社长萧同兹奉蒋介石之命去香港，带着陈布雷的信，劝周佛海脱离汪精卫，返回重庆，周佛海以安全无保障为借口，拒绝会面。也就是在此时，高宗武正在日本东京，代表汪精卫与日本首相平沼骐一郎及其他军政要人谈到成立以汪精卫为首的"新中央政府"的具体办法。

谷正鼎回重庆复命后，蒋介石知道已经笼络不住汪精卫了，于是决定来硬的一手，命令戴笠派军统特务去河内暗杀汪精卫。

1939 年 1 月，戴笠奉命飞抵香港，在香港铜锣湾晚景楼一号公寓内调兵遣将，派遣刚刚从天津调回重庆的原天津站站长陈恭澍和戴笠的随身警卫员王鲁翘，到香港办好出国手续去河内，以国民党政府驻河内总领事馆为刺杀汪精卫的行动指挥所。陈恭澍和王鲁翘一行来到河内总领事馆，和总领事许念曾共同密谋刺杀汪精卫的行动计划。

与此同时，戴笠又电令军统局本部续派行动员陈邦国等八人，以及擅长纵跳、拳术的武功教师唐英杰，从重庆到香港，办理好出国手续，分批前往河内。戴笠指定这次行动以陈恭澍任总指挥，许念曾负责情报，唐英杰为行动组长，王鲁翘认识汪精卫，负责指示目标。陈恭澍动身去河内的前夕，戴笠在铜锣湾公寓对他当面交代说，"这次制裁汪精卫的行动，委座极为重视。一切行动计划，必须事先报经委座亲自批准，才能执行，绝对不准擅自行动。"稍后，戴笠使用何永年化名，领了出国护照，亲自飞赴河内检查暗杀的各项准备工作。

另据沈醉撰写的《我所知道的戴笠》一文中是这样记载的：戴笠把原任军统局临津特训班副主任余乐醒叫到重庆，和他研究了行刺办法，并由戴笠在特务总队内挑选了武术和枪法最好的唐英杰、陈邦国、陈步云等六人，由余乐醒率领前往。余乐醒为留法勤工俭学会学生，能操流利的法语，对河内情况甚是熟悉，之后即在汪精卫所居住的寓所附近找到了房子。

高朗街 27 号，除住有汪精卫夫妇和曾仲鸣外，还有朱执信的女孩、秘书陈国琦等数人。这栋洋房，是两开间的二层楼，楼上一大一小相连的两间对街屋，大的一间是汪精卫夫妇的卧室兼汪的会客室。军统特务朝夕在隔街向汪寓所遥窥，也推断较大的一室是汪的卧室。经陈恭澍短时间的积极活动，在许念曾的密切配合下，很快弄清了汪精卫在河内市哥伦比亚路高朗街27号豪华公寓住处的布置情况，并搞到了汪精卫寝室的房门钥匙。当获悉汪精卫每天早餐吃的面包是由河内一家面包店准时送去的，他们一伙就决定把送面包的人拦截下来，换上一只含毒面包，由行动员化装成送面包的人送去。不料汪精卫这天偏不吃面包，而予退回。

陈恭澍一计不成又生一计。一天，获悉汪精卫找水电修理工去修他浴室的水龙头，陈恭澍便指示行动组把修理工暂时扣押起来，另派一个行动员冒充修理工，随身带了一罐毒气，在水龙头修好后，把打开盖的毒气罐放在浴缸底下，同时把浴室门窗关闭，让毒气弥漫全室，只等汪精卫晚上一进浴室，中毒丧命。不料，汪精卫3天没进浴室，陈恭澍设计的八卦又失灵了。过了两天，汪精卫要到离河内80里的丹道镇三岛山麓旅游。

许念曾得到这一情报，如获至宝，忙找陈恭澍商量，做出了一个在达莫桥上狙击的行动计划，报告戴笠。戴笠呈报蒋介石批准后，指示由陈恭澍、唐英杰率行动员分乘两辆小汽车，在汪精卫此行的必经之路上，等待汪车的到来，看准汪精卫在车上时，便尾随追击，不料，汪精卫汽车过去后，接着便是一辆满载安南警察的警备车，车上装有机枪，戒备森严，陈、唐二人无法下手，决定跟踪至目的地，再伺机行事。

汪精卫早已知道戴笠派特务跟踪，他此行的目的，在于试探对手的虚实，显示自己已有充分的准备。所以他驱车向前飞驰，未到目的地又突然折回。陈恭澍只好调头，匆匆决定跟上去立即下手，也不再考虑在河内市区能否安全脱身的问题了。陈恭澍的车子调头后，汪精卫的警备车紧跟着也驶过来了。军统局的两辆追击车只好等警备车过去后再加足马力追赶，追到市区十字街头，汪精卫所乘汽车穿过马路后，正好一辆电车横驶过来，两辆追击车被阻，这次行动又泡汤了。

此时，对汪精卫来说已是风声鹤唳了，坏消息不断传来。1939 年 1 月 16 日，在香港的梅思平在路上被数人袭击打伤头部。1 月 17 日，亲汪精卫的香港《南华日报》社长林柏生在回家途中被两个大汉用斧头砍伤头部。1 月 18 日，在澳门的汪精卫外甥沈次高被人开枪打死，汪精卫开始向法国殖民当局申请保护。但是，已为时过晚。再据陈国琦回忆："在河内时曾仲鸣荒淫糜烂生活始终未改，每天晚上 10 时一过，等汪氏夫妇就寝后就出门寻花问柳，直到深夜二三时才回来，这时不敢开铁门，怕铁门声响惊醒了汪氏夫妇，只好爬上围墙，然后循着预先靠在墙边的竹梯逐级而下到院子，再跑回卧室。这些情况都为住在对过窥探了一个多月的军统特务看得一清二楚。"后如沈醉所记述的：戴笠一再电促余乐醒早日动手，最后决定越墙而入。3 月 21 日凌晨，四名暗杀者越墙攀上三楼走廊，不料当天晚上因曾仲鸣的老婆赶到河内，汪精卫临时把自己住的一间大点的房间让与曾夫妇住，而他和老婆搬到另外一间房内去了。军统特务从花园后面逾墙而入，撬开楼下的门，蹑足登楼，直奔曾仲鸣卧室之外，卧室门上是玻璃的，至卧榻的位置，军统特务已了如指掌，所以把卧室的玻璃门击破之后，将手提机关枪伸入门内开火扫射。当时，曾仲鸣已听到有人登楼的声音，刚好起床察看，结果首当其冲，子弹直接命中他的胸部，尤其腹部被打得弹密如蜂房，当场倒地。曾仲鸣的妻子方君璧也身中数弹，幸而躺在床下，虽受伤而所中皆非要害，得免于死。朱执信的女儿，闻到枪声，急起躲在门后，那里恰好是个死角，才得以平安无事。军统特务听到室内倒地声、呼号声，以后除了呻吟声以外，一切归于沉寂。特务们以为任务完成，汪精卫夫妇定死无疑，遂携枪准备下楼离去。而睡在楼下的陈国琦，已闻声上楼去救应，军统特务在黑暗中见有人影，再度开枪射击，陈国琦被击中腿部受伤倒地。而汪精卫夫妇，因为睡在隔室，虽惊恐万状，但未损毫发，汪精卫漏网，曾仲鸣当了替死鬼。

曾仲鸣被紧急送往法国陆军医院抢救，汪精卫要去医院看望曾仲鸣，别人都说现在出门太危险，法国警察也劝汪精卫不要冒险去医院。但汪精卫仰天流泪说："我是从小看着仲鸣长大的，又为我工作多年，我一定要去看他！"结果汪精卫乘坐曾仲鸣法国朋友的私人汽车到达医院。当汪精卫到达医院急救室时，曾仲鸣已昏迷多次，他醒来时对汪精卫说："我能代汪先生死，死而无憾，国事有汪先生，家事有吾妻，我没有不放心的事。"曾仲鸣临死前又挣扎起来，在以他的名义替汪精卫在国外银行存款的支票上一一签了字。

　　高朗街的枪声，27号楼的血污，给汪精卫精神上以重大打击。他亲笔写了悼念曾仲鸣的《曾仲鸣先生行状》，认定此事是重庆特工人员所为，绝不是私人的仇杀。尤其使汪精卫感到悲伤和刺激的是曾仲鸣的死，曾仲鸣是他亲信的部下，是同盟会老会员曾醒的弟弟、而方君璧又是方声洞的胞妹。基于这两种渊源，汪精卫对曾仲鸣一向视为己子。九一八事变后，汪精卫回国，出任中央政治会议主席兼行政院院长时，曾仲鸣是中政会的副秘书长、外交部次长，以及最高国防会议秘书主任。事无巨细，汪精卫一概委之。也正是高朗街的枪声——蒋介石采取的这一断然措施，导致了蒋介石、汪精卫关系的最后决裂。

　　3月27日，汪精卫发表了《举一个例》，公布了国防最高会议第54次常务会议的记录。声明对日谋和是最高当局一致的主张，并非他个人的意见，揭露了蒋介石的和平企图。蒋介石也进行回击，4月5日，重庆《大公报》刊登汪精卫、平沼协定，后国民政府下令通缉汪精卫、周佛海、陈公博、陈璧君等首要分子。

　　汪精卫预计，只要他到河内，发表《艳电》声明，云南的龙云、四川的王缵绪、西康的邓锡侯、军政部长何应钦及政学系头子张群都会追随他，相继行动，使抗日阵线彻底破裂，迫使蒋介石"下野"。但事与愿违，汪精卫公开叛国投敌，暴露其汉奸卖国贼的真面目，激起了全国人民包括国民党内主战人士的一致声讨，致使反蒋势力不敢轻举妄动。因此，汪精卫在西南地区建立反蒋政权的阴谋以失败而告终。这使汪精卫的处境十分孤立，他哀叹道："在河内的孤独的正月，在我的一生，是不能忘却的。"

曾仲鸣遭暗杀，又使汪精卫异常惊恐，深感处境危险，使他不得不另谋途径，河内非久留之地。离开河内后往哪儿去呢？当然是尚未被日本军队占领的云南、四川最好，因为原本打算在西南建立独立的政府，由于西南诸省将领纷纷通电讨汪，所以去西南的路被堵死了。经过和陈璧君等人反复商量，陈璧君说："香港虽然好，并且日本政府应我们的要求，调派我们比较熟悉的田尻爱义出任总领事，但英国警察监视很严，现在连陈公博、林柏生等人的活动都很困难。"至于广东，过去是革命的根据地，和孙中山先生关系很深，而且是汪精卫、陈璧君的桑梓之地，他们当然愿意回去。但广东也已被日本军队占领，倘若去广东，就会使中国人民看清"我们是在日军的刺刀保护之下开展'和平运动'的"。与之相比，上海虽然是世界上屈指可数的暗杀横行之地，但仍然有日本军队保护，表面上看来，又不完全是日本人占领，英、美、法等国的公共租界还很大，市政也归外国人掌管，裁判权亦操在外国人手中，因此，比起广东来，中国人有相当自由行动的余地。正是出自这种考虑，汪精卫夫妇派周佛海、梅思平等人前往上海进行准备。

4月9日，汪精卫发表《重要声明》，否认重庆《大公报》所揭露的已与平沼缔结了五项条款之报道。称："关于中日和平，但求条件非亡国之条件，使中国得以苏息，得以复兴。余将坚持到底，虽牺牲生命亦所不惜。故今后绝不因被人加害，而放弃其主张，亦绝不因造谣中伤而动摇其见地。"

正当汪精卫在作离开河内的准备时，4月16日，奉日本五相会议之命救汪精卫等脱离险境的影佐、犬养等人所乘的"北光丸"抵达河内，18日即与汪精卫秘密会见。汪精卫提出打算建立能安定民心进行和平交涉的中央政权。影佐回忆说：汪先生对日华事变的发生和发展表示遗憾，而且说："他的信念是日华有合作的必要。关于这一点，或通过书面，或和蒋介石氏促膝交谈，但是，蒋介石氏一则他自己对日本的真意有所怀疑，一则制造周围各种各样的事情，所以，终究是不可能实现和平。当时考虑：放弃留在重庆内部改变蒋介石意图的打算，只有从外部掀起舆论，策划重庆转向。这时候，从高宗武、梅思平两氏知道了日本的和平方针。日本如若真正坚持这个方针，确信取得舆论支持绝不会不可能。"他又说："12月22日的近卫声明，对'和平运动'的发展是最大的激励。"

汪精卫对日方说："住在河内危险而又无意义，所以，希望今以上海为根据地发展运动。""从河内向上海转移，考虑在法属印度支那当局的谅解下进行，到达上海以后开展运动，考虑按照以前的计划，采取更加跃进的方式，目前正在研究之中。"影佐表示担心法属印度支那当局作梗，汪精卫说："法属印度支那当局说不定觉得我离开河内，好像给他们丢了一个大包袱一样，因而会赞成我离开这里呢。"影佐又提出要汪精卫、陈璧君等人乘他们的"北光丸"赴沪，汪精卫认为直接使用日本船，会使"和平运动"受到误解，坚持租用一艘法国人管理的760吨的小船——"冯·福林哈芬"号，等离开海防后，在海上与"北光丸"会合，由其护送他们到上海。4月25日深夜，汪精卫等在细风迷雾中逃出河内，在海防附近登上小货轮。

按约定，26日应在航途中与影佐等所乘的"北光丸"会合同行，但两条船失去联系，又使日本主子担忧受惊，多方联系寻找。其实汪精卫并未遇害，只是因基鸿港码头设备陈旧，船上所需食品、饮用水全靠人工肩挑手提，加上搬运工少，所以比预定出发时间延后了3小时，等来到巴库伦比岛，"北光丸"早已离开，在大雾中，无法判断"北光丸"的去向，只好从海南岛内侧海峡行驶，两船走岔了道，所以无法联络上。几天来，"冯福林哈芬"号由于吨位小，遇到一点风浪就激烈地上下颠簸，正巧赶上大风，船上的人就像摇煤球一样，摇得一个个哇哇呕吐，半死不活地躺在船上。陈璧君哪里受过这份罪，大哭大闹，埋怨汪精卫没有上日本的大船，好不容易脱离险境，现在又遇恶浪，即使不葬身鱼腹也会活活折腾死，汪精卫拿她没有办法，尽管自己连苦水都吐出来了，还得强打精神，挣扎着将陈璧君扶起，好言劝慰。28日，海上大风骤起，小货舱颠簸得更厉害，汪精卫不顾面子，急电"北光丸"求援，4月30日两船才在汕头海面会合。汪精卫爬上"北光丸"，真正同日本主子"同舟共济"了。

在"北光丸"上，影佐、今井武夫和汪精卫屡次会谈。汪谈道："以前，'和平运动'的计划是：企图以国民党为中心组织和平团体，通过言论指出重庆抗日理论的错误，宣传和平是救中国救东亚的唯一办法，逐渐扩大和平阵营，在最后，使重庆转变方向。好好考虑，只用言论很难使重庆政府转变方向。

'和平论'毕竟是为爱中国，但'抗日论'也是爱国精神的表露。但是，'和平论'和'卖国论'只是毫厘之差，要使一般人接受'和平论'是有困难的。相反，'抗日论'一般人容易听得进。但是，由于日本措施政策的公正妥当的事实，证明'和平论'开始放光彩。即在近卫声明实施的情况下，重庆政府的抗日理论已没有依据，确信即使重庆政府，也只好跟从舆论大势，倾向于和平。

为此，建立和平政府，与日本政府合作，实现近卫声明是一条捷径。所以，放弃以前的计划，建立'和平政府'，除依靠言论对重庆进行启蒙工作外，进而考虑用事实证明日华提携的好成果，加强抗战无意义的舆论，由此来使重庆政府的动向向'和平发展'。这是上策。因此，如果贵国政府对上述新计划没有异议，那么，希望更改以前的计划，以建立'和平政府'的方针进行下去。

建立'和平政府'的目的不在推翻重庆政府。只要带来和平，连政权谁掌握也不问。'和平运动'的目的是使重庆政府倾向'和平论'，停止抗战。

因而，在政权建立问题上，也必然要具备兵力。但如和重庆斗争引起内战，发生同一民族之间流血惨案，这是并不希望的。将来，在重庆政府和我的运动一致的情况下，业已达到运动的目的，由此我断然下野，毫不踌躇。这两点，我明确说出，表露我的心境。"

汪精卫在会谈上表示：一、建立"和平政府"，真正体现日华合作，向一般国民证实抗战是没有意义的。二、"和平政府"建立后，组织军队。三、为了建立"和平政府"，希望先去日本，与日本政府要人交换意见。四、该政府仍将继承中华民国的法统，称之为国民政府，采取迁都的形式，实现三民主义，规定青天白日旗为国旗。

5月2日，当"北光丸"抵台湾基隆港时，汪精卫就遭到当头一棒。龙云发表复函，称："蒙手赐复书3月30日函，附以港报举一例云云。展诵回环，弥得诧骇，举一例文中将国家机密泄中外，布之敌人，此已为国民对国家初步道德所不许，至赐书，则欲之背离党国，破坏统一，毁灭全民牺牲之代价，反举国共定国策，此等何事？不仅断送我国家民族之前途，且使我无数将士与民众陷于万劫不复之地步，此岂和平救国之本，直是自取灭亡，以挽救敌寇之命运耳。"5月4日，"北光丸"驶离台湾，前往上海。汪精卫在日轮上，心情沉重地写下诗一首：

> 卧听钟声报夜深，海天残梦渺难寻。
> 舵楼欹仄风仍恶，灯塔微芒月半阴。
> 良友渐随千劫尽，神州重见百年沉。
> 凄然不作伶丁叹，检点生平未尽心。

1939年5月6日，"北光丸"驶抵上海虹江码头，8日，汪精卫离"北光丸"上岸，住进江湾土肥原贤二公馆。

第九章

汪伪政权

赴日和谈，甘当傀儡

密约谈判，高、陶反水

卖身投靠，粉墨登场

一、赴日和谈，甘当傀儡

5月6日，汪精卫乘坐"北光丸"抵达上海后，汪精卫与周佛海、林柏生、陶希圣、梅思平、高宗武及已在上海的褚民谊等人拟定了《关于收拾时局的具体办法》，并决定了"组府"的3个步骤：第一是举行"国民党全国代表大会"，推汪精卫为总裁，合法地变更"国策"；第二是组织"中央政治委员会"，推举新政府组成成员；第三是国民政府"还都南京"。汪精卫还向日本军部代表要求直接去东京，与日本政府谈判"组府"问题。

陈公博得知汪精卫将赴日谈判的消息后，感觉到他与汪在对日"和平"问题上的分歧更大了，终于"忍不住"急电阻拦，电文是：以汪的地位万不可赴日，"先生如此，何以面国人？"汪精卫在复电中不仅为自己的行为辩护，而且还指责陈公博不肯随他行动，是计较个人的名利地位。陈公博无言以对，只得闲居香港。

5月31日，汪精卫偕周佛海、梅思平、高宗武、董道宁、周隆庠等人前往东京，就"组织政府"问题，与日本政府谈判。汪精卫等人带着一份《关于收拾时局之具体办法》，去拜见他的日本主子，却一直受到冷遇。直至6月6日，日本五相会议通过了《建立新中央政府的方针》，要旨是："新中央政府以汪、吴（佩孚）、现有政权（指'维新''临时'政府）、改变主意的重庆政府等为其构成分子。"日本首相、陆相、海相、外相、藏相及前首相近卫等人，才分别召见了汪精卫，传达了五相会议的决定。6月10日起，汪精卫等与日本内阁首相平沼、陆相板垣、海相米内、外相有吉、藏相石渡及前首相近卫等分别会谈。日本平沼内阁软硬兼施、恩威并用，在谈判中坚持"要把蒙疆作为日本的防共特区，把华北作为日本国防和经济的合作区，把华中作为日本经济合作区"，汪精卫接受日本的方案。

按汪精卫的意图，他的办法就是继续打着国民党、国民政府、三民主义的旗帜，以坚持"党统""法统"和所谓"国民党还都"做幌子，以收揽人心，掩盖傀儡政权的本质。但日本认为，尽管有什么"党统""法统""还都"等等，但终究是在日本人占领下的南京，不如到非占领区去搞更有效，更有欺骗性。后来又考虑汪精卫本身没有军队、没有地盘，如果不让在南京搞，弄得不好，汪政权就要流产。所以，只得听信汪精卫，让他试着办。

　　但同陆军大臣板垣征四郎的会谈中，汪精卫却碰了一鼻子灰，上了"应当怎样当奴才"的一课。

　　板垣强调"分治合作"，认为华北、蒙疆、长江下游、华南沿海，都具有特殊性，不容汪精卫的政权染指；取消临时和维新两个伪政府也有困难。因此，只许汪精卫成立一个悬在空中的"中央政府"。

　　汪精卫猝然变色："如果'中央政府'成为有名无实的，那只好延期组织'中央政府'，准备将来时机的到来。"

　　走狗居然不想走了，向主子要条件！主子岂能容许？影佐祯昭马上插话斥责：以前协商时，你说过，为了收拾时局，必须组织'中央政府'，而今天又说可以把它延期。我想问一下，现在提出这样新的方案用意何在？

　　汪精卫听后大惊失色，马上辩解道："之所以说组织'中央政府'可以并不急，是由于取消政府有困难这番话引起的。现在大臣所说的意见已经充分了解，希望根据上述的意见再研究具体方案。"

　　最后，汪精卫只好同意华北、蒙疆、长江下游、华南沿海等地都由日寇直接控制，未来的汪记政权只能有一个形式上的"统一"，一笔交易才算拍板成交。汪精卫冷汗涔涔地抱着一大本卖国契约躬身退出。他暗自庆幸，此行虽然不太顺当，"和平"的交易总算初步达成了，即便这头号奴才的帽子扣到脑袋上了，却也值得。

1939 年 6 月，汪精卫回国。此时的汪精卫回味着在日本的时光，望着茫茫无际的大海，滚滚波涛，大浪咆哮；思索这变幻莫测的 6 月天气，心中又是一沉。心里盘算着，他虽然领到了做头号汉奸的"圣旨"，但真要当上傀儡王，面对敌占区大小汉奸林立，自行其是，各有靠山，纷纭复杂的形势，却还不知要磕多少响头啊！

汪精卫一下船，南跑北窜，忙得不亦乐乎。他一面忙着晋见日寇驻北京、南京、广州等地的司令官，乞求他们的支持；一面四处讲话，大放厥词。在上海作了一次广播演说，大放了一通"无日本则无东亚"之类的昏话，接着又大讲什么"我对中日关系之根本观念及前进目标"，实际是一篇绝妙的奴才宣言。

8 月的广州，烈日炎炎，热浪灼人，汪精卫全然不顾，跑到这里作了《怎样实现和平》的广播讲话，拖人下水，扩大汉奸队伍。他称："由于蒋介石坚持抗战，使可以实现的和平遇到了极大的阻碍。现在我在广州与安藤最高指挥官会晤，其结果使我确信，如果广东方面的军队，有'和平反共'的表示，安藤最高指挥官，不仅对于这种军队立刻停止攻击，而且更进一步将日本军队已经占据的地方，所有治安警备，以及行政经济，都从日本军队手里次第交还中国。如果广东方面的行政当局和军队，能赞成我的'和平主张'，则我必能得安藤指挥官的同意，先在广东做起部分的停战，而依次及于全国，使全国和平得以完全恢复。"可是，响应之人寥寥无几，只有张君劢发了一则"通电"，算是凑了趣。8 月上旬，汪精卫与日本华南派遣军司令官达成如下协议：（一）在进行建立中央政府工作的同时，也要进行华南政权的建立工作。（二）华南政权不是单纯的政治机关，主要是促使实力派反共，保境安民，使其与日军之间实行局部停战和必要的合作，并使之扩大至华南五省，从而迫使蒋介石下野，推翻重庆政府。（三）华南政权如果建立，日军占领地区的治安、警备、行政、经济，将由日军手中逐渐移交该政权。（四）拉拢实力派的工作，目前首先置重点于张发奎和邓龙光，并秘密与李汉魂、吴奇伟、薛岳联络。对余汉谋，以分化其部属为主。陈济棠和许崇智，暂时缺乏挺身而出的决心，可使陈之旧部黄质文合作，使其进行拉拢陈济棠旧部。（五）为了建立华南政权，须在广州建立政务委员会。

汪精卫在失望、懊丧中回到上海，拼凑了一帮汉奸骨干开会，策划召开"国民党第六次全国代表大会"，为自己的登台制造所谓"党统""法统"的根据。8月15日，汪精卫在上海发表《答问（一）》一文，再论撤兵问题。文中说：大凡两国交兵，其回复和平的程序，第一步是停战，第二步是和平谈判，第三步是撤兵。如果蒋介石也赞成和平反共，那么，全国以内，没有交战形势存在，由全国停战，而全国和平谈判，而全国撤兵，自然容易得多。可是蒋介石既然无望，则先由部分做起，依次及于全国，实为今日救国唯一方法。21日，又发表《答问（二）》一文，谈为何对日当初主战，如今为什么主和，称：当初以为日本要灭亡中国，所以不得已而出战，如今知道日本不是要灭亡中国，而是要与中国在一个共同目的之下共存共荣，所以要谋和平之实现。

要召开"六大"，代表上哪里去找呢？此事使汪精卫等人大伤脑筋。这时，正好汪精卫的旧部下周化民，受重庆国民党政府派遣，出使欧洲，事毕回到香港。汪精卫就要他回重庆复命时，付以重金，去招人充当"代表"。

周化民匆匆赶到重庆，一见到国民党中央委员中过去追随过汪精卫的人，就悄悄把3000元钱塞过去，嬉皮笑脸地说："如果愿意回上海，非常欢迎，这钱就作为路费。要是去不成，也请收下，紧急关头好派用场。"

周化民一连送了十几个人，好言相劝，馈以金钱，这些人虽爱钱如命，照收不误，却没有一个人在重赏下，敢冒当汉奸的臭名声，跑到上海去入伙。汪精卫心急如焚，这第一步就难产，当"儿皇帝"的梦不就泡汤了吗！

四处招人，却难以凑数。他的党羽一看有机可乘，拉拢私人，扩充势力。陈璧君让自己的两个弟弟、四个侄子都当了"六大"的"代表"。后来任汪伪政权教育部长的李圣五也将老婆、小舅子、表弟、表侄等一齐拉进来。但是，即使这样也还是凑不够数，更谈不上"代表性"。于是索性采取绑架的手段来拉人。当时，上海有个中学校长当上代表的经过，就颇为惊险而又奇妙。

一天，这个中学校长应邀到一个朋友家去吃饭，宾客一共6人。酒足饭饱之后，客人中有一人约游兆丰公园。可是汽车却开到了静安寺附近的一处大厦前停下来了。这个人下车向门里打个招呼，大门顿时打开，露出了警卫森严、机枪挡道的架势。这个校长心知有异，以为被送进了日本宪兵司令部。几个人下了车，走进门去，但见三步一哨，五步一岗，枪上刺刀杀气腾腾。进了里屋，几个人又大为困惑，只见这是一个富丽堂皇的大客厅，精制而成的拼花地板，铺着大幅的红色暗花地毯，墙上镶嵌着工艺精致的护墙板，宽大的沙发和软椅套着丝绒的座面，还有女招待出来敬烟奉茶。接着又被带到另一屋里，一个面带病容、瘦如骷髅的人正等候那里。经人介绍，才知道这个人就是后来杀人不眨眼的汪伪特务头子丁默邨。丁默邨叫这几位被"绑"来的"俘虏"在一张纸上捺手印。他们不敢违拗，行礼如仪。就这样糊里糊涂地成了汪记"六大"的"正式代表"。

代表总算是凑够了，但在这充满火药味的上海，到什么地方找一个安全的会场呢？最后商定，汪记"六大"就在这个捺手印的地方——杀人魔窟"76号"特务机关中召开。1939年8月28日，汪记"国民党六大"在上海极司菲尔路76号大礼堂举行。这一天，大雨滂沱，一向川流不息的大街，被笼罩在灰蒙蒙的、死一般沉寂的气氛中，只有那些手持长枪的巡捕一动不动地站在马路两边。"76号"的两扇大铁门紧闭着，为了迷惑人，伪装做寿而搭的、中间缀有一个由灯泡组成"寿"字的高大彩牌在风雨中飘摇。

只有一个小门半开着，让"代表"们进出，"76号"的武装特务站在通道两侧，虎视眈眈地盯着进出的每一个人。为了标榜自己是国民党的"正统"，是孙中山的"真正继承人"，征得日本人的同意，在会场正面，悬挂着孙中山的巨幅画像，两边挂着青天白日满地红的国旗和青天白日的国民党党旗，台上摆满了各种鲜花。

当大会主席汪精卫、副主席周佛海等登上主席台时，既没有欢乐的乐曲，也没有欢呼的掌声，只有一阵不大的骚动和遍布各个角落的窃窃私语，他们木然地坐在主席台上。主席团是汪精卫、周佛海、高宗武、陶希圣、溥侗、何世桢、梅思平等。在职员名单中，有人看到了卢英的名字，便骚动了起来。中午休息时，便推出上海代表蔡洪田、汪曼云，浙江代表沈尔乔、王敏中、章正范，湖南代表戴策等，要求见汪精卫，却由周佛海代见。周佛海说："汪先生现在睡觉，有什么意见，可以向我提出。"于是就有人责问："为什么在这一个大会中，于职员名单里竟会列入一个汉奸卢英？"还有人说："以汉奸而任大会的秘书，我们不是羞与为伍么？"周佛海一听，似有人要拆台的样子，于是不能不来一记撒手锏，说："卢英是否汉奸，后世自有定论，可是汪先生到了上海，最先响应和平运动的就是卢英。且卢英为迎接汪先生翻了车，几乎连性命都丢掉，他对和平运动，可说比谁都热心。再说现在汪先生的警卫人员，都是卢英派来的，万一因此而发生误会，汪先生的安全谁负责任？"周佛海的一番话，不仅为卢英做汉奸辩护，也为自己的卖国盖上了一块遮布，周佛海的最后几句话，又是对这批新汉奸的威胁。果然这一"军"，把那些自污不觉臭的代表"将"得面面相觑，无人能置一辞。周看看这一记有了苗头，干脆再来一下，又说："老实告诉各位，汪先生还决定卢英做'中央委员'哩。"这时反而没有一个站出来说"羞与为伍"了。经过贬值式的协商，决定了一个折中方案：把卢英的中央委员，改为"候补"，并把他的名次，排在最后一个。

大会程序，上午是筹备委员会的工作报告与汪精卫的开幕词，下午是修改党章，选举国民党主席。接着又通过了一个临时决议：本届"中央委员"的产生，授权主席提名介绍，再由大会予以通过。在这张被提名介绍的名单中，卢英确是做了候补"中央委员"的底脚货。可是在"中央委员"中，却出现了好几个比卢英更大的老牌汉奸，如温宗尧、陈群、任援道等臭名，均赫然在目，且都名列前茅。会场上顿时引起了一阵骚动，有个叫胡志宁的人不同意让几个老牌大汉奸当中央委员，吵吵闹闹一阵，进而骚动起来，会场气氛顿见紧张。这时，李士群率一批腰挂手枪的特务围了上来，示意要这些人"识相一点"，吓得这些人支支吾吾，直打哆嗦。汪精卫一看局面尴尬，这哪是党的代表会议，简直成了鸿门宴，很怕会议开不下去了，急忙站起来打圆场说："代表们有什么意见，会后可以和我个人来谈。现在宣读《大会宣言》，请大会通过。"这才算解了围。会议的议程一一顺利通过，汪精卫又神气起来，忘乎所以地吹嘘道："我们不是日本人的傀儡，请大家看看，我们今天会场里有没有日本人？"真是此地无银三百两，谁不知道木偶戏的牵线人是躲在幕后呢！

汪记"六大"的中央委员，把这些封建遗少、保皇余党、买办文人、洋场政客、新老汉奸聚在一起，真是一个极精彩的旧中国政治博览会，又是一个名副其实的历史垃圾堆。汪记"六大"就这样乌烟瘴气地闹了一天，把汪精卫推上了"合法"的"党魁"地位，为成立汪伪政权办了一项必不可少的手续。9月初，在沪西愚园路1136弄32号汪精卫寓所开会，汪精卫主持召开了"六届一中全会"，成立了中央党部。汪精卫、陈公博、周佛海、梅思平、陶希圣、林柏生、高宗武、丁默邨等人被选为"中央执行委员会常务委员会委员"。陈璧君、褚民谊等人为"中央监察委员会常务委员会委员"。由汪精卫提出：（1）以陈公博、周佛海、陶希圣、梅思平、高宗武、何世桢、丁默邨为"中央常务委员"；（2）以褚民谊为"中央执行委员会秘书厅秘书长"，陈春圃、罗君强为"副秘书长"；（3）以梅思平兼"中央组织部长"，戴英夫（即戴鹏天）、朱朴之为"副部长"；（4）以陶希圣兼"中央宣传部长"，林柏生、周化人为"副部长"；（5）以丁默邨兼"中央社会部长"，汪曼云、顾继武为副部长。所谓"中央党部秘书厅"，组织、宣传两部，则分别设置在愚园路1136弄内的几幢洋房里。

日本统治集团决定"放宽对蒋处理"，不让"百万大军误于蒋一人的首级之上"，确立了促使"汪蒋合流"的方针。1939年10月30日，日本政府制定了《以树立新"中央政府"为中心的事变处理最高指导方针》，设想了实现"蒋汪合流"的三种模式：一为"事前合流模式"，即先与重庆方面停战，再行"蒋汪合流"，成立新中央政府；二为"事后合流模式"，即先成立汪精卫"中央政府"，再行日、渝停战，然后实现"蒋汪合流"；三为"大持久战模式"，即新旧两"中央政府"对立，逐渐转入"大持久战"，等待世界形势的变化，在世界范围内解决中国事变。日本政府决定首先全力争取实现第一模式，若不成，再依次实施第二、第三模式。于是，日本当局寻找各种渠道与重庆政府进行"和平谈判"。

在重庆方面，出于诸多方面的因素，也对日、蒋"和谈"表示出极大兴趣。特别是基于政治谋略方面的考虑，重庆政府认准日本政府既想扶植汪伪中央政府，又对该政府缺乏信心，企图促成蒋、汪合流的矛盾心情，以对日议和为诱饵，扰乱日本的对华方针，破坏或推迟汪伪政府的建立。日、蒋间的"和平"活动是通过多种渠道进行的，最主要的有"桐工作""钱永铭工作"以及"司徒雷登工作"。其中"桐工作"即"宋子良工作"，最为日方重视和寄予厚望，是日本为争取实现"蒋汪事前合流模式"而进行的主要活动。1939年12月下旬，日本军部代表铃木卓尔和中方代表、据称是宋子文之弟的宋子良在香港秘密会见。次年3月上旬，双方在香港东肥洋行举行预备会议。

据日方资料记载：双方争论的中心为：承认"满洲国"问题、华北驻兵问题、对汪政府的处理问题。关于"满洲国"问题，中方最初主张由日中两国保护，但日方反对。经向重庆请示的结果，建议改为对此问题暂不接触，保持默然态度。关于驻兵问题，中方虽承认将内蒙作为特殊化地区，但反对日本在华北驻兵，并称问题可改在恢复和平后再行协商，要求日军提出撤军计划。关于汪精卫政府，中方认为由于中国国内反汪气氛极为强烈，现在不能考虑与其合流，但由于日本政府也有自己的立场，无论如何将作为国内问题研究予以妥善处理。随即休会，并约定 4 月 15 日举行正式会议。为此，日方代表今井武夫曾向日本"支那"派遣军总司令部提议，将汪精卫伪政府成立日期推迟至 4 月 15 日。后因中方提议将正式会议推迟至 4 月 15 日以后举行，日方怀疑香港会谈系中方阻止汪政权建立的谋略，乃决定仍让汪政权于 3 月 30 日成立，使日方期望的"事前合流模式"宣告失败。

二、密约谈判，高、陶反水

1939 年 11 月 1 日至 12 月 30 日，汪精卫的代表周佛海、梅思平、高宗武、陶希圣等在上海江湾六三花园与日寇梅机关影佐、犬养等举行关于签订《日华新关系调整要纲》的谈判，关于谈判情况，陶希圣在《潮流与点滴》与《乱流》中回忆说：

"六三花园会谈"结束之后，我们把"要纲"带回，送给汪夫妇。我自迁入愚园路之后，每日的早餐是在汪公馆会餐。这一天，早餐之后，陈璧君留我单独谈话。她要我把"要纲"一件一件、一条一条解释给她听。

我首先解释"要纲"划分五种地带和五个层次的日方用意，同时指出这五种地带并未包括"外蒙"、新疆、西北、西藏与西南在内。这就是那五个地带是苏俄和"共匪"划了去的。老实说，就是德、苏瓜分波兰之后，日、苏瓜分中国的大阴谋在这些文件上表现出来了。次日清晨，早餐之后，陈璧君再约我谈话。她告知我说："昨天我把你的解释转告汪先生。我说得不完全，也不详细。我一面说，汪先生一面流泪；他听完之后，对我说日本如能征服中国，就来征服好了。他们征服中国不了，要我签一个字在他的计划上面。这种文件说不上什么卖国契。中国不是我卖得了的。我若签字，就不过是我的卖身契罢。

汪夫妇秘密商量。陈璧君主张叫叶蓬把部队带到广州，在广州求生存。汪自己主张由愚园路搬到法租界福履理路住宅。发表声明，停止一切活动，然后转往法国。璧君叫我去与叶蓬密商。我到金神父路去见叶蓬。他认为带部队到广州是做不到的事，一则所谓部队不成其为力量；二则移动还须日方协助；三则即令到了广州，仍然是寄人篱下，不能抬头，和上海没有分别。

影佐祯昭立刻知道这些消息，马上到愚园路来见汪。汪表示迁居并发表声明的意思。汪说一句，影佐在日记本上抄一句。他抄到最后一段谈话，两行眼泪直落在日记本上。汪说完了，影佐说道："我协助汪先生迁居，并请法租界捕房布防。我立刻回东京，报告近卫公；请求其出面干涉。"

法租界捕房当日调动巡捕两百人，散布福履理路周围，预为汪迁移时，作必要的警备。但是汪召集会议，说明他与影佐会谈的经过。他说到影佐泪珠滴到日记本上之时，低声说道："看来影佐还是有诚意。"我站起来发言："汪先生是不是相信影佐的眼泪？"我还没有说出第二句，第二句是说："那是鳄鱼的泪。"在座的诸位高声喝道："希圣你太刻薄了。"会议至此,一哄而散。次日早餐之后,陈璧君对我说:"影佐动身回东京去了,等他到上海再说。昨天的话暂时搁起。"11月16日,影佐带着修正案到东京,11月20日,在兴业院会集了武藤军务局长、阿部胜雄海军省军务局长、铃木贞一兴业院政务部长、堀内干城外务省东亚局长作成修正案,这里决定下来的日本让步方案,其要点如下:

一、防共驻兵关系——维持原案

驻兵地点不写明。无从预测将来"共军"会进入到哪些地方,因此,驻屯地点不能预定。说明在今后认清形势时决定之。

二、铁路

原则上认作国有国营。但对于军事上为必要的铁路,做委托经营。

三、蒙疆、华北等行政机构——承认汪案

原则上认作为置于中央政府统制下。

四、治安驻兵关系——加入期限

日本于和平恢复后,认为治安确立之后,开始撤退其在防共驻兵地区以外的军队;二年以内撤退完毕。

影佐返回南京,交涉到此已无进展,11月25日完全陷入决裂状态。陶希圣等强硬派占了优势,显示出拒绝态度,说是在看到全部悬案事项总括让步之前,交涉不能继续。汪精卫以沉痛面色向影佐少将提出:"对梅华堂诸君从大局着眼的态度虽不胜感谢,但我认为,好不好就把树立政府的这种方式停止下来吧。"

尽管内部反对的声音不断,汪精卫和陈璧君最终还是上了贼船,其中原因在1940年1月15日陶希圣致胡适函中可见:

四月间汪先生决往上海、东京，希即力加反对，公博、宗武亦同，然竟未得其一顾。八月底希赴沪相劝其放弃另组政府之主张，此种劝阻至十月及十一月颇生效力，因其时日方有意拖延而其对汪之阻碍重重，为汪所察也。十二月汪心理又变，日方催其组府亦甚力，以此公博、宗武、希相继于十二月底、一月初离沪返港。公博为告而别，希等则告即不能别，故不别而行，以此引起汪、周甚大之冲动，现彼等相杀令已下矣。不意卢沟桥事变以后一念之和平主张，遂演至如此之惨痛结果也！希等最痛心者为日方所提"调整中日新关系要纲"。此项要纲希曾参与谈判，至最终希不愿结束，亦未予签字，因而出走。美联社所传五条，去实在者尚远。依此要纲，北自黑龙江，南至海南岛，均归彼掌握，由军事、政治、经济、财政金融、文化教育，乃至气象，亦均归其控制。最初汪先生夫妇亦大惊，有退休意，然经佛海、思平怂恿，彼已视为谈判成功，可以告无罪于国人，且依之以建国矣，沉迷不返，至于无可救。家属尚沦上海，而希与汪先生相从多年，未欲背友，以此不愿宣泄于人，临行留函亦曾以守秘密相约。今彼等之相杀，亦为保持秘密而已。希不敏，更不肯干出卖秘密以求一时之快意。

　　除高宗武、陶希圣外，陈公博对汪精卫对日本人的过多让步，以及整个日汪调整关系协约也表示强烈不满。一次，在汪精卫举行的招待宴会上，他对日本"梅机关"机关长影佐祯昭直言："哪里是基本条约，简直日本要控制中国罢了。"影佐也坦率相告："在目前不能说没有这个意思。"这使陈公博更为恼怒，他把影佐的话报告汪精卫，并希望汪精卫慎重，汪精卫却只是愤然，但并不改变其既定计划。12月26日，汪精卫召集干部会议审议通过了全部条约和秘密协定。陈公博不愿在此协议上签字，于28日再次离开上海，返回香港。经长达两个月的讨价还价，最终汪精卫在卖身契上签字。12 月 31 日，日、汪签署《日华新关系调整要纲》及《秘密谅解事项》，并约定：这一密约"永不公布"。

高宗武、陶希圣都是汪精卫派"和平运动"的"首义人物"。他们曾被日本帝国主义者的"归还租界""撤废治外法权""撤军""不赔款"等动听的曲调所迷惑，参与了汪精卫和平运动，但在与日本军部代表的谈判中，他们看清了日本企图全面控制中国的意图，为中国的前途而担忧，高宗武、陶希圣遂决定逃走。

早在 1939 年 10 月，为顺利出逃，高宗武就通过关系联系上了杜月笙。当时，杜月笙的亲信徐采丞刚自香港回上海。不到两天，杜月笙照例下午过海去告罗士打会客办公，他正和翁左青、胡叙五商议事情，猛一抬头，看见徐采丞神色匆匆地推门进来，愕一愕，便问："你不是刚刚回去的吗？怎么又……"

"有一件紧急大事，"徐采丞坐定下来回答："不得不原船赶来香港。"

"什么紧急大事？"杜月笙急急地问。

徐采丞先不答，从怀中掏出一张字条，递给杜月笙。杜月笙接过来看时，见字条上只有几个字：

"高决反正，速向渝洽。""高——是否高宗武？""是的。"

"这张字条是谁写的？""是黄溯初先生请徐寄顾写的。"

"黄溯初是哪一位？"

"他是老进步党，梁启超财政经济方面的智囊，又是老日本留学生，跟东洋人关系很深，从前当过国会议员，抗战之前做过生意，因为经营失败，跑到日本去隐居。他是高宗武的老长辈，高宗武从读书到做官，得到黄溯初的帮助很多。"

"采丞兄，你认得这位黄先生？""不，黄先生是徐寄顾的同乡友好。"杜月笙大感不解地问："这件大事，怎么会落到我们头上来的？"

于是，徐采丞一五一十地说了，此次他方回上海，刚刚到家，徐寄
顾便登门拜访，告诉他说：高宗武以外交部亚洲司长的身份，起先驻港
从事情报工作，他一向抱着"和平救国"的大愿，又因为日本前首相犬
养毅的儿子犬养健，跟他是日本帝大时代的同学。犬养健在日本情报"梅"
机关非常活跃，因此种种缘故，高宗武方始成了汪精卫与日方之间的穿
针引线人。

　　"这个人我晓得，"杜月笙打断了他的话说："前些时香港《华侨日
报》登过一条消息，隐隐的指高宗武来往上海香港，是在秘密从事谋和。
高宗武看了大不开心，扬言要告《华侨日报》，《华侨日报》的朋友托我
出面调解，我叫人去跟高宗武说了，这位朋友很落槛，一口答应看我面子，
打消原意。"

　　"杜先生和高宗武之间还有这一层关系，那就更好了。"徐采丞欣然
地说，又道："高宗武后来跟汪精卫到了上海，一直都是负责办交涉的重
要人物，但是不久他到东京，近卫首相把'中日密约'开出来，他一谈之下，
发现东洋人所谓的'和约'要比'二十一条'还狠。假使签订了这项'和约'
的话，那么整个国家民族的命运都要断送，为此他觉得徬徨苦闷，于是他
跑到长崎晓滨村，找到了他的父执黄溯初，向他讨教。"

　　"是黄溯初教高宗武反正的？"

　　"高宗武自己早有这个意思，"徐采丞答道："据黄先生说：高宗武
认为他所从事的是和平救国工作，绝不是卖国求荣。黄先生不过鼓励他，
点醒他，答应帮他的忙，代他设法向重庆方面接洽。"但是，黄溯初因为
自己是进步党人的关系，他对国民党不无偏见，他在上崎和高宗武相约，
高宗武回沪不久，他也到了上海。徐寄顾和黄溯初是同乡友好，黄溯初便
去找到了徐寄顾，一席密谈，末后提起如何安排高宗武反正，要使他平安
逃出上海，又得保证国民政府不咎既往，许他将功折罪。徐寄顾一听之下，

当即说道："你要找这么样的一个人，那么只有杜月笙。"黄溯初说杜月笙我虽然并不认得，但是这个人行侠仗义，一言九鼎，却是有口皆碑，无人不知；他能答应承揽这一件事，我便放心。

杜月笙听徐采丞说到这里，插嘴问道："高宗武是负责办理日、汪交涉的人，他若反正，那么，汪精卫跟日本人订的密约内容，是不是可以带得出来，公诸于世呢？"

徐采丞断然地说："当然没有问题。"于是，杜月笙矍然而起，双手一拍，眉飞色舞地高声说道："采丞兄，这件事情关系抗战前途，国家大局，确实值得一试，你便在香港住两天，我乘最近一班飞机到重庆，我要去见蒋委员长，当面向他报告。"11月5日，杜月笙自香港直飞重庆，杜月笙由张群负责联络，陪同晋见蒋介石，请示高宗武反正事宜应该如何处理？他得到蒋介石的指示后，搭中国航空公司的飞机，兴冲冲地离开重庆，回香港。此后，杜月笙又冒险二度飞渝，蒋介石即刻传见，杜月笙报告既毕，蒋介石便写了一封亲笔信，交给杜月笙，请他设法转交高宗武。杜月笙得了蒋介石的亲笔函件，第二天便飞回香港，蒋介石亲笔信交给稳妥可靠的人，秘密携往上海。接下来，便是等高宗武安然南来。

由于敌伪方面戒备森严，防范紧密，徐采丞发动杜月笙部下留在上海的人，营救高宗武安然脱险。1939年元旦前后，便有人秘密通知陶希圣，说是李士群、丁默邨主持的汪伪特务机关极司斐尔路76号，正在计划刺杀他，陶希圣两夫妇当时决定："如果不能逃出上海，只有自戕之一法。"

元旦那天，高宗武忽然在法租界环龙路陶希圣住宅出现，他来探病、拜年，当时陶希圣告诉高宗武说："他们有阴谋不利于你，你怎样？"高宗武便说："走了吧。"

徐采丞、万墨林已经遵照杜月笙的吩咐，替高宗武预备好了船票，同时严密制定保护他顺利成行的计划，临时加上陶希圣同行，当然不致发生什么困难。1940年1月4日上午，高宗武按照预定计划登上了美国轮船"胡佛总统"号。陶希圣则独自一人，乘车到南京路国泰饭店前门，下车后，进入大厦，径赴后门口，换乘一辆出租车，直奔黄浦滩码头与高宗武会合，两人顺利成行到达香港。

1940年1月22日，高宗武、陶希圣致香港《大公报》信称：

武、圣一介书生，行能无似，然自束发受书，略闻爱国大义，认为国民报国，当不辞牺牲一切以赴之。中日国交失调以还，奔走国事，一秉此旨。抗战既起，私念日方当不乏悔祸之识者，战争应终有结束之途径，苟能贯彻抗战目的，克保我主权与领土行政之完整，则曲达、直达，不妨殊途同归，爰不顾外间毁誉，愿奉微躯，以期自效。

去年之夏，武承汪相约，同赴东京，即见彼国意见庞杂，军阀恣横，罕能望其觉悟。由日返沪以后，仍忍痛与闻敌汪双方磋商之进行，以期从中补救于万一，凡有要件，随时记录。十一月五日影佐祯昭在六三园亲交周佛海、梅思平及圣等以"日支新关系调整要纲"之件，当由汪提交其最高干部会议，武亦与焉。益知其中条件之苛酷，不但甚于民国四年之二十一条者，不止倍蓰。即与所谓近卫声明，亦复大不相同。直欲夷我国于附庸，制我国之死命，殊足令人痛心疾首，掩耳而却走。力争不得，遂密为摄影存储，以观其后。其间敌方武人，颐指气使，迫令承受，或花言巧语，涕泪纵横。汪迷途已深，竟亦迁就允诺，即于十二月三十日签字。武、圣认为国家安亡生死之所关，未可再与含糊，乃携各件，乘间赴港。离沪时，曾嘱人通告日方。告以此种和平方案，为中华民国国民任何人所不能接受。抵港后，即函电汪及其他诸人，请其悬崖勒马，勿再受日阀之欺骗与利用，以冀公私两全。除将摄存及抄录各件，送呈国民政府外，兹送上"日支新关系调整要纲"暨附件之原文摄影（译文另附），又汪方提出"新政府成立前所急望于日本者"之去文，及同件日方复文各一份，敬请贵报即予披露！俾世人皆得周知，勿使真相长此淹没，以至于不可挽救。

更有附件陈者，"日支新关系调整要纲"附件第二，关系共同防卫原则之事项下，共有七条，其第四、第五两条，日文原件内未列；此因当时该两条原文，汪方认应修改后，由板垣临时修正，嘱影佐口述，与周隆庠君记录，今照所记录者，在译文内补正，特并陈明；区区之意，并不欲借此以求政府及国民之谅解，不过略表我人主张和平之初衷耳，书不尽意。敬颂

撰祺！

高宗武、陶希圣谨启 廿一日

高宗武、陶希圣揭露密约后，当时在沪的人只有陈璧君和陈春圃，陈璧君叫陈春圃以"汪主席随从秘书长"名义发表谈话辟谣，陈春圃很迟疑，原因是汪精卫本人从没有给他这个名义，只有曾仲鸣生前用过这个名义，陈春圃怎好自封秘书长？但陈璧君却坚持己见，说非如此不可，否则不够分量，汪精卫如怪责，由她承当。随即叫胡兰成代陈春圃拟谈话稿，称：高宗武、陶希圣所发表之文件，只是交涉中间日方片面提案，既非日方最早之要求，亦非最后折冲之结果，而为断章取义之片断记录，对于我方同志数月，以来之折冲争持，及日方最近让步所作成之"和平方案"基础，只字未曾道及，显为抹杀事实。又称："汪先生本于国民之需要与期望，不避艰险，毅然决然以领导'和平运动'；凡非中国国民所能接受者，凡有损害中国之自由独立与生存之条件者，皆非汪先生所能接受。和平条件终有公布之一日，幸勿听信受渝方运动而蓄意破坏'和平运动'者之谣言也。"

汪精卫与汉奸王克敏、梁鸿志

　　当时担任汪精卫的秘书、兼主宣传方针的《中华日报》总主笔胡兰成曾说："那天陈璧君叫我到愚园路汪公馆看春圃拟就的声明稿，我把它改了几个字，还有英译稿是陈璧君自己改正，我因向陈璧君道：希圣的3个学生，鞠清远、武仙卿、沈志远，怕76号也要逮捕，请夫人吩咐他们可以安心。陈璧君怒道：人家要我们的命，你还顾到他的学生安心不安心？高、陶事件对于汪记集团是一个不大不小的打击。"

　　在青岛的汪精卫闻知这一消息，震惊不已。他说："脱党的事件，还可以忍耐，不过，这卑劣的背叛行为是不可恕的。前日某氏所讲的日本武士道并不是我的同志。这是我的不德，完全是不德所致的，以这样的不德来计议国是的将来，是不可能的。商谈建立东亚和平也不能自信了，唯一洁身的方法，只有置政治于度外。"1月5日，周佛海在日记中记道："晚赴汪先生处便饭，汪先生因宗武及陶希圣不告而别，颇为愤慨，当劝慰之。希圣为人阴险，较高宗武尤甚，亦未可恕也。"

　　1940年1月23日至26日，汪精卫同周佛海、梅思平、林柏生与伪临时政府王克敏及代表内政部长王揖唐、司法部长朱深、治安部长齐燮元和伪维新政府梁鸿志及代表立法院长温宗尧、内政部长陈群、绥靖部长任援道及伪蒙疆联合政府的李守信等人，在青岛举行分赃谈判。1月23日上午，李守信在青岛迎宾馆与汪精卫的代表周佛海于谈笑声中举行了会谈。这次会谈达成下述两点协议：一、汪精卫方面承认在蒙疆地区实行高度防共是必要的；二、蒙古联合自治政府方面对即将成立的新"中央政府"给予协助等等，就建立蒙古联合自治政府与新"中央政府"的新关系，两者达成了完全一致的意见。汪精卫、王克敏、梁鸿志三方，就伪中央政府的纲领、机构及各方在"中央政府"中的地位等问题，达成了初步协议。1月24日上午10时，汪精卫、王克敏、梁鸿志在青岛迎宾馆举行了第一次会议。汪精卫主持了这次会谈，他在宣布"中央政治会议"的组织决定前，首先就三民主义的真精神陈述了他的信条，接着以"中央政府"成立大纲并法统问题为议题，进行了协议，达成如下结论：以反共亲日和平为宗旨的新"中央政府"的机构应网罗汪精卫等人组成的中国国民党及临时、维新两个已经成立的政权，蒙古联合自治政府，其他在野合法政党及社会知名人士，排除一党专制，建立在全民之基础上。对重庆政权，如其抛弃抗日容共抗战之迷梦，彻底悔悟，亦颇愿将其包括于政府之中。

　　1月25日上午10时，汪精卫、王克敏、梁鸿志第二次会谈在迎宾馆举行。会谈一开始，就有关中央政府成立大纲及中央政府的内容进行了具体的讨论，随后，汪精卫就1939年12月30日同日本方面达成的新政府成立后的日中国交调整方针及谈判接触经过作了详细的报告，并得到了临时、维新政府代表王、梁两氏的同意。青岛会谈虽因高宗武、陶希圣的拆伙而黯然失色，但南北两傀儡组织的"合流"，汇集而成为汪记政权之所谓"国民政府"，经过分赃而达到谅解，剩下来的问题只在择吉开张的粉墨登场而已。

　　1940年年初，汪精卫筹组伪政府已进入关键时期，正急需用人之际，高宗武、陶希圣又叛汪而去，汪精卫感到辅弼无人，颇感惶恐。于是，汪精卫派陈璧君亲自到香港劝陈公博出山。3月初，陈璧君来到香港后，命人通知陈公博到寓所见她。当陈公博一进门，陈璧君就说："公博，你好自在呀。是不是想在香港当寓公？"陈公博说："哪里？哪里？""你既然不想当寓公，干嘛总待在香港，闭门不出啊？"陈公博笑而不答。

陈璧君立即说明来意：我是代表汪先生来请你出山的。现在汪先生处境困难，正需要老朋友的帮助。可你匿居香港，对"和平运动"不闻不问。去年6月，汪先生去日本访问，你不但不支持，反而去电报说什么，以他的地位"万万不可赴日"，如果"先生如此，何以面国人？"这是什么话？汪先生为国家为人民赴日，有何不可面国人的？在此国家败亡之际，汪先生不计个人地位得失，你却加以指摘，可先生并不在意。陈公博有口难辩，只好默默地听着。陈璧君接着说：去年8月，我们到广州后，好不容易把你请到广州，讨论汪先生和日本达成的君子协定，并说明不一定要你表示赞同，只是让你参加讨论，贡献点意见，你可好，住了3天就溜了。不久，汪先生又邀请你到上海参加干部会议，讨论组织政府问题，你又拒不出席，还派何炳贤来劝阻。陈公博仍然默不作声，陈璧君继续说：去年11月，当中日条约谈判的时候，经汪先生几次催请，直到谈判将要结束时，你才到上海，可你只与日本海军少将须贺会谈了几次，月底又回到了香港。

陈璧君数落了陈公博这一番之后，接着又说：公博，你想想，你跟汪先生做事十多年，汪先生怎样对待你？十多年来同甘苦、共进退，今天到了这个紧急关头，你却不肯帮点忙，局面怎么展得开？汪先生急了，他说，如果搞不通，只有自杀。公博，到那时候你怎么对得起汪先生？陈公博听了陈璧君这一番数落，无言以对，感到对不起汪精卫。陈公博问：是不是在准备筹组政府？陈璧君说：你对这点是赞成还是反对，我不管，请你到上海当面和汪先生说去，现在只要你回答，你到底去不去上海？陈公博深感汪精卫引自己为知己，表示：决不能有负汪先生，特别是汪先生有困难的时候，更应该挺身而出。士为知己者死，我一定跟汪先生走。愿为老友殉身。陈璧君见陈公博经她一番劝说，终于慨然允诺，马上笑着夸奖说：我知道你是忠臣，你一定会出山的。但我也知道你是孝子，忠臣必出于孝子之门。你在香港陪母亲，是孝子，到了紧急关头就马上归队，忠心耿耿，真是忠臣。在陈璧君的劝说下，3月11日，陈公博告别老母和陈璧君一道飞抵上海。陈公博来到上海后，死心塌地追随汪精卫组建伪国民政府，成为仅次于汪精卫的第二号大汉奸。

三、卖身投靠，粉墨登场

1940年3月20日至23日，汪精卫在南京召开了伪中央政治会议，最后通过伪中央政府政纲、名称、地点、旗帜、组织机构及其人选，完成了建立其"中央政府"的最后准备。3月30日，日本主子一声令下，汪精卫便在南京宣布"还都"，打出了"和平、反共、建国"的降幡，演出了傀儡登台的丑剧。汪精卫出任"代主席"兼"行政院长"，陈公博任"立法院长"，周佛海则当了"警政、财政两部部长"，后又任"行政院副院长"。

这天上午9时，倒是一个温暖晴朗的天气，这天的清晨，警察已督促南京的市民们重新挂起青天白日满地红"国旗"，只是上面加了一条三角黄布飘带，写着"和平、反共、建国"6个大字。所谓"国民政府还都典礼"在南京"国府大礼堂"举行，酝酿了1年3个月的汪伪政权终于成立了。汪精卫的"国民政府"迁到了战前考试院的旧址。所有汪伪政权的登台人物，衣冠楚楚，分乘着簇新的汽车，驰向新的"国民政府"。门前是一条横亘着的火车轨道，越过轨道，远远就望到大旗杆上一面青天白日旗迎风招展，上面并没有黄布飘带，是换了一个方式，改变用两根小竹竿交叉在国旗的下面。意思仅在告诉人，旗上的黄飘带不是固定的形式，将来随时会撕去的。礼堂里已挤得满满的，彼此相见也只是交换着点一下头，每个人全没有热烈高兴的神气，全场是一片冷静。汪精卫出现了，许多居高位的武官是军装，文官是蓝袍黑褂，唯有汪精卫穿着一套晨礼服，仍然如当年的风采，但显得开始有些苍老，有些憔悴了。他面上全没有一丝笑容，严肃地悄然地走上主席台，眼光向四面扫射了一下，微微闻到叹息之声。在"三民主义，吾党所宗……"的国歌高奏声中，他俯下了头，面上现出了勉强的一笑。

汪精卫的演说，一向是充满煽动性，生动而有力。而汪伪政权建立的那一天，他的演讲声音很低，讲话无力，可能是他一生中最失败的一次。他说："今日为国民政府还都南京之日，鄙人谨代表国民政府同人，以满腔诚意，告于日本朝野人士之前。中日两国为扫除过去之纠纷，建立将来之亲善关系，不可不有共同目标，以共同前进。由'中央政治会议'议决，国民政府还都南京，以统一全国以内'和平反共建国'之运动。在此运动进行期间，得到贵国朝野热烈之同情与援助，遂得到达于今日之新阶段，鄙人于此，敬为中国前途，向贵国朝野表示深切之谢意。鄙人及'国民政府'同人，以后唯有继续努力，使'和平反共建国'之运动更普遍于全国，鄙人深信此运动若底于成功，则中国之国家民族得到解救，中日两国关系因调整而得到共存共荣，东亚之和平与秩序得到永久坚固之基础。鄙人等愿以最善之努力，达到中日两国之共同目标。鄙人等并愿借此机会，以满腔诚意，祝贵国朝野人士之幸福。"典礼在他讲完以后，匆匆地结束了。在礼堂门口，全体合拍了一张照片。

这样一个重要的节日，连充任最重要配角的周佛海，在他的日记中，也只寥寥记了两行："7时半起。旋赴国民政府举行还都典礼及各院部会长官就职典礼，在隆重严肃空气中完成。"一切外交上常例的各国使节的祝贺形式也没有，日本也并没有像周佛海所力争地派出了常驻大使。连日本驻华最高司令官西尾等也到了翌日上午，才前往汪伪政府作形式上的周旋。石头城畔是一片何等凄凉的景色！

同日，重庆国民政府又发表了一百零几人的通缉名单，自汪精卫起，包括汪伪政权的院、部、会长以及所有次长在内，一网无遗。那天，南京城里是够热闹的，照例有"维新"时代"大民会"策动的民众庆祝游行之类的玩意儿，高呼拥护。热闹的倒是日本军人到处把青天白日旗当攻击目标，有殴打悬旗居民的暴行事件发生。在鼓楼与新街口等处，挤满了气势汹汹的日本兵，更有酿成暴动之势。原因有两个：日本军人以为3年来作战伤亡累累，是要把青天白日旗打倒，现在相反的在侵华军事大本营的南京，满街满巷，一夕之间，又复公然出现。在日本兵士的心里，不甘于有青天白日旗，殊不知中国的人民更不甘于国旗上再多出一条不伦不类的黄布条。因此，在悬旗的时候，许多人自动地把黄布条取消了。于是日本军人有了借口，城里到处乱哄哄地可以随时发生大祸。汪伪政权的军警与日军会同极力弹压，总算安然过去。对于汪精卫伪政权，当时有一首歌谣讽刺道：

国旗竟有辫，例子确无前；
贻羞全世界，遗臭万千年！

　　汪精卫伪政权虽然成立，但日本政府对汪精卫、蒋介石合流仍抱有希望。1940年5月中旬，宋子良、章友三和今井武夫、铃木卓尔在香港再次举行预备会议。中方提议将"承认'满洲国'和驻兵问题"，"暂作悬案留在实现和平后再行商谈"，并特别强调"华北驻兵问题，其目的虽在于防共，但希望最好先不提出'华北'字样。现在先秘密进行，以后讨论签订防共协定时再作处理。表面虽如此，但实际上是严厉讨伐共产党军。不久的将来日本方面也可了解其真相。总之，蒋介石衷心希望和平。此点望转达日本首脑。但蒋介石的意见不能进行高级会谈"。日方同意"先行停战，

206

然后宣布防共亲日，继而进行和平谈判"，但主张双方进一步研究举行高级会谈的可能，未得结果。

6月4至6日，中、日双方在澳门市郊一地下室举行第3次预备会议，双方代表分别出示了蒋介石和闲院宫的委任状。中方重申重庆对于承认"满洲国"及驻兵问题有困难，要求在停战前首先使汪精卫出国或引退，日方表示反对。双方在会谈结束时，达成一项协议：由蒋介石、板垣征四郎、汪精卫在湖南长沙举行会谈，一举解决一切问题。后因汪精卫认为此系重庆方面谋略，汪精卫赴长沙安全没有保证，中、日双方代表复于7月23日正式交换《备忘录》，商定由蒋介石和板垣征四郎于8月上旬在长沙商谈中日停战问题。随后，中、日间又进行若干交涉，但蒋介石和板垣的会谈问题却未能达成协议。9月5日，日方代表铃木卓尔报告日本军部说："美国远东政策的强化，英国大使的访渝，苏联、中共的活跃等对外情势，促使处于最后关头的蒋介石迟疑不决。"另一代表今井武夫也认为：宋子文访美，有望获得一亿美元借款，美、英在太平洋上的对日压力有可能强化，苏联也可能加强对华援助，这些因素使蒋介石对"和平"踌躇不决。这表明日方谈判代表已意识到"桐工作"前景不妙，建议最高当局"自主地中止"。10月8日，日本大本营下令，中止中、日停战交涉工作。随即，他们意识到宋子良是伪装的，此次重庆对日交涉完全是"军统局"的谋略，目的在于阻止日本建立汪伪政权，动摇汪伪政权内部的意志，查探日本对结束战争的构想。

第十章
穷途末路

亲自出马，反共"清乡"

推销汉奸理论，奴化教育

灯枯油尽，病殒日本

鞭尸扬尘，魂归无处

一、亲自出马，反共"清乡"

1941 年春，抗日战争已进行三年多的时间，日寇急于想从侵华战争的泥潭里拔出脚来，以从事新的军事冒险。在对华北实行残酷"扫荡"的同时，又决定对新四军活动最活跃的华中地区进行"清乡"。

在日本主子的吩咐下，汪精卫成立了一个庞大的反共军事组织——"清乡委员会"。汪亲自兼任委员长，以陈公博、周佛海兼任副委员长，由特务头子李士群兼任秘书长并负实际责任，李士群的重要助手汪曼云兼副秘书长。准备在其统治区，分期分批实行"反共清乡"。为此调动大批伪军配合日寇设置封锁圈、挨户搜索、编定保甲、实行联保连坐，妄图消灭坚持敌后抗日的新四军和游击队，镇压抗日群众。

为配合清乡运动，当时所有敌伪报纸刊物都大肆宣传，说明清乡工作的重要性；并连篇累牍地发社论和汪精卫等的谈话。伪南京政府把这一工作列为最紧急和最重要的中心任务。

6 月中旬，汪精卫主持召开第一次"清乡"地区行政会议，并指出以京沪路沿线作为示范性的实验区，以苏州为中心，四面展开。这次汉奸们一改"议而不决，决而不行"的做法，7 月，清乡委员会在苏州设立办事处，由李士群兼处长，唐生明任副处长。苏州实验区的范围，划定东自昆山沿京沪路至镇江，南边包括太湖沿湖各县，北到长江南岸包括常熟、江阴，共约二十个左右的县市。

办事处组织非常庞大，有三四百人。汪伪政府海军部将仅有的一条象征性兵舰"卫民号"也拨给办事处指挥，以加强水上巡逻力量。航空署仅有的 3 架教练机，汪精卫也指定可随时调为侦察之用。这就是当时伪政府宣布的陆海空配合行动的真相。

汪精卫视察伪军部队

清乡办事处的真正指挥者是日本特务机关"梅机关"的晴气大佐。此人是李士群的后台，也是办事处的太上皇。

7月中旬，办事处成立，汪精卫原准备亲自到苏州监督宣誓，但因准备赴日本朝见天皇，临时派老婆陈璧君为代表。办事处的所有职员都要宣誓效忠汪精卫和坚决实现和平反共建国国策，努力清乡工作。陈璧君在会议上大喊大叫地说："大家要打响第一炮，才有本钱可以向日本方面提出第二步要求。"

9月中旬，去日本朝拜天皇的汪精卫回来了。他一听到日寇在南京的派遣军总司令畑俊六亲自光临苏州清乡实验区视察，便紧步其后尘，立即决定也要来巡视，并电告李士群做好准备。自然，李士群又要大忙特忙一番，希望汪精卫这次视察能比畑俊六更满意，并准备动员大批人来一次空前热烈的欢迎。

因汪精卫决定乘坐日本天皇送他的专机到苏州来，苏州机场就要重新整修。他要到达的那天早晨，机场通往城内的道路被封锁起来，禁止通行。沿途岗哨林立，如临大敌。汪精卫的专机带着刺耳的呼啸降落在苏州机场，舱门打开，使大小汉奸饱开眼福的是，汪精卫竟穿着大元帅戎装，佩着上将领章。这身打扮使汪这个党棍、政客看起来颇为滑稽。原来，汪精卫为表示他的政府和军队都是国民党的正宗，在领章前端加上一个青天白日的国民党小党徽，和后面代表官阶的三角金星并列。伪南京政府的国旗除在青天白日满地红上面加上一面三角小黄旗，上书"和平、反共、建国"6个字，以与重庆国民党有所区别外，其余都是一样的。到了1943年，三角小旗也取消了。据陈公博解释，取消这面六个字的小旗，不是意味着伪南京政府不反共，因为国民党本身就是反共的；同时，因伪南京政府已追随德、意、日轴心国家正式向英、美等国宣战，今后的任务不只是反共，而且要反英、美等国，所以不要那6个字了。从此，南京和重庆两方面的标志便完全一致了。更使大小汉奸哭笑不得的是，汪竟忘了他穿的是军装，本应行军礼，可是他却像往常戴礼帽一样，脱下帽子，手持着军帽一边向欢迎的人群摇晃着，一边走下飞机。这种不

汪精卫参加汪伪军校开学典礼

伦不类的礼节，使汉奸们面面相觑，非常尴尬。

汪精卫尽管是文人出身，后为投机政客，但他到南京建立伪政权后，却东施效颦，全要模仿蒋介石，不但把党政军大权一把抓，而且在称呼上也照搬蒋介石的。他不喜欢人们叫他"主席"，而爱听别人叫他"委员长"或"领袖"。伪军官兵们听人提到这些称呼时，也规定要"立正"以示敬意。

李士群很会讨汪精卫的喜欢，他得到汪要到苏州视察的消息以后，给汪精卫安排了一次隆重的军事大检阅，让汪精卫多过一点"委员长"的官瘾。

这次受检阅的伪军，除第二军一部分装备较齐，受过正规训练外，其余是一些保安团队，一共凑了几千人。汪精卫到办事处稍事休息，一听到李士群报告给他安排了大规模的军事检阅，对汪来说，确实新鲜，立刻就要进行。检阅仪式开始后，汪精卫好不威风，在得意之余，几乎当场又闹出一场大笑话。原来汪精卫一向穿惯便衣，过去向人答礼时，总是用手把帽子摘下来，频频点头；这一天，他看到队伍经过检阅台向他敬礼的时候，站在台中央的这位大元帅，却慌手慌脚地把右手向上一抬，又准备去摘那顶镶着金边的军帽。他这一举动，可急坏了主持检阅的伪军官，怕他当场出洋相，给日本军官留下笑柄，更怕这些受检阅的伪军士兵笑出声来。幸好，当汪精卫的手触到那硬邦邦的帽檐时，看到旁边的日军顾问等都是在行军礼，他才把手从帽顶边沿落到帽檐侧面，很不自然地停了下来，总算没有出丑。就是这样，香港等地一些报纸还是添油加醋地把汪精卫这次大检阅情况描绘成一个舞台上的小丑一样，弄得笑话百出。

这次随同汪精卫到苏州视察的随员中，除日本顾问外，还有他的"宣传部长"林伯生、"次长"郭秀峰、"外交部次长"兼翻译周隆庠、"航空署长"陈昌祖、高级随从参谋黄自强，以及大批中日新闻记者和摄影记者。从他所带的这些随员中也可以看出，此行是为了对外进行宣传。

检阅仪式进行了一个多小时。完毕后，李士群等请汪精卫去休息。这时，汪却表现出了平日极少见到的兴高采烈的样子，马上又要集合全体官兵来讲话。汪精卫一向爱讲演，而且很有煽动性，这次没有讲稿，滔滔不绝讲了一个多小时，一开始便称赞嘉奖了"这个区短期内取得这样巨大成绩"和一再强调"这次清乡是以苏州区为实验反共场所，应当在全国发扬这种精神"等一类汉奸常话；又放大声音说："请大家不要忘记，我们从事'和平反共建国'，都是赤手空拳而来。我们以前是一无所有，现在有了这种力量，这不是偶然的。这是由于大家有'革命'的精神和信心，由信仰而产生了一股巨大的力量。同时，也是我们的尊敬的'友邦'和'友军'给了我们以极大支援的结果。请我们大家千万不要忘记了这些，都是来之不易。"

最后，他大声疾呼，要所有的在场中日人员都要"爱中国，爱日本，爱东亚！"当他声嘶力竭、汗流满面地结束这段讲话时，差一点又摘下大元帅的军帽来答谢。那天晚上，他余兴未减地又听了汪曼云向他作的长篇报告，又翻阅了许多报表，直折腾到深夜。

第二天，巡视从苏州循公路北行，到长江边的常熟，这是最不安静的一段地区。比畑俊六视察的地区要大得多，也麻烦得多。在汽车上，汪精卫又发了一通空谈和谬论。接着，谈起了他的日本之行。汪精卫这次赴日朝拜的目的，一是向主子谢恩，二是乞求主子更多的施舍。汪精卫乘车抵东京车站时，日本近卫内阁成员倾巢而出到车站迎接。第二天，汪拜会日皇，献上一对古色古香的四曲屏风。日皇也赐给他一点小玩意儿，汪精卫如获至宝，称谢不迭。他向日本新闻记者无耻地透露自己摇尾乞怜的心迹说："天皇陛下关怀敝国及东亚的前途、策励有加，尤感深念。"他几乎要说出"谢主隆恩"的话来。当时谈起，还感到沾沾自喜。

汪精卫在视察时，每到一地，都先由汉奸们做过充分准备，强迫老百姓倾家而出，扶老携幼来欢迎他。所经之处，也要昼夜加以整修，但无论如何，也无法掩盖这些劫后土地上满目疮痍的痕迹。从常熟到支塘等地，许多地方都鹄立着一群群面黄肌瘦、衣不蔽体的百姓。他们有气无力地挥舞着花束和小旗，用那零零落落叫喊声迎接这个他们所痛恨的卖国贼头子。

汪精卫和那些日本顾问及随从人员，对于那些欢迎他们的叫花子一样的队伍，感到极大兴趣。林柏生马上叫摄影记者把这些镜头拆成电影和照片。隔了两天，在敌伪的报纸上便把这些情景形容成为"万人空巷，夹道欢迎，欢呼领袖之声，响彻云霄"的空前盛况了。

汪精卫出巡苏州地区的闹剧，一连演了3天。汪精卫却越演精神越足，毫无倦容，兴致勃勃。临走时还说："希望大家继续努一把力，这是一切美好的开端，我们今后一切都寄托在这个上面。只有尽力加强我们的反共力量，才能有远大的前途。"回南京后，汪精卫便发表了一篇视察感想，更是大吹大擂一番。汪对苏州区的"清乡"工作有着特殊的兴趣，以后又曾三次赴苏州区巡视。

汪精卫后来出巡嘉兴，更富有戏剧性。为了替汪精卫布置一个"行辕"，找了一个测字会的乩坛，先搬走在野史上说他演过"扫秦"（秦桧）的济颠的偶像，把原来佛龛加以改装涂抹，改成汪精卫的寝室，又从苏州运去了几堂红木家具，从上海置办了丝织帷幕，还临时装起卫生设备，居然面目全非，焕然一新了。可是左邻右舍都是些矮房子，不无"有损观瞻"，且也觉得不太安全。于是用竹篱笆把它围了起来，并且在篱笆上涂了一些标语，并胁令住在篱笆内的居民，在汪精卫来的时候，一概禁止出入，无疑遭到了拘禁。

当大小汉奸来欢迎他们的头子时，可是谁能进车站，谁不能进车站，这个权力落在日寇的嘉兴宪兵队长汤本手里。许多伪浙江省要员被排列在日本居民的"欢迎"队伍之后。这时，天降大雨，伪省府的厅处局长与委员们都身穿大礼服，又没有雨具，被雨淋得像落汤鸡，丑态百出。于是耐不住了，拥到车站门口，和汤本交涉。这时，站台上军乐大奏，汪精卫的专车已进站，这些人不顾汤本允许与否，也不顾日寇兵的拦阻，全体冲上了站台。

伪上海市长陈公博随汪精卫一起出巡，和汪精卫一样身穿军服，挂中将领章，他是以上海市保安司令的身份，作为汪精卫的随员。

汪精卫下车后，便到"驻嘉办事处"听取报告，接着出席了在当地体育场召开的"民众欢迎大会"，这些居民都是被迫而来的。等汪一到，奏起军乐时，乘乱哄哄的时候，就溜了一半。汪精卫看到这般情景，便无精打采地讲了几句话，草草了事，也算有过这么一回事，汪精卫的嘉兴出巡是败兴而归。

二、推销汉奸理论，奴化教育

汪精卫伪政权在其统治区，凭借日军的刺刀，直接对沦陷区民众进行"和平反共"思想的灌输，强行实施奴化统治。为兜售其降日卖国的汉奸谬论，汪精卫集团非常重视利用报纸、电台、音乐、电影、图书等传播媒介。1939 年 7 月 10 日，在其公开进行"和平运动"之始，便在上海将其

汪精卫与伪军将领

1937年11月停刊的《中华日报》重新复刊。11月3日，又在上海成立了"中华通讯社"，任命其亲信林柏生任中华日报社和中华通讯社的社长。1940年5月1日，汪伪宣传部将"中华通讯社"改称"中央电讯社"，作为其伪政权"中央"通讯社，并在各地设立分社。1940年1月19日，汪精卫在回答日本记者有关其伪府将如何教育中国民众，而新中央政府的教育方针如何时，称以确立中日永久和平和以善邻友好为教育方针。在3月30日发表的《政纲》中，更明文规定：以反共和平建国为教育方针。通过各级学校，特别是大学、中学、小学，推行"和平反共建国"的反动纲领，灌输卖国投敌思想，实施奴化教育。6月20日，汪伪教育部在南京召开"教育工作会议"，讨论在大中小学实施"和平反共建国"的具体措施。22日，汪精卫在接见出席会议的人员时称："和平反共建国"，为一切施政方针，亦即教育方针，教育界应谋青年心理之改进与改造。其根本之点，就是泯灭青年的民族意识，消除抗日的意识，使青年的思想与行动，与日本所提出的侵略主义，即"建设东亚新秩序意识吻合一致"。1940年7月6日，侵华日军总司令部致函汪精卫，要求汪伪教育部将日语列为中小学必修课程。对于日本的指令，汪精卫唯命是听，因此批示"照准"，同意在初中以上学校设日语课，并定为必修课程。

1939年10月，日本为摆脱战争困境，实现侵华目的，在国内搞了一个东亚联盟运动。该运动得到了汪精卫的积极响应，汪精卫曾致书面训词，鼓吹自中日战争以来，"日本声明无灭亡中国之意，日本之意愿，在与中国协力以共同建设东亚新秩序"。因此，中日两国只应为友，不应为敌，中国也须与日本国结成联盟。1941年2月1日，"东亚联盟中国总会"在南京成立，汪精卫任会长。总会设有理事会和监事会、秘书长、副秘书长及指导、宣传、文化、社会福利四个委员会。以汪伪政府各部、委、会的汉奸首要及各省、市的省长、市长为理事；陈公博、温宗尧、陈群、陈璧君等任常务理事。汪精卫为筹备成立"东亚联盟中国总会"起草了一个《设立要纲》，其中提出，成立这一组织的意义，第一，是为了实现国内之统一团结，组织并训练民众，使形成为一大广泛的"国民运动"。第二，是要强化国民党领导中心的全能机构，达到党—政—民一元化的境地。"东亚联盟中国总会"的对外宗旨，就是实现"中日满的结合"，进而建立以日本为主宰的"东亚新秩序"，从而"图谋东亚永久和平"。总之，为日本对中国的侵略，以及进一步扩大其侵略战争制造理论根据。因此，日本对此是极为欢迎的。"总会"成立后，日本首相近卫立即致电汪精卫，表示感激。

在东亚联盟运动破产后，汪精卫又在 1941 年 11 月 9 日至 11 日召开的汪伪党的六届四中全会上，仿照 1934 年 2 月蒋介石在南昌发起"新生活运动"，提出开展"新国民运动"。11 月 9 日，汪精卫在会上称："'和平统一'的工作之所以至今还未能完成，皆由于障碍'和平统一'的力量之存在。四中全会的任务，就是要加紧努力，扫除这种障碍，使和平早日实现，统一早日完成。"据此，会议作出了开展"新国民运动"的决定。12 月 31 日，汪伪中央政治委员会通过并且颁布《新国民运动纲要》，1942 年元旦，汪精卫发表讲话，宣称："友邦日本在前方正在尽其保卫前方之义务，吾人在后方必须尽其巩固后方之义务，彼此一心一德，使前方后方联成一起。"不仅要在后方能确立治安，在经济上，增加生产力，尤其要在"国民政府"之地域将保卫东亚的意义，将中日两国同甘共苦的意义，普及于全国民众，使人人了解，人人力行，竭尽全力使重庆方面的民众，早些接受我们的主张。1943 年 6 月，汪伪国民运动促进委员会设立暑期集训委员会，汪精卫兼任委员长，7 月 10 日、8 月 7 日、8 月 10 日，汪精卫亲自前往上海暑期集训营讲解《新国民运动纲要》，竭力鼓吹要竭尽人力物力贡献于大东亚战争，妄图以此挽救日本帝国主义的灭亡。

三、灯枯油尽，病殒日本

　　天气阴沉，满天浊云，这是一个初春的下午，南京上空一架飞机盘旋着，徐徐降落在光华门外机场上。在机场上，汪伪政府的要员们哭丧着脸，默默地等候多时了。机舱打开，一群男女从飞机上抬下一具尸体，立即送往鸡鸣寺伪国民政府大礼堂，这具尸体就是汪精卫。

　　近半个世纪以来，就汪的死因，众说纷纭，莫衷一是，成为历史上一大悬案。在汪毙命之时，就广为流传是日寇所害，至今还有人相信这种说法。再一种说法，说汪是在国内为蒋介石派军统特务暗杀的。第三种说法是汪病死于日本。汪毙命真相究竟如何？为什么至今各种看法还在流传？这一历史之谜应该揭开了。

　　本文现将 1983 年 9 月 16 日，香港《广角镜》第一、二、三期刊载的霍实子先生著的《太平洋战争时期几桩史实的大揭露》一文中有关《汪精卫之死》节录如下：

汪精卫与东条英机

"1942 年 3 月，汪精卫因于 1935 年 11 月被刺，枪弹藏于腹内，发炎时有阵痛，不得不飞往日本治疗。经日本名医小黑亲自动手术，安全地取出了子弹。汪急于回国，乘飞机回沪。当时日本方面打了一份密电给日本驻南京的日寇转告汪精卫，密电说：'据小黑医师称：汪先生既已回国，只好请他静养三个月才好起床活动。'

"这份密电当即由我们破译出来，送给蒋介石。当时汪妻陈璧君不在沪宁，汪精卫用中文密码发电报给陈璧君告汪已抵沪，陈也用中文密码复电，嘱汪千万不要宣布已经回国，必须改名换姓秘密住进上海虹桥医院，听候陈返沪护理商议。

"上述这两份汪、陈的来往密电，均由技术研究室的密码专家李直峰破译出来送给蒋介石，蒋介石即密谋派人买通虹桥医院的女护士，每于送给汪吃药时，就秘密掺入一点无色无味的慢性毒药，延至 10 月，汪即死在虹桥医院，俟日寇选定陈公博继任伪国民政府主席后，始于 11 月为汪精卫发出讣告，宣布汪在日本逝世，假装从日本移汪精卫尸体到沪，然后才秘密把汪尸殓入棺材送到南京，葬于梅花山。"

上海市政协文史资料工作委员会编辑出版的《抗战风云录》（下）刊有李直峰写的回忆录《抗日时期的对日无线电侦破工作》，有一段关于汪精卫的死因是这样记载的："1943 年 11 月据当时军统派在军委会技术研究室的破译人员杨士伦亲口告诉我，蒋介石知道后，即密令军统副局长戴笠秘密将汪精卫处死，由戴笠买通虹桥医院某护士，每日在汪精卫吃的药中掺入一点玻璃粉，延至同年 10 月汪死在虹桥医院。当时汪伪政府宣布汪死在日本，是故作玄虚。"

上面两文虽都认为汪精卫死于蒋介石派人暗害，但在汪精卫死亡时间上相差一年。事实真相如何呢？汪到底死于何时？还得做一番考查。

《今井武夫回忆录》有这样一段记载："当时大东亚战争的战局已对

成立伪政权后的汪精卫

我方不利，但日本政府在 1943 年 5 月 31 日的御前会议上决定了大东亚政略指导大纲，10 月 30 日新缔结了日华同盟条约……11 月 5、6 日在东京召开了大东亚会议。参加这次会议的有'中华民国国民政府行政院长'汪精卫、'满洲国国务总理大臣'旺·威泰耶康、缅甸内阁总理大臣巴莫。推举日本的总理大臣东条英机为会议主席，另外，自由印度临时政府主席钱德拉·鲍斯也列席了会议。6 日会议结束后，发表了联合宣言。"

本文再将美国约翰·亨特·博伊尔著的《中日战争时期的通敌内幕》有关史料节录如下：

1943 年 11 月，大东亚共荣圈集团内 7 个政权的领导人在东京开了两天会。……汪精卫参加了那次会议。巴莫这样写道："他仪表堂堂，笑容可掬，对谁都点头致意。他很少讲话，而且用词十分审慎，声调则是柔和中听。从他举止显得拘束和讲话时声调拖得很长等迹象看来，人们很快就会察觉到中国要出现一场悲剧了。"

另外，由日本晓教育图书株式会社出版的日文版《昭和日本史》太平战争（后期），和田敏明写的《大东亚会议的内幕》上记载：昭和十八年

（1943 年）11 月 5、6 日大东亚会议在日本东京召开，汪精卫出席了这次会议。此书第 88 页有汪与东条等六国首脑的照片，汪坐在东条的右侧。此书日中战争部分，山口一郎著《汪兆铭与国民政府》一章，在"恐惧的结束"一段中写道："昭和十九年三月，汪因病住进名古屋帝国大学附属医院，11 月 10 日病死。"

由此看，我们可以得出这样的结论：汪精卫既不是死于 1942 年 10 月，也不是死于 1943 年 11 月，因为死人是不会去开会的，更谈不上照相了。

那么汪精卫是否死于日寇之手呢？在当时，日寇根本没有害死汪精卫的必要，尽管汪精卫在中国人民的心目中，早已是一具政治僵尸，但日寇仍认为他是可利用的工具。1944 年 9 月 5 日，日本为挽救败局，其最高战争指导会议决定的《实施对重庆政治工作方案》中，仍把蒋汪合作、宁渝合流作为实现"全面和平"的条件之一。再如周佛海获知汪精卫的病十之八九不能医治时，悲叹道：如果汪精卫死去，他与陈公博"当此难局，决难应付，以汪先生之历史及资望，尚不能打开局面，何况吾辈？"

据悉，现在名古屋帝大附属医院有当年留下的一块石头，上面刻有"昭和十九年三月三日南京政府主席汪兆铭入院，于同年 11 月 10 日逝世"的字样。昭和十九年就是公元 1944 年。

那么汪精卫究竟死于何地？死因是什么呢？

汪精卫毙命的最根本原因是 1935 年 11 月被刺，枪伤复发，到 1943 年 8 月间，汪背部创伤损及骨髓，致使其背部、胸部及两胁同时疼痛。入冬，病情加剧。11 月初，日酋东条英机在东京举行所谓"大东亚会议"期间，汪精卫以给陈璧君检查是否患有胃癌为名，请求东条派名医到南京。据被派到南京的黑川利雄说：当他们为陈璧君检查完身体之后，汪即要求为他查一下身体，经检查，"原来子弹已经伤了骨头，但好像亦没有什么特别的障碍，我们认为还是不取去为好。"由于疼痛日益加剧，汪等"即商诸日本军医，经日本陆军医院缜密诊治，更断定为背弹影响所致，遂决施手术"。所谈日本陆军医院系指南京陆军医院。12 月 19 日晨，由日寇军医部长后藤亲自担任手术，就可以看出日方对此十分重视，仅 20 分钟即将子弹取出。20 日汪移住北极阁。除体温略高外，情况尚好，医生说，7 日可封口拆线，10 日后即可痊愈，但汪有糖尿病，恐需延长一些时间。

12 月 25 日，医生为汪拆除刀口缝线，汪可以座谈半小时，精神尚好。直到 31 日情况都较正常。但至 1944 年 1 月 1 日，病情开始恶化，体温上升，自此即不能起床。2 月下旬日寇总司令部电告东京，日本政府遂派黑川等前往南京。黑川等人到达后，"立即检查，发现原来日本军医部长把汪的背上弹头取出了，结果汪的两腿变得不好使了"。也许由于手术的不成功，加速了汪的死亡，但是如果把手术本身看成是日寇有意谋害汪，尚缺乏证据。而当时，日寇也没有害死汪精卫的必要，何况还要利用他。

黑川等为汪进行全面检查后，断定患"多发性骨髓肿"，认为病情严重，南京、上海都无法治疗，需送往日本名古屋帝大附属医院，以便利用其设备。黑川等认为，此病无法医治，赴日也不过"尽人事"而已。为此，南京日寇派遣军总司令派汪伪政权最高军事顾问柴山兼四郎回日本进行布置。

当日方做出这个决定后，陈璧君即于 2 月 26 日晚电告上海的周佛海，务于 28 日返回南京。周佛海回到南京后，立即见了伪立法院长兼上海市长陈公博及梅思平等，商讨汪去日本后的伪军政事宜。29 日上午，陈公博、周佛海召集伪参谋总长鲍文樾等人，在南京颐路 34 号汪精卫公馆举行会议。会上，先由陈璧君说明汪精卫病况及决定送往日本医治的经过，接着，商讨了汪去日本后的军政分负责任问题。决定由陈公博代行伪军事委员会委员长，周佛海代行伪行政院长，但此决定及汪赴日医治之事不予发表，"以免人心动摇"。随即，陈公博等人到汪精卫病榻前，报告了上述决定，汪表示同意。

由于3月1日名古屋帝大附属医院脊椎病专家抵达南京，又为汪进行检查，因此汪赴日日期推迟一天。

1944年3月3日上午，将汪精卫抬上"海鹣"号飞机飞往日本名古屋。陈公博、周佛海、褚民谊等到机场送行。随汪去日本的除陈璧君及其子女外，还有翻译、伪外交部次长周隆庠及副官共十余人。

汪住进名古屋帝大附属医院的第二天，即3月4日，由斋藤再次施行手术，下肢体温和感觉有所恢复。在住院期间，不少汉奸要员和日方人员去医院探望过。6月间，汪的病情恶化，日本方面两次电促周佛海赴日，"以速为妙"。周佛海因病不能成行。

7月，日本内阁的更迭，又使周佛海赴日日期推迟。8月9日，周佛海才得以去日本，第二天去医院看望汪精卫，汪已是"病骨支离"。在此前后，5月9日褚民谊、7月17日陈春圃等先后赴日探望过汪精卫。

日方虽组成有著名专家参加的医疗小组，全力医治。但病情还是多次反复。到1944年11月10日，病况突变，体温高至40℃以上，食欲全无，呼吸困难。延至下午4时，死于医院。

从以上叙述中，足以证明汪精卫是死于日本名古屋帝大附属医院，并非死于上海虹桥医院，是死于至今仍无法治愈的骨髓肿症，而不是毙于军统特务之手。这也说明，汪之死与蒋介石毫无关系。

确实，汪精卫叛国投敌后，戴笠奉蒋之命多次派人对汪谋刺，但均未告成。当时，日伪对汪精卫警卫极严，汪每次外出，所经之处一律戒严，行人绝迹，由日军宪兵及伪特等严密监视。汪精卫住院所有医护人员，均由日寇所派，收买护士之事，根本不可能。

四、鞭尸扬尘，魂归无处

1944 年 11 月 12 日，汪伪中央政治委员会会议在南京召开，陈公博被推举为代理伪国民政府主席、行政院长、军事委员会委员长，并成立了以陈公博为首的"哀典委员会"。当天下午，汪精卫的遗体在陈璧君等人的护送下，乘"海鹣"号飞机由名古屋运抵南京，陈公博、周佛海等到机场迎候。随后，汪精卫的棺木停放在伪国民政府大礼堂，准备进行公祭。出殡这天，由骑兵引路，军乐队、花圈队、陈璧君及其子女、陈公博和周佛海等要员依次跟随灵车步行送灵，将棺木抬到汪精卫亲自选定的梅花山墓地，举行了安葬仪式。

1945 年 8 月，日军在太平洋战场一败涂地，苏联红军进入中国东北，横扫日本关东军，中国各抗日武装力量举行大规模反攻，给予日寇以致命的一击。8 月 15 日，日本帝国主义被迫宣布无条件投降。

日本主子垮台了，南京汉奸傀儡戏也就到了停锣收场的时候。

8 月 14 日，日本驻南京大使谷正之找到陈公博，说日本已决定投降。

当上汉奸的汪精卫

大小汉奸得此消息，知道末日已到，大祸临头，吓得六神无主，乱作一团。陈公博急电上海的汪伪行政院长周佛海，并召集其他大汉奸来南京商讨后事。

16 日下午，汪伪中央政治会议在南京召开，死到临头，仍争闹不休。周佛海先发制人，首先发言，主张发表一篇简短的宣言，宣布汪伪南京政府结束就行了，其余问题，会上一概不必谈。接着，他的死党梅思平拿出一份事先草拟好的"宣言"稿子，当场念了一下，没经讨论，即算通过。陈公博急得汗流满面，急切地说："结束机构容易，但我们所涉及的人很多，如何善后，应该想个办法。"周佛海立即打断："宣言通过就算了，还谈什么其他问题！"说罢，拂袖而去。汪伪政府的送葬会议，就这样在慌乱中散场。

1946 年 1 月 15 日夜，寒风刺骨，万物寂静。南京黄埔路国民党陆军总部，警备森严，会议厅内烟雾缭绕，一个重要而机密的会议正在这里召开。参加会议的是国民党南京市军政要人，国民党陆军总司令何应钦亲自主持会议，南京市市长马超俊、陆军总部工兵指挥官马崇六、南京宪兵司令张镇和陆军参谋长肖毅肃及七十四军军长邱维达在座。何应钦首先发言说："请你们来商量一件事，希望绝对保守秘密，不得向任何方面泄露。委员长不久就要还都，汪精卫这个大汉奸的坟墓，居然葬在梅花山，和孙总理的陵墓并列一起，太不成样子。如不把它迁掉，委座还都看见了，一定要生气。同时也有碍各方面的视听。你们详细研究一下，怎样迁法，必须妥慎处理。"说完便退出会议厅。原来，蒋介石对汪精卫早已恨之入骨，怎能容忍汪葬于中山陵之侧，夺取"孙中山继承人"的身份；同时，考虑到抗战胜利后全国人民对汉奸卖国贼的激愤，为应付舆论，1 月初蒋就致电何应钦，立即秘密平毁汪坟。

何应钦一出门，肖毅肃接着发表意见，重申了何的意思。他说："总司令已接到重庆指示，这个问题关系到国内和国际的视听，限我们在十天以内处理好。"一番策划之后，决定由七十四军派工兵部队执行迁移任务；宪兵司令部在此期间派兵担任内外警戒，断绝行人交通，不许任何人接近；在迁移时，南京市政府派人协助。任务大体分配之后，马崇六向邱维达介绍了有关汪墓的情况。他说："这个坟墓的工程，已侦察过，是钢筋混凝土的结构，坟墓不太大，但相当坚固。"接着问邱如何把它干掉，邱维达说："这很简单，工兵有的是炸药，但要求绝对保密，否则不宜使用爆破，时间也得充裕些。"于是，马崇六告诉邱："总座的意思是时间愈快愈好，因为还要整理和建设别的东西。最好在一切充分准备好的条件下，乘一个夜间就把它处理好。"由于时间紧迫，当时决定使用爆破，再利用其他音响来掩盖，以防泄密。这样一个毁墓焚尸的计划定下来了，会议深夜才结束。

从 1 月 18 日开始，中山陵与明孝陵之间，三步一岗，五步一哨，断绝行人，禁止游览，紫金山被宪兵戒备得水泄不通。这种阴云压城的恐怖态势，引起社会上的种种谣言，有的说又要查捕汉奸，有些在敌伪时期做过坏事的人，惊慌失措，有的向外逃跑，有的四处藏匿。爆破坟墓的任务，已具体下达给七十四军五十一师工兵营。据工兵技术侦察报告，大约要使用 TNT 烈性炸药 150 公斤，才能将汪坟全部炸开。汪精卫死后，尸体是用一具不大的楠木棺材葬于此地的。汪伪政府准备花一大笔民脂民膏的巨款来建一座规模相当大的陵墓。据一位工程师透露，陵墓图案是仿孙中山的陵墓设计的，造价预算五千万伪币。坟墓刚把核心工程初步完工，日本帝国主义就投降了，施工也告停止。1946 年 1 月 21 日，准备实施爆破时，马崇六、马超俊和邱维达亲临现场监督。工兵爆破作业分两个步骤：第一步，炸开了墓的外层混凝土部分；第二步，炸开了盛棺的内窖。随着一声轰隆的响声之后，内窖裂开，棺材露出，揭开棺盖，只见尸体上面覆盖着一面青天白日满地红的旗子，尸体身着伪政府文官礼服，系藏青色长袍马褂，头戴礼帽，腰佩大绶，真是生当大汉奸，死为卖国鬼，面部略显褐色而有些黑斑点。由于入棺时使用过"防腐剂"，整个尸体尚保持完整，没有腐烂。马崇六命令不必要的人员暂时退离墓地，由马超俊进行棺内检查，主要是寻找有什么葬物。检查结果，除在死者马褂口袋内发现一张长约 3 寸的白纸条以外，别无其他物品。这张纸上用毛笔写着四个字"魂兮归来"，下款署名陈璧君。看来，陈璧君还想以汉奸亡灵，支撑其摇摇欲坠的伪政权。之后，汪精卫的尸体及棺材被运到清凉山火葬场，全部焚化。

2 月初的南京，已是春光明媚。这时，梅花山的景物已经改观。原来的汪精卫坟上，建立起一座小亭，供游人憩息。山的南北两面，新开拓了两条小路，路旁各种花木丛生。周围环境修刷一新，与中山陵的秀丽壮观景色，遥相映对，风景如画。谁能想到，此地曾经是大汉奸汪精卫葬身之地呢？

汪精卫年谱简编

1883 年 5 月 4 日　出生

生于广东三水县署，取名兆铭，字季新，其父名琡，字玉叔，别号省斋，游幕于三水县署。

1885 年　2 岁

随父游幕于曲江县。

1886 年　3 岁

随父游幕于英德县署。

1887 年　4 岁

开始就读于家塾。

1890 年　7 岁

随父游幕于四会县署，喜读书，得到其父的钟爱。

1892 年　9 岁

秋，全家迁返广州。

1893 年　10 岁

在广州跟随胡皎如读书。

1895 年　12 岁

汪母吴氏在广州豪贤街寓所病逝，终年 44 岁。

1896 年　13 岁

汪父汪省斋在广州豪贤街寓所病死，终年 74 岁。

1897 年　14 岁

因父母双亡，随长兄汪兆镛游幕于广东乐昌县，致力文史。

1899 年　16 岁

在乐昌县跟随章梅轩学习。

1902 年　18 岁

随长兄返回广州，与二兄汪兆铉同应番禺县试和府试，获第一名。

1903 年　19 岁

在广州教授私塾。

1904 年　21 岁

夏，考取广东省赴日法政大学速成科官派留学生。秋，与朱执信等抵日本东京，住神田保町清水馆。

1905 年　22 岁

7 月 19 日，孙中山抵东京，与朱执信等人前往神田锦辉馆拜会。7 月 30 日，孙中山在东京赤坂区桧町黑龙会会所召开会议，与黄兴、陈天华等被推举为同盟会会章起草人。

8 月 20 日，在东京赤坂区霞关阪本金弥子爵的宅邸召开中国同盟会成立大会，被推为同盟会会章起草人、评议部评议长、《民报》主要撰稿人。

11 月 26 日，《民报》在东京创刊，以"精卫"笔名发表《民族的国民》的文章。

1906 年　23 岁

12 月下旬，毕业于东京法政大学速成科，获法学学士学位，随后自费入法政大学专科。

1907 年　24 岁

3 月 14 日，随孙中山抵香港，以"汪兼士"化名登记上岸。

4月，随孙中山由香港抵安南（今越南）西贡，后经海防到达河内，领导广东等省起义。

8月20日，新加坡同盟会出版机关报《中兴日报》，任该报主笔之一。

1908年　25岁

1月，在新加坡新舞台剧场演讲《民族主义与革命》《民族主义》，与吴应培筹设同盟分会于仰光，并设同盟会南洋支部于新加坡。

11月8日，与黄龙生由庇能乘船往仰光，协助缅甸同盟会发展组织。

1909年　26岁

1月14日，秘赴香港，谋刺杀清廷重臣，以表示革命党人的决心。

1910年　27岁

1月中旬，离香港到北京，在琉璃厂火神庙开设"守真照相馆"，作为秘密机关。3月31日夜，与黄复生、喻培伦埋炸弹于银锭桥。

4月16日，汪精卫、黄复生、罗世勋被捕，解送民政部内城总厅。4月29日，与黄复生同被清廷判处永远监禁，罗世勋监禁10年。

1911年　28岁

11月6日，法部尚书绍昌奏请释放因犯政治革命嫌疑人犯，获准。午与黄复生、罗世勋三人同被清廷开释。

11月15日，在天津成立"国事共济会"，以调和南北、共济国事为宗旨。

12月1日，在天津意租界宣布成立中国同盟会京津保支部，被推为支部长。12月26日，赴孙中山寓邸，出席同盟会干部会议，商讨组织临时政府方案。决定先向各省代表示意，选举孙中山为临时大总统。

1912年　29岁

2月中旬，与李石曾等发起成立"进德会"。

2月21日，与蔡元培等乘招商局"新铭轮"离沪北上。27日下午到北京会晤袁世凯。

3月2日，与蔡元培等致电南京，说明袁世凯不能南下就职原因，请对袁迁就。

3月3日，同盟会在南京召开全体大会，被选为总务主任干事。

4月3日，与胡汉民等随孙中山乘专车离南京前往上海。4月某日与陈璧君结婚。

8月某日与陈璧君前往欧洲，居于法国蒙达尔城。

1913年　30岁

7月12日，"二次革命"爆发。7月19日与蔡元培等联名致电袁世凯，请其辞职。

9月3日，离上海前往欧洲。

1914年　31岁

7月28日，第一次世界大战爆发。为躲避战火，迁居法国东北部之阆乡。

1915年　32岁

在法国留学，住巴黎近郊。

1916年　33岁

6月22日，华法教育会正式成立，被推为华方副会长。8月15日，《旅欧杂志》半月刊在法国创刊，任编辑主任。12月某日，奉孙中山命，离开法国，抵英国，经北欧、俄国回国。

1917年　34岁

7月21日，北京政府海军总长程璧光通电，响应孙中山护法号召，并率舰队由吴淞口南下广东，与唐绍仪随程璧光同行。

9月10日，孙中山宣告军政府成立，15日被任命为大元帅府代理秘书长。

1918年　35岁

10月某日由上海抵广州。10月12日，出席广州参众两院谈话会并发表演说，号召将护法斗争坚持到底。

1919 年　36 岁

1 月 18 日，与胡汉民自广州启程往上海，协助唐绍仪参加南北议和会议。1 月 20 日抵上海。

3 月 6 日，在上海大东酒楼招待报界，代表孙中山发表《国际共同发展中国实业计划书》。

3 月 8 日，乘日本"春洋丸"轮船离沪，前往法国巴黎。

11 月 7 日，与蒋作宾等乘法国"士芝斯"船抵香港。11 月 8 日乘船由港赴沪，11 日抵上海。

1920 年　37 岁

11 月 12 日，自广州启程赴上海。

11 月 28 日，与孙中山、伍朝枢、许崇智等抵广州，筹备重组军政府。

1921 年　38 岁

9 月 13 日，与蒋介石、胡汉民等在广州开秘密会议，决定第二军取道湖南及出发日期。

8 月 10 日，孙中山拟由桂林取道湖南北伐，奉孙中山之命与胡汉民同陈炯明协商。

1922 年　39 岁

6 月 16 日，陈炯明炮轰总统府，孙中山蒙难。

7 月 3 日，与古应芬登永丰舰，晋见孙中山。

8 月 10 日，随孙中山离香港赴上海。

9 月 22 日，奉孙中山命，与程潜离上海前往奉天与张作霖商洽段祺瑞、张作霖、孙中山三派反直军事政治合作计划。

12 月 16 日，与胡汉民完成国民党改进宣言草案。

1923 年　40 岁

2 月 27 日，与胡汉民、孙洪伊、徐谦等被孙中山委为驻沪办理和平统一全权代表，28 日抵上海。

10 月 19 日，与廖仲恺、张继、戴季陶、李大钊等，被孙中山任命为国民党改组委员。

1924 年　41 岁

1 月 20 日，中国国民党第一次全国代表大会召开，与胡汉民、林森、谢持、李大钊等五人被孙中山指派为大会主席团主席。1 月 31 日国民党中央执行委员会举行第一次会议，与胡汉民、叶楚伧等被推为上海执行部委员。

6 月 20 日，受命代理国民党中央宣传部长职。6 月 30 日，被任命为中央实业部长。

11 月 12 日，赴香港，为孙中山取道香港北上，办理安排一切事宜。

1925 年　42 岁

3 月 11 日，应孙中山召，入病室谈话。谈话后，即恭请孙中山在遗嘱上签字。

6 月 15 日，主持中央政治委员会重要会议，改组大元帅府为国民政府。

7 月 1 日，广州国民政府成立，2 日被选为国民政府主席，3 日被选为军事委员会主席。7 月 22 日，出席中央执行委员会会议，被推为黄埔陆军军官学校政治部主任。

9 月 14 日，被中央政治委员会推举为党军及军校党代表。9 月 17 日，出席国民党中央党部常务委员会会议，被推为党部常务秘书处常务委员代理中政会主席。

1926 年　43 岁

1 月 4 日，国民党第二次全国代表大会在广州召开，19 日，被国民政府军事委员会任命为党代表。23 日，二届一中全会上被举为政治委员会委员兼中央宣传部长。2 月 26 日，被任命为国民革命军总党代表。

3 月 20 日，蒋介石制造"中山舰事件"。23 日，闭门谢客，匿居疗疾。5 月 11 日，乘法国邮轮"安者"号由香港赴法国马赛养病。

1927 年　44 岁

3 月 8 日，从柏林抵莫斯科。3 月 12 日，从莫斯科启程，经西伯利亚海参崴回国。4 月 1 日到达上海。蒋介石、吴稚晖、蔡元培等来晤，并在孔祥熙宅会谈，讨论分共问题。4 月 5 日，与陈独秀发表联合宣言。4 月 10 日由上海到达武汉。

4 月 12 日，蒋介石发动"四一二"反革命政变。4 月 13 日，主持中政会会议，讨论蒋介石指使周凤岐屠杀工人等问题。18 日，主持中政会会议，通过免除蒋介石职务的训令。

6 月 1 日，约见共产国际代表罗易，由其出示共产国际关于中国革命的紧急指示。6 月 10 日，与冯玉祥等举行郑州会议，12 日返回武汉。

7 月 15 日，出席中央常务委员会扩大会议，报告共产国际关于中国革命的五月指示以及政治委员会主席团关于分共的决定。8 月 17 日，出席中政会会议，提议迁都南京。

9 月 13 日，召集谭延闿等汉方要人开秘密会议，商讨对特别委员会态度。会后，分别致电国民党中央执行委员会及国民党各同志，声明引退。

12 月 17 日，发表通电宣布引退。21 日抵香港，随后赴法国。

1928 年　45 岁

1 月中旬，到法国马赛。

8 月 14 日，在国民党二届五中全会上被推为政治会议委员。

1929 年　46 岁

9 月 7 日，由法国启程回国。10 月上旬由欧洲抵香港。

1930 年　47 岁

7 月 15 日，由香港乘日本"加贺丸"启程，经日本长崎赴北平。

9 月 9 日，在北平怀仁堂宣誓就任国民政府委员。11 月 1 日，离太原赴大同，11 月中旬赴香港。11 月 21 日，致书改组同志会各党部各同志，宣布取消改组派。

1931 年　48 岁

5 月 27 日，国民党中央执监委员非常会议在广州成立，被推为国民政府委员。

12 月 28 日，在国民党四届一中全会上被推举为中央执行委员会常务委员会委员、中央政治委员会常务委员。

1932 年　49 岁

1 月 17 日，与蒋介石在杭州烟霞洞会谈，决定双方合作。1 月 28 日出席中政会临时会议，被选为行政院院长。2 月 13 日，发表"一面抵抗，一面交涉"谈话之要旨。

8 月 6 日，提出辞行政院长职。10 月 22 日晨，与陈璧君等乘法国"安得来朋"号轮船离沪赴马赛，前往医院治疗。

1933 年　50 岁

2 月 9 日，由法国里昂回国。3 月 30 日，出席中常会议，决议即行销假视事，仍任行政院长。

6 月 3 日，出席中央政治会议，报告《塘沽协定》内容及签字经过。8 月 16 日兼任外交部长。

1934 年　51 岁

1 月 20 日上午，国民党四届四中全会在南京开幕，致开幕词。12 月 10 日，国民党四届五中全会在南京开幕，致开幕词。

1935 年　52 岁

6 月 10 日，主持国民党中央紧急会议，决定重申禁止排外排日令，即日发布《邦交敦睦令》。

11 月 1 日，国民党四届六中全会在南京丁家桥中央党部大礼堂举行，致开幕词，开幕式结束，遇刺受伤。

1936 年　53 岁

2 月 19 日，与曾仲鸣等乘德国轮船"格兰新年"号前往德国。

12 月 12 日，西安事变发生。12 月 21 日晚，乘"波茨坦"邮船离开意大利热那亚启程回国。

1937 年　54 岁

1 月 20 日，出席并主持国民党中央政治委员会会议。2 月 20 日，五届三中全会举行第五次会议，任主席。

8 月 7 日，国民政府国防最高会议成立，任副主席。9 月 9 日，国防参议会成立，任副主席。

1938 年　55 岁

3 月 29 日，中国国民党在武昌举行临时全国代表大会，被推为主席团主席。4 月 1 日，临时全国代表大会修改国民党总章，实行总裁制，被推为副总裁。6 月 16 日，在中央执行委员会第 81 次常务委员会会议上，被选为国民参政会议长。

12 月 18 日，与陈璧君、曾仲鸣等乘飞机飞离重庆，抵昆明，19 日抵越南河内。30 日，在河内发表响应近卫三原则之《艳电》。

1939 年　56 岁

1 月 28 日，移居河内高郎街 27 号新寓。3 月 21 日在河内遇刺，因误中曾仲鸣而逃脱。

5 月 31 日，与周佛海、梅思平等由上海飞往日本。

8月28日，在上海极司菲尔路76号主持召开"中国国民党第六次全国代表大会"，致开幕词。

1940年　57岁

3月30日，伪国民政府成立，任伪代主席兼行政院长。11月30日，与日本正式签订卖国条约。

11月29日，赴国民政府，举行就任伪国民政府主席典礼。

1941年　58岁

5月11日，以"清乡委员会委员长"身份，宣布实施"清乡"。

1942年　59岁

1月1日，赴国民政府宣读《新国民运动纲要》并对日本发表广播讲话。6月2日，召开伪行政院第114次会议，通过成立"新国民运动促进委员会"案，自任"委员长"。

1943年　60岁

1月9日，伪国民政府对英、美宣战。10月30日签订中日同盟条约。11月初赴日参加"大东亚会议"。

1944年　61岁

3月3日，因压迫性脊髓症赴日本名古屋帝大医院治疗。8月8日病势严重，11月10日病死。23日葬于南京梅花山麓。